V&R

Udo Rauchfleisch

Außenseiter der Gesellschaft

Psychodynamik und Möglichkeiten
zur Psychotherapie Straffälliger

Vandenhoeck & Ruprecht
in Göttingen

Die Deutsche Bibliothek – CIP-Einheitsaufnahme

Rauchfleisch, Udo:
Außenseiter der Gesellschaft : Psychodynamik und Möglichkeiten
zur Psychotherapie Straffälliger / Udo Rauchfleisch. –
Göttingen : Vandenhoeck & Ruprecht, 1999
Früher u.d.T.: Rauchfleisch, Udo: Dissozial
ISBN 3-525-45843-6

© 1999 Vandenhoeck & Ruprecht, Göttingen
Printed in Germany. – Das Werk einschließlich aller seiner Teile ist
urheberrechtlich geschützt. Jede Verwendung außerhalb der engen Grenzen
des Urheberrechtsgesetzes ist ohne Zustimmung des Verlages unzulässig und
strafbar. Das gilt insbesondere für Vervielfältigungen, Übersetzungen,
Mikroverfilmungen und die Einspeicherung und Verarbeitung in
elektronischen Systemen.
Satz: Satzspiegel, Nörten-Hardenberg
Druck- und Bindearbeiten: Hubert & Co., Göttingen

Inhalt

Vorwort _____ 9

Eine Lebensgeschichte _____ 11

Einleitung _____ 16

Konzepte der Dissozialität und Methoden
ihrer Erforschung _____ 19
Soziologische Theorien 19
Zur Diagnostik: Psychopathie? Neurose?
Persönlichkeitsstörung?..................... 24

Ein psychodynamisches Konzept zur Entwicklung und Struktur
der Persönlichkeit dissozialer Menschen _____ 40
Entwicklungspsychologische Aspekte 40
Strukturelle Aspekte 40
   Ich-strukturelle Besonderheiten............... 54
   Zur Entwicklung und Struktur des Über-Ich 77
   Pathologische Entwicklungen im narzißtischen Bereich . . 88

Spezifische therapeutische Probleme _____ 106
Die Behandlungsmotivation................... 106
Inszenierung innerer Konflikte in der Außenwelt 111
Psychotherapeutische Arbeit an und mit der sozialen Realität 116
Zum therapeutischen Vorgehen 129
   Interventionsformen..................... 129
   Stationäre Behandlung und Krisenintervention 139
   Arbeit am Über-Ich 142
   Bearbeitung der narzißtischen Störung 145

Spezifische Übertragungs- und Gegenübertragungsprozesse 152
Herunterschrauben der therapeutischen Ansprüche 157

Charakteristika dissozialer Menschen _____ 161

Frustrationsintoleranz 161
Störungen im Realitätsbezug 162
Kontaktstörung 163
Depressivität......................... 167
Über-Ich-Pathologie...................... 169
Desintegration der Persönlichkeit 170
Chronifizierung der Störung 170

Schlußbetrachtung _____ 172

Literatur _____ 182

Register _____ 194

Was fürcht ich denn? mich selbst? Sonst ist hier niemand.
Richard liebt Richard: das heißt, Ich bin Ich.
Ist hier ein Mörder? Nein. – Ja, ich bin hier.
So flieh. – Wie? vor dir selbst? Mit gutem Grund:
Ich möchte rächen. Wie? mich an mir selbst?
Ich liebe ja mich selbst. Wofür? für Gutes,
Das ich je selbst hätt' an mir selbst getan?
O leider, nein! Vielmehr hass ich mich selbst,
Verhaßter Taten halb, durch mich verübt.
Ich bin ein Schurke – doch ich lüg, ich bin's nicht.
Tor, rede gut von dir! – Tor, schmeichle nicht!
Hat mein Gewissen doch viel tausend Zungen,
Und jede Zunge bringt verschiednes Zeugnis,
Und jedes Zeugnis straft mich einen Schurken.
. . .
Ich muß verzweifeln. – Kein Geschöpfe liebt mich,
Und sterb ich, wird sich keine Seel' erbarmen.
Ja, warum sollten's andre? Find ich selbst
In mir doch kein Erbarmen mit mir selbst.

William Shakespeare,
König Richard III.
(5. Akt, 3. Szene)

Vorwort

Als sich mehr als 15 Jahre nach Erscheinen meines Buches »Dissozial« (1981) die Frage nach einer neuen Auflage stellte, zeigte sich, daß es nicht nur um eine Aktualisierung gehen konnte, sondern daß es einer grundsätzlichen Neubearbeitung bedurfte. In der Zwischenzeit hat sich zwar die Zahl neuer Publikationen zum Thema Dissozialität nicht wesentlich erhöht. Aufgrund meiner therapeutischen Erfahrungen mit dissozialen Menschen habe ich aber in den seither vergangenen Jahren meine theoretischen und therapeutischen Konzepte erweitert und modifiziert.

Gewiß könnte man sich fragen, ob es nach den großen Monographien, die von tiefenpsychologischer Seite Autoren wie Alexander und Healy (1935, 1969), Eissler (1949), Glover (1960), Healy und Bronner (1936) und andere der Dissozialität gewidmet haben, sinnvoll ist, noch einmal eine Darstellung dieses Themas vorzulegen. Es mag auch fragwürdig erscheinen, die Entwicklung dissozialer Menschen vorwiegend unter psychodynamischem Aspekt zu behandeln, obwohl gerade bei ihnen die Bedeutung der sozialen Determinanten so evident ist. Trotzdem halte ich eine erneute Auseinandersetzung mit dem Thema Dissozialität für sinnvoll. Zum einen sind die erwähnten Monographien größtenteils älteren Datums. Sie basieren deshalb vor allem auf psychodynamischen Hypothesen aus den Anfängen der Psychoanalyse. Es erscheint mir wichtig, das Thema der Dissozialität heute unter Einbezug der modernen ich-psychologischen Ansätze und der neuen Narzißmusforschung noch einmal aufzurollen und die bisher vorliegende Literatur auch unter dem Gesichtspunkt der zeitgenössischen metapsychologischen Konzepte zu sichten. Dabei erweist sich gerade die ältere Literatur – auch Arbeiten von Autoren nichtpsychoanalytischer Provenienz – als wahre Fundgrube von Beobachtungen, die wir heute theoretisch anders verstehen können, als es damals möglich war.

Außerdem zeigt eine Durchsicht der wichtigsten Publikationen zum Thema der Dissozialität, daß viele fruchtbare Anregungen, die in den 30er und 40er Jahren formuliert worden sind, heute leider weitgehend in Vergessenheit geraten sind. Dies ist ein weiterer Grund, der mich bewog, eine neue Bearbeitung von »Dissozial« vorzunehmen. Wenn auch das Schwergewicht des vorliegenden Buches auf tiefenpsychologischen Aspekten der Dissozialität liegt, ist es mir wichtig, auch Erkenntnisse aus anderen Wissenschaftszweigen einzubeziehen und dadurch einen breiteren Zugang zum Verständnis des dissozialen Menschen zu ermöglichen. Es sind insbesondere die soziologischen Erklärungsmodelle, die wesentliche Einsichten in den Prozeß der Dissozialität zu vermitteln vermögen.

Trotz vieler kasuistischer Vignetten und therapeutischer Überlegungen wird das Schwergewicht im theoretischen Bereich liegen. Das scheint mir insofern wichtig zu sein, als sich die Psychotherapien gerade dieser Patientinnen und Patienten dadurch auszeichnen, daß wir als Behandelnde in ihre zum Teil chaotische Welt hineingezogen werden und darin unterzugehen drohen, wenn wir uns nicht an klaren Koordinaten orientieren und damit den »Kopf über Wasser behalten« – und für einen solchen Strukturierungsversuch können uns nach meiner Erfahrung gerade theoretische Konzepte eine große Hilfe bieten. Leserinnen und Leser, die sich für die behandlungstechnischen Konsequenzen meines Ansatzes interessieren, verweise ich auf mein Buch »Menschen in psychosozialer Not« (1996a). Dort gehe ich unter anderem ausführlich auf die Psychotherapie dissozialer Patientinnen und Patienten ein.

Udo Rauchfleisch

Eine Lebensgeschichte

Herr T. wurde 1939 als drittes von acht Kindern eines angestellten Handwerkers geboren. Während der Vater als solide und arbeitsam beschrieben wird, heißt es von der Mutter, sie sei in Charakter und Lebensführung auffällig und »liederlich« gewesen. Sie wurde 1947 in einer psychiatrischen Klinik als »haltlose und moralisch defekte Person« beurteilt und wiederholt in Arbeitserziehungsanstalten eingewiesen. 1942 erfolgte durch die Vormundschaftsbehörde die Auflösung der Familie. Der Patient kam zu einer Pflegefamilie. Er erwies sich von Anfang an als auffällig, schwierig, raffiniert, log häufig, stahl gelegentlich, näßte auch permanent nächtlich ein. 1950 kam er in eine Knabenerziehungsanstalt. Wegen massiver Verhaltensauffälligkeiten, die er dort zeigte, wurde eine mehrmonatige Beobachtung in einer Kinderstation durchgeführt. Bei dem 12jährigen Knaben wurde eine »Psychopathie (gemütsarm, geltungsbedürftig, hyperthym, oberflächlich, haltlos)« diagnostiziert. Bei der anschließend vorgenommenen Plazierung in einem anderen Erziehungsheim hinterließ der Patient einen günstigeren Eindruck. Er blieb aber auffällig, näßte insbesondere weiter nächtlich ein und brach nach zwei Jahren die begonnene Lehre ab. Anläßlich einer zweiten Beobachtung in einer psychiatrischen Klinik, 1956, neigte man diagnostisch mehr dazu, eine neurotische Fehlentwicklung mit pubertären Trotzreaktionen festzustellen. Nach kurzem, mißlungenem Versuch, Herrn T. bei einem Schausteller arbeiten zu lassen, wurde er 1957, 18jährig, in einem Männerheim untergebracht. Er beging dort mehrere Diebstähle und wurde noch im gleichen Jahr deswegen durch das Jugendgericht in eine Erziehungsanstalt eingewiesen. Erneut zeigte er zu Beginn gutes Verhalten und gute Arbeitsleistungen. Mit der Zeit begann er sich jedoch gegen die dortige Ordnung aufzulehnen und sich auszuschließen, wobei auch eine vorübergehende Hospitalisierung in einer nahegelegenen psychiatrischen Klinik die Schwierigkeiten nicht zu beheben vermochte.

Ein im Jahr 1959 erstelltes psychiatrisches Gutachten beurteilte Herrn T. diagnostisch als »infantilen, stimmungshaften, dranghaften und ungebremsten Psychopathen mit einer Neigung zu Verstimmungen, in dessen Persönlichkeit sich auch gewisse reaktiv-neurotische Züge aufzeigen lassen«. Wegen verschiedener Delikte wurde er zu drei Jahren Gefängnis verurteilt. Die Strafe, verbüßte Herr T. bis zur bedingten Entlassung, im April 1961, in einer Strafanstalt. Ende 1961 trat Herr T. der Fremdenlegion bei. Er diente dort während acht Monaten und desertierte nach einer Verletzung durch eine Tretmine und dadurch bedingten Spitalaufenthalt zurück in sein Heimatland.

Wegen erneuter Delinquenz (Betrug) verbüßte er vom Mai 1963 bis Oktober 1964 eine Gefängnisstrafe. Danach, vom Dezember 1964 bis Februar 1965, hielt er sich wegen »reaktiver Depression und Suizidalität« in einer psychiatrischen Klinik auf. Es bestand mittlerweile, etwa seit 1961, ein erheblicher Alkoholabusus. Seit Mitte 1965 beging der Patient weitere Delikte. Es folgten neue Verurteilungen mit längeren Gefängnisstrafen. Nachdem die erste Bevormundung von 1959 bis 1966 gedauert hatte, erfolgte ab 1968 die Entmündigung auf eigenes Begehren. Zur gleichen Zeit wurde in einer psychiatrischen Klinik erstmals eine Entwöhnungskur durchgeführt, und es wurde versucht, medikamentös eine Alkoholunverträglichkeit herbeizuführen.

Ende 1968 ging Herr T. eine Verlobung mit einer jungen Frau ein, die von ihm schwanger war. Bis Ostern 1969 lebte er, ohne straffällig zu werden. Dann kam es zu einer Reihe neuer Straftaten wie auch zum Rückfall in den Alkoholabusus. Nach einem Suizidversuch im Juli 1969 hielt sich Herr T. wieder in der psychiatrischen Klinik auf, anschließend, nach Untersuchungshaft und erneuter Verurteilung, wieder in einer Strafanstalt. Mitte 1970 folgten zwei kurz dauernde psychiatrische Hospitalisierungen wegen Suizidversuchen sowie eine Flucht aus der Strafanstalt mit weiteren Delikten. Im August wurde Herr T. zu weiteren zwölf Monaten Gefängnis verurteilt. Anläßlich eines Urlaubs, im Oktober 1970, beging er wieder mehrere Delikte, so unter anderem die Entwendung eines PKW mit Fahrerflucht. Er beschädigte dabei andere PKW, provozierte eine dramatische Verfolgungsjagd mit Polizeibeamten, all dies, wie sich später herausstellte, in erheblich alkoholisiertem Zustand. Ein neues psychiatrisches Gutachten gelangte 1971 diagnostisch zur Feststellung, beim Patienten liege »auf der Grundlage einer Psychopathie (stimmungslabil und eher gemütsarm) eine schwere neurotische Fehlentwicklung mit affektiver Gehemmtheit, Infantilität und einer hochgradigen Gefühls- und Wollensambivalenz sowie Neigung zu sekundärer Trunksucht« vor. Es wurde eine schwerwiegende Herabsetzung der Zurechnungsfähigkeit bejaht und eine an die Gefängnisstrafe anzuschließende stationäre psychiatrische Behandlung mit Schutzaufsicht vorgeschlagen. Ende April 1971 floh Herr T., unter angeblicher Mitnahme von vier Ampullen Morphin, ins Büro der Fremdenlegion. Seinen Angaben zufolge wurde er dort bis Januar 1972 wegen seiner Desertation 1961/62 in Haft gehalten. Im Februar 1972 stellte er sich der Polizei in seinem Heimatland. Im Juni 1972 wurde er zu zehn Monaten Gefängnis verurteilt. Das Gericht ordnete, dem psychiatrischen Gutachten von 1971 folgend, die Einweisung in eine psychiatrische Klinik und die Erstellung einer Schutzaufsicht an. Herr T. entwich aber mehrmals aus verschiedenen psychiatrischen Kliniken, in denen er untergebracht war, und beging weitere Delikte, die zum Teil in selbstverschuldeter Unzurechnungsfähigkeit (Einnahme von Optalidon) verübt wurden. Die diesmal ausgesprochene Gefängnisstrafe von zwölf Monaten wurde wiederum aufgeschoben, und es wurde eine Unterbringung in einer psychiatrischen Klinik angeordnet. Wegen erneuter Flucht wurde aber die Rückversetzung in die Strafanstalt notwendig. Im April 1974 wurde die Plazierung in einer Arbeitserziehungsanstalt versucht.

Als es nach erfolgversprechendem Anfang auch dort zu Fluchten gekommen war, wurde der Patient wieder in die Strafanstalt zurückversetzt. Nachdem er im Januar 1975 wegen Depressionen wieder in der psychiatrischen Klinik hospitalisiert gewesen war, verfügte das Gericht im März 1975 die probeweise Entlassung aus der Verwahrung mit Schutzaufsicht, ambulanter psychiatrischer Behandlung und regelmäßiger Antabus-Einnahme. Der Patient wohnte und arbeitete daraufhin bei seiner zweiten Verlobten. Schon im April beging er jedoch verschiedene Diebstähle, die im Juni 1975 mit einer unbedingten Gefängnisstrafe gebüßt wurden. Nach erfolgloser Plazierung bei zwei Landwirten kam es zu Delikten, die zu einer weiteren unbedingten Gefängnisstrafe von zwei Monaten führten und die Herr T. bis Februar 1976 zu verbüßen hatte. Eine in jener Zeit zur Frage gestellte Antabus-Implantation wurde ärztlicherseits im Hinblick auf die Unzuverlässigkeit des Patienten als zu risikoreich abgelehnt. Die probeweise Entlassung wurde widerrufen und eine Verwahrung auf unbestimmte Zeit angeordnet.

Anläßlich eines Urlaubs verlobte sich der Patient im August 1976 mit einer dritten Frau, die aus früheren Beziehungen zu anderen Männern bereits mehrere Kinder hatte. Nachdem durch eine neue Verfügung des Gerichts ab Oktober 1976 die probeweise Entlassung und der Aufschub einer im Juli 1976 ausgesprochenen 45tägigen Gefängnisstrafe angeordnet war, zog Herr T. zu seiner Verlobten. Er nahm an deren Wohnort eine Arbeit an und heiratete sie im Januar 1977. Schon bald geriet er jedoch wieder in erheblichen Alkoholkonsum. Er wurde arbeitslos, und die Ehe wurde bereits im Mai 1977 wieder gerichtlich getrennt. Der Versuch, ihn im Juni 1977 in einer psychiatrischen Klinik erneut auf Antabus einzustellen, scheiterte. Er zeigte sich Ende Juli bei seiner Frau und ihren Kindern, wobei er Symptome schwersten Alkoholmißbrauchs aufwies, bedrohte sie und provozierte heftige Auseinandersetzungen. In der Folge war er mehrfach in psychiatrischen Kliniken hospitalisiert.

In einem Brief schrieb der ihn behandelnde Psychiater an die für Herrn T. zuständige Schutzaufsichtsbehörde, daß der Patient in der Klinik nicht mehr länger tragbar sei, weil er alle Anstrengungen der Klinik, seine Situation zu stabilisieren, sabotiere, große Mengen Optalidon konsumiere, fortwährend queruliere und von Arbeitsversuchen immer wieder fortlaufe. Daher erfolgte vom März bis April 1978 die Verbüßung der 45tägigen Gefängnisstrafe in einer Arbeitserziehungsanstalt, danach die Unterbringung bei einer Bauernfamilie. Während der ersten Zeit arbeitete Herr T. zufriedenstellend. Schon bald verübte er aber wieder Delikte: Einbrüche in Wochenendhäuser mit Entwendungen vor allem von Alkoholika, Lebensmitteln, Gegenständen und Kleidern sowie Brandlegung in einem dieser Häuser. Ferner kam es zur Erschleichung von Leistungen (Taxifahrten) sowie zur Entwendung eines Autos zum Gebrauch und zu Verstößen gegen das Straßenverkehrsgesetz. Daraufhin wurde vom Gericht eine Verwahrung auf unbestimmte Zeit angeordnet.

Diese Angaben über die desolate dissoziale Entwicklung dieses Patienten mögen genügen. Es ist eine der – für viele dissoziale Menschen charakteristischen – Lebensgeschichten. Nirgends im Leben von Herrn T. finden sich tragfähige mitmenschliche Beziehungen, berufliche Konstanz oder andere ihm Struktur gebende Koordinaten. Von frühester Kindheit an lebte er in einer Welt der »seelischen Heimatlosigkeit« (Schwarzmann 1966) und Unverbindlichkeit, und es kam zunehmend zu einer Eskalation der Delinquenz. Als 40jähriger Mann wurde Herr T. auf unbestimmte Zeit in einer Strafanstalt inhaftiert, und auch bei einer noch so optimistischen Sicht erscheint es schwer vorstellbar, daß er je ein selbständiges Leben in Kontakt mit ihm nahestehenden Menschen wird führen können.

Einleitung

Seit den bahnbrechenden Forschungen Sigmund Freuds haben wir dank verfeinerter Diagnostik, differenzierter werdender metapsychologischer Modelle und detaillierter Kenntnisse der sozialen Bedingungen psychischer Störungen zwar immer besser Zugang zu den verschiedenen Neuroseformen gefunden, zu den früher als unbehandelbar geltenden schweren Pathologien, wie den narzißtischen Persönlichkeitsstörungen und den Borderline-Syndromen, ja selbst zu den Schizophrenien. In den Bereich der Erforschung der dissozialen Persönlichkeiten aber haben unsere bisherigen psychodynamischen Kenntnisse wenig Eingang gefunden. Diese Tatsache ist um so bemerkenswerter, als gerade die dissozialen Menschen nicht nur forensisch und therapeutisch, sondern auch sozialpolitisch große Probleme bieten. Ein besseres Verständnis ihrer Genese und ihrer spezifischen Persönlichkeitsstruktur und -dynamik ist deshalb nicht nur von theoretischem Interesse, sondern hat auch Konsequenzen für die Behandlung solcher Menschen und kann für präventive Maßnahmen genutzt werden.

Der größte Teil der Autoren, die sich von psychiatrisch-psychologischer Seite mit dem Phänomen der Dissozialität beschäftigt haben, geht bei der Aufstellung verschiedener Typologien von einem vorwiegend *statischen* Persönlichkeitsmodell aus. Von psychoanalytischer Seite fehlte es zwar nicht an Anregungen. Die *psychodynamischen* Hypothesen spielten aber in der international geführten Diskussion um die Dissozialität eine eher untergeordnete Rolle. Auch wurde den psychoanalytischen Konzepten bei der Behandlung dissozialer Persönlichkeiten nur vereinzelt Rechnung getragen.

Den weiteren Ausführungen ist eine terminologische Klärung vorauszuschicken. Ich verwende im folgenden den Begriff der Dissozialität zur Kennzeichnung von Menschen, die sich durch ein *»fortgesetztes und allgemeines Sozialversagen«* (K. Hartmann 1970) auszeichnen. Sie lassen in der Regel bereits in ihrer Kindheit Verhaltensauffälligkeiten erkennen. Ihr Lebensweg ist oft gekennzeichnet durch ein Aufwachsen in desintegrierten Familien sowie durch Aufenthalte in Pflegefamilien und Heimen. Häufig kommt es, zum Teil schon in Kindheit und Jugend, zur Delinquenz, meist in Form von Eigentumsdelikten, Körperverletzung, Sachbeschädigung. Dies führt zu Einweisungen in Erziehungsheime und Strafanstalten. Es ist charakteristisch für diese Menschen, daß es ihnen nirgends gelingt, festen Fuß zu fassen. Weder im Beruf noch in einer Partnerschaft vermögen sie soziale Stabilität zu erreichen. Sie zeigen ein sich immer wiederholendes Fehlverhaltensmuster, das von den allgemeinen normativen Erwartungen abweicht und häufig ein kontrollierendes Eingreifen von seiten der Gesellschaft nötig macht. Paradigmatisch für eine solche schwere dissoziale Entwicklung ist die vorweg geschilderte Lebensgeschichte. In der psychiatrisch-forensischen Literatur finden sich gewisse Überschneidungen zwischen der Dissozialität und einzelnen Formen der Psychopathie, wenn auch Autoren wie Kurt Schneider (1923), Glover (1960) und andere ausdrücklich darauf hingewiesen haben, daß eine Gleichsetzung dieser beiden Kategorien nicht zulässig sei.

Wir müssen uns allerdings fragen, ob es nicht eine allzu große Vereinfachung ist, von »der« dissozialen Persönlichkeit zu sprechen. Gibt es bei der Fülle dissozialer Verhaltensweisen tatsächlich grundsätzliche Gemeinsamkeiten, die dazu berechtigen, bestimmte Persönlichkeitszüge und Mechanismen zu postulieren, die als charakteristisch für diese Menschen gelten können? Wie die folgenden Ausführungen zeigen werden, ist es sicher nicht möglich, beispielsweise eine spezifische frühkindliche oder eine ganz bestimmte psychodynamische Konstellation mit einem dafür charakteristischen Konflikt als allgemeingültige Grundlage der dissozialen Entwicklungen anzunehmen.

Dissoziale Manifestationen sind von der Gesellschaft definierte Merkmale und finden sich im Rahmen der verschiedensten psychiatrisch-nosologischen Kategorien. Im folgenden sollen dissoziale Verhaltensweisen, wie sie mitunter bei Patienten mit Oligophrenien, Schizophrenien, Epilepsien oder mit organischen und symptomatischen Psychosen auftreten, nicht behandelt werden. Im Mittelpunkt der Betrachtung sollen vielmehr die Menschen stehen, die mit den Diagnosensystemen der ICD-10 und des DSM-IV als »dissoziale Persönlichkeitsstörung« beziehungsweise »antisoziale Persönlichkeitsstörung« klassifiziert werden. Untersuchen wir diese Patientinnen und Patienten genauer, so kristallisieren sich bestimmte Verhaltensmerkmale und Konfliktbereiche heraus, die zumindest bei einer großen Zahl von ihnen weitgehend ähnlich sind.

Bei den folgenden Ausführungen ist indes zu bedenken, daß die psychodynamische Interpretation nur *eine* unter vielen Zugangsmöglichkeiten darstellt. Daneben spielen, wie noch zu zeigen sein wird, gerade bei den dissozialen Menschen soziale Aspekte eine wesentliche Rolle. Ich bin aber der Ansicht, daß die psychoanalytischen Konzepte uns eine große Hilfe sein können, mehr noch als bisher von rein moralisierenden Betrachtungen des Phänomens Dissozialität und von dem allzu statischen Psychopathiebegriff der klassischen Psychiatrie abzurücken. Ferner hoffe ich, mit meinen Ausführungen zeigen zu können, daß der tiefenpsychologische Zugang nicht nur unsere theoretischen Einsichten in die Genese und Struktur solcher Patienten zu erweitern vermag, sondern insbesondere auch therapeutisch nutzbar gemacht werden kann. Denn nach wie vor stellen die schweren Formen dissozialer Fehlentwicklungen – wenn überhaupt über traditionelle, in den meisten Fällen kaum wirksame Behandlungsmethoden hinausgegangen wird – ein therapeutisch schwer lösbares Problem dar. Es scheint mir allerdings zu einfach zu sein, die Ursache für die therapeutischen Mißerfolge und Rückschläge mit der angeblichen »Unveränderbarkeit« der dissozialen Menschen erklären zu wollen – und sie damit noch weiter in die Anomie zu drängen. Es kann nicht darum gehen, Patienten für die von uns definierten Behandlungskonzepte zu suchen und alle, die diesen Konzepten nicht entsprechen, auszugrenzen, sondern wir müssen unsere theoretischen Positionen überdenken und therapeutische Strategien entwickeln, die den jeweiligen Patientinnen und Patienten angemessen sind.

Konzepte der Dissozialität und Methoden ihrer Erforschung

Soziologische Theorien

Gerade die Beschäftigung mit dissozialen Menschen läßt erkennen, daß die sozialen Determinanten für die Entstehung, aber auch für die Aufrechterhaltung dissozialer Verhaltensweisen und für die Prognose von großer Bedeutung sind. Deshalb sollen zunächst einige soziologischen Konzepte dargestellt und diskutiert werden.

Aus *sozialisationstheoretischer Sicht* liegen die Ursachen unterschiedlicher Erscheinungsformen dissozialen Verhaltens in schichtspezifischen Sozialisationsprozessen. Von den entsprechenden Autoren (Caesar 1972; Gottschalch 1971; Hasler 1970; Jacobi 1970) wird hervorgehoben, daß insbesondere die für die Unterschicht typischen Sozialisationspraktiken zu einer gewissen Schwächung der Charakterstruktur führen, so daß es zu alloplastischen Mechanismen der Konfliktlösung und unter bestimmten Bedingungen auch zu einem kriminellen Agieren von Konflikten in der Außenwelt kommen könne. Entsprechend den in der Mittelschicht üblichen Sozialisationspraktiken würden bei Angehörigen dieser Gruppe die hemmenden Mechanismen in der Persönlichkeit stärker ausgeprägt. Kriminelles Verhalten äußere sich bei ihnen weniger in offen aggressiver Weise.

Die *sozialstrukturellen Kriminalitätstheorien* gehen auf die Anomiekonzepte Durkheims (1893) und Mertons (1949, 1968) zurück. Merton betrachtet die Anomie als einen Zustand der Norm- und Regellosigkeit, die sich vor allem durch einen Zusammenbruch der Verhaltensregulierung und des Anspruchsniveaus auszeichne. Ein solcher Zustand übe auf gewisse Personen einen erheblichen Druck aus, sich eher deviant als konform zu verhalten. Das Hauptproblem eines in Anomie lebenden Menschen liegt nach Merton darin, daß er sich kulturell definierten Zielen gegenübersieht, ohne daß ihm entsprechende legitime, institutionelle Mittel zur Erreichung dieser Ziele zur Verfügung stehen.

Eine Reihe von Autoren hat ferner darauf hingewiesen, daß kriminelles Verhalten durch Lernprozesse, vor allem durch die Übernahme antisozialer Normen, bedingt sei. Cohen (1961) sieht beispielsweise eine wesentliche Ursache für die jugendliche Bandenkriminalität darin, daß in den Klassengesellschaften der Länder der westlichen Hemisphäre eine eindeutige Dominanz der Mittelklasse existiere, welche die kulturellen Ziele für sämtliche Gesellschaftsmitglieder definiere, zugleich aber den Vertretern der sozioökonomischen Unterschichten nicht die zur Erreichung dieser Ziele nötigen Mittel an die Hand gebe. Die Jugendlichen der Unterschicht fühlen sich, so Cohen, zwar einerseits an die Mittelklassennormen gebunden, erleben aber andererseits in der Gesellschaft immer wieder Versagungen, Beschränkungen und die Unmöglichkeit, die vorgeschriebenen Ziele zu erreichen. In dieser extremen Frustrationssituation bietet die delinquente Bande eine Lösungsmöglichkeit, eine Kompensation, indem sie andere, größtenteils gegen die Mittelklassennormen gerichtete Forderungen aufstellt. Der Jugendliche, der diese Forderungen erfüllt, gewinnt in der Bande den Status, der ihm in der übrigen Sozietät versagt geblieben ist.

Miller (1968) hat sechs für die Subkultur der Unterschicht charakteristische »focal concerns«, Kristallisationspunkte der Unterschichtkultur, beschrieben. Diese in das Wert- und Normsystem der betreffenden Persönlichkeiten übernommenen Verhaltensmaximen betreffen das Vermeiden von Auseinandersetzungen mit offiziellen Stellen, den Beweis physischer Tapferkeit und Furchtlosigkeit, die Fähigkeit, jemanden zu übervorteilen, zu täuschen, schlagfertig zu sein, die Suche nach Spannung, Risiko und Abwechslung, eine gewisse Schicksalsergebenheit und Passivität den »Launen des Schicksals« gegenüber und den ausgesprochenen Wunsch nach Freiheit von äußerem Zwang und übergeordneter Autorität. Diese normierenden Verhaltensmuster spielen nach Miller eine wesentliche Rolle bei den Bandenbildungen dissozialer Jugendlicher. Häufig werden von den Mitgliedern solcher Gruppierungen als Statussymbole, als Embleme einer trotzig-negativen Identität, Tätowierungen verwendet, die sich, wie vielfach belegt, unter Delinquenten in einem hohen Prozentsatz finden (Danzinger et al. 1979; Howell et al. 1971).

Das *interaktionistische Erklärungsmodell* der Dissozialität hat vor allem zu Beginn der 70er Jahre weite Verbreitung gefunden. Diesem unter dem Begriff des »labeling approach« bekanntgewordenen Ansatz zufolge wird Dissozialität als ein Interaktionsprozeß zwischen Individuum und Gesellschaft verstanden, als ein Prozeß gegenseitiger Bedingtheit und zunehmender Eskalation des Verhaltens von auffällig gewordenem Individuum und Instanzen sozialer Kontrolle (Becker 1973; Peters 1973; Quensel 1970; Sack 1968). Die Aktivitäten der verschiedenen gesellschaftlichen Instanzen, auch die der Institutionen der Justiz, werden von diesen Autoren nicht mehr nur als Reaktionen auf kriminelles Handeln verstanden, sondern auch als Faktoren, die das deviante Verhalten und den Kriminalisierungsprozeß *bedingen*.

Eindrücklich hat Quensel (1970) diesen Prozeß der Verfestigung dissozialen Verhaltens in Form einer 8-Stufen-Skala der kriminellen Karriere beschrieben: Ein Kind oder ein Jugendlicher begeht ein kleines Delikt aufgrund eines unbewußten Konflikts. Die Umwelt versteht dieses Signal aber häufig nicht und reagiert mit bestrafenden Maßnahmen (Phase 1). Das Gefühl, nicht geliebt zu werden, verstärkt sich, und es kommt unter Umständen zu erneuten Delikten, die weitere Sanktionen, zum Beispiel schulische Verwarnung, Vorladung beim Jugendamt, Arreste und so weiter, nach sich ziehen (Phase 2). Durch diese Maßnahmen vertieft sich das ursprüngliche Problem. Der Jugendliche erfährt jetzt erst recht Ablehnung und wendet sich deshalb möglicherweise delinquenten Banden zu, in deren Rahmen das Begehen eines Delikts durch die besondere Anerkennung von seiten der Kameraden honoriert wird (Phase 3). Damit sind die Weichen in Richtung auf eine kriminelle Karriere gestellt, und die Wahrscheinlichkeit wächst, daß der betreffende Jugendliche sich zunehmend in deliktische Aktivitäten verwickelt und von seiten der Gesellschaft als »Verwahrloster«

oder »Delinquent« etikettiert und damit stigmatisiert wird (Phasen 4 und 5). Der Jugendliche übernimmt nun das negative Fremdbild in Form einer negativen Selbstidentität (Phase 6). Weitere Delinquenz führt dann meist zur Einweisung in eine Jugendstrafanstalt, und es findet eine weitere Verfestigung der übernommenen negativen Rolle statt (Phase 7). Nach der Entlassung aus der Haft gilt der Jugendliche dann als »Vorbestrafter«, mit all den negativen Konsequenzen, die sich aus diesem Status ergeben (Phase 8). Hinzu kommt, daß ein Aufenthalt in einer Strafanstalt zusätzlich autonomieeinschränkende, dissozialisierende Folgen für die Identitäts- und Persönlichkeitsbildung hat. Dadurch wird die Gefahr eines Rückfalls erhöht, was wiederum verschärfte Sanktionen der Gesellschaft und darauffolgende stärkere Kriminalisierungseffekte auslöst.

Es ist schließlich noch auf einige *sozialpsychologische Ansätze* tiefenpsychologischer Provenienz hinzuweisen. Erich Fromm (1970) stellt die Strafjustiz als Mittel dar, dessen sich die Repräsentanten der staatlichen Autorität bedienen, um sich der Masse der Bevölkerung als Vaterfiguren aufzuzwingen. »Die Bestrafung des Verbrechers stellt eine Befriedigung der aggressiven und sadistischen Triebe der Massen dar, die sie für die vielen ihr aufgezwungenen Versagungen entschädigt und die es speziell ermöglicht, die Aggression, die sich natürlicherweise gegen die herrschende und bedrückende Schicht richtet, auf den Verbrecher zu übertragen und ihr so eine Abfuhr zu schaffen« (Fromm 1970).

Reik (1925) ist der Ansicht, daß eine wesentliche Ursache des Strafbedürfnisses der Gesellschaft in der unbewußten Identifizierung mit dem Rechtsbrecher liegt. »Die Wut darüber, daß er sich herausnimmt, was jedermann sich verbietet, so lange es verboten und noch nicht befohlen ist, diese Wut kühlt sich, indem sie Gleiches mit Gleichem vergilt, die Tat des Stellvertreters an ihm wiederholt« (Enzensberger 1964). Steinert (1973) weist darauf hin, daß die Gesellschaft dadurch, daß sie die kriminelle Handlung zur Ausnahme mache, ihr Bild von einer »heilen Welt« zu retten versuche: »Deshalb ist es offenbar so bedrohlich, wenn sich das Gefühl einstellt, die ›Verbrechen nehmen überhand‹; eine verdrängte Wirklichkeit ist dann dabei, sich durchzusetzen.«

Adorno (1950) führt als eines der Hauptkennzeichen der »autoritären Persönlichkeit« eine aggressive Autoritätssucht an. Diese habe zur Folge, daß die betreffende Persönlichkeit überall Menschen zu finden suche, die konventionelle Normen verletzten, diese verurteile und auf ihre Bestrafung dringe. Nonkonformisten, Minoritäten und Rechtsbrecher würden so zu »Sündenböcken« der autoritätsgebundenen Persönlichkeiten, die auf diese Weise ihre stark verdrängten destruktiven, sadistischen Impulse auslebten. In einem ähnlichen Sinn haben auch Mitscherlich (1963) und Schorsch und Becker (1977) auf den Mechanismus der Ausstoßung des »Sündenbocks« aufmerksam gemacht.

Befragen wir die skizzierten soziologischen Theorien daraufhin, welche Hinweise sie uns zum Verständnis der Entwicklung und Struktur dissozialer Menschen zu geben vermögen, so erkennen wir, daß durch die Einbeziehung sozialwissenschaftlicher Aspekte unser Verständnis dissozialen Verhaltens wesentlich erweitert wird. Insbesondere weisen die referierten Theorien daraufhin, daß die Dissozialität nichts Statisches, sondern ein *dynamischer Entwicklungsprozeß* ist, an dem nicht nur der dissoziale Mensch selbst, sondern auch die Gesellschaft einen wesentlichen Anteil hat. Wir sehen, daß nicht nur schichtspezifische Unterschiede in den Sozialisationspraktiken bestehen, sondern daß es zu vielfältigen Normenkonflikten kommen kann, denen bestimmte Menschen in erhöhtem Maß ausgesetzt sind. Besonders wichtig ist es, zu beachten, daß Fremdstigmatisierungen im Laufe der Entwicklung zunehmend in die eigene Persönlichkeit übernommen werden und zu einer Verstärkung der negativen Identität des betreffenden Menschen beitragen können. Außerdem lenken die soziologischen Modelle unser Augenmerk auf die wichtige Tatsache, daß die Reaktionen der gesellschaftlichen Instanzen nicht nur vom begangenen Delikt abhängen, sondern zu wesentlichen Teilen auch durch den sozialen Hintergrund des jeweiligen dissozialen Menschen bestimmt werden.

Zur Diagnostik: Psychopathie? Neurose? Persönlichkeitsstörung?

Immer wieder ist in der psychologischen und psychiatrischen Literatur die Frage diskutiert worden, welchen diagnostischen Kategorien Menschen mit dissozialen Verhaltensstörungen zuzurechnen sind. Ein großer Teil der Autorinnen und Autoren sieht eine enge Beziehung der Dissozialität zur *Psychopathie* und zur *Soziopathie* (dieser Begriff ist in der angloamerikanischen Literatur gebräuchlicher). So charakterisieren etwa McCord und McCord (1964; s. a. Cleckley 1941) die psychopathische Persönlichkeit als »an asocial, aggressive, highly impulsive person, who feels little or no guilt, and is unable to form lasting bonds of affection with other human beings«. Auch Blackburn (1975) beschreibt aufgrund einer empirischen Klassifikation psychopathischer Persönlichkeiten einen solchen Typus, den er unter dem Oberbegriff »primary psychopathy« subsumiert.

Historisch geht der Psychopathiebegriff auf J. L. A. Koch zurück, der die Bezeichnung »psychopathische Minderwertigkeiten« (1891–93) prägte. Der Autor verband damit die Vorstellung von angeborenen, auf degenerativen Veränderungen des zentralen Nervensystems beruhenden Störungen. Im deutschen Sprachbereich versteht man heute im allgemeinen nach der klassischen Definition von Kurt Schneider (1923) unter psychopathischen Persönlichkeiten »abnorme Persönlichkeiten, die unter ihrer Abnormität leiden oder unter deren Abnormität die Gesellschaft leidet«. 1896 tauchte der Begriff der »psychopathischen Zustände« im Lehrbuch von Kraepelin auf. In der Auflage von 1904 differenzierte der Autor zwischen den »originären Krankheitszuständen« und den »psychopathischen Persönlichkeiten«. Zu diesen zählte er die geborenen Kriminellen, die Haltlosen, die pathologischen Lügner und Schwindler (die bereits 1891 von Delbrück mit dem Begriff der »pseudologia phantastica« gekennzeichnet worden waren) und die Pseudoquerulanten. In der 8. Auflage (1909) nahm Kraepelin einige Umformulierungen vor. Er sprach nun nicht mehr vom geborenen Kriminellen und vom Pseudoquerulanten, sondern von »Gesellschaftsfeinden«, »Antisozialen« und »Streitsüchtigen«. Als neue Begriffe führte er die »Erregbaren«, die »Triebmenschen« und die »Verschrobenen« ein.

Karl Birnbaum (1909) war einer der ersten Autoren, die Kraepelins Begriff der psychopathischen Persönlichkeit aufnahmen. In seinem Werk »Über psychopathische Persönlichkeiten« (1909) und in seinem 1914 erschienenen Buch »Die psychopathischen Verbrecher« definiert Birnbaum, ausgehend von der Degenerationstheorie, die »Psychopathen« als Individuen mit einer ab ovo bestehenden abnormen Persönlichkeit.

Erwähnenswert sind aus der Frühzeit der Psychopathieforschung ferner das Buch des Kraepelin-Schülers Johannes Lange »Verbrechen als Schicksal« (1930) sowie die Arbeiten von Kranz (»Lebensschicksale krimineller Zwillinge«, 1936) und Stumpfl (»Die Ursprünge des Verbrechens«, 1936). Bemerkenswert für Stumpfl ist, daß er sich im Laufe der Zeit weitgehend von Kurt Schneiders Konzept der Psychopathie entfernte und im Jahre 1959 betonte, daß die Entwicklung der sogenannten Psychopathen im wesentlichen dieselbe sei wie bei Neurotikern.

Die bekannteste psychiatrische Typologie im deutschen Sprachbereich stellte Kurt Schneider (1923, 1971) auf. Sie umfaßt die folgenden zehn psychopathischen Persönlichkeiten: Hyperthymische, Depressive, Selbstunsichere, Fanatische, Geltungsbedürftige, Stimmungslabile, Explosible, Gemütlose, Willenlose und Asthenische. Kretschmer (1961, 1971) spricht auf der Basis seiner Konstitutionstypologie von schizoiden, zykloiden und epileptoiden Psychopathen. Gruhle (1946) unternahm den Versuch, Typen psychopathischer Persönlichkeiten aus bestimmten seelischen Grundeigenschaften abzuleiten. Er unterscheidet im Bereich der Affektivität übernormale (erethische) und unternormale (torpide) Typen, hinsichtlich der Affektansprechbarkeit Rohheit und Härte einerseits (im Sinne eines »geborenen Verbrechers«, der »moral insanity«) und der Empfindsamkeit beziehungsweise der Beeinflußbarkeit andererseits. Ferner beschreibt Gruhle Persönlichkeiten mit starker und solche mit schwacher Eigenbeziehung sowie solche mit stark bejahender, schwach und stark verneinender Umweltverarbeitung.

Nach der Definition Binders (1960) liegt das Charakteristikum der psychopathischen Persönlichkeiten, die er als Menschen mit »psychopathischen Dauerzuständen« beschreibt, in einer Integrationsstörung im affektiven Bereich. Die desintegrierte Anlage stelle das pathogenetische Moment dar, während den Umwelteinflüssen lediglich pathoplastische Bedeutung zukomme. Organische Ursachen werden bei dieser Definition ausdrücklich ausgeschlossen. Gehen abnorme Persönlichkeitsentwicklungen beispielsweise auf früh erworbene Hirnschädigungen zurück, so spricht man von einer »Pseudopsychopathie« oder mit Schulte und Tölle (1971) von einer »Enzephalopathie«.

Es sei noch auf die von der daseinsanalytischen Konzeption ausgehenden Arbeiten von Häfner (1960, 1961) über die »psychopathische Daseinsverfassung« hingewiesen. Häfner sieht als Kennzeichen der psychopathischen Persönlichkeiten »ein Unterliegen wesentlicher eigener Anliegen unter eine als versagend erfahrene Mitwelt. Die Erfahrung entfaltet sich deshalb in diesem Bereich nicht oder nur unzureichend in Welt und Mitwelt; es kommt zum existentiellen Stillstand bestimmter Daseinsweisen. Die verschütteten Anliegen (...) sind versunken in einer anonymen Entmutigung, die als Abgrund von Schwermut, Enge, Druck und dergleichen auf vielfältige Weise in Erscheinung tritt« (1960). Der »seinsverdeckende Entwurf«, die »Fassade«, verdeckt die Daseinsmöglichkeiten und den »Anruf des existentiellen Gewissens«.

Weite Verbreitung hat der Psychopathiebegriff in den USA gefunden. Allerdings zeigt sich gerade in den USA, wie wenig einheitlich dieser Terminus von den verschiedenen Autoren verwendet wird. So fand beispielsweise Cason (1943) bei der Durchsicht von 139 Arbeiten zum Thema Psychopathie über 200 verschiedene Begriffe, die synonym für »Psychopath« und »psychopathisch« verwendet worden waren. Preu (1944) resümierte die bis 1944 vorliegenden einschlägigen Arbeiten und kam zu dem Ergebnis, daß sich fünf Arten sozialer Fehlanpassung beschreiben lassen, die von den verschiedenen Autorinnen und Autoren als charakteristisch für psychopathische Persönlichkeiten genannt werden:

1. Delinquenz,
2. unkonventionelles Verhalten, das erhebliche Störungen im Verhältnis zu anderen Personen hervorruft,

3. emotionale Instabilität,
4. sexuelle Abweichungen und
5. Drogen- und Alkoholabhängigkeit.

Auch Craft (1966) stellte bei der Durchsicht von 200 Arbeiten über das Thema der Psychopathie fest, daß vor allem die folgenden sieben Eigenschaften als charakteristisch für diese Persönlichkeiten genannt werden (geordnet nach der Häufigkeit, mit der sie von den Autoren angeführt werden):
- Affektlosigkeit oder Mangel an Beziehung zu anderen Menschen,
- Mißachtung von Gemeinschafts- oder Gruppenwerten, verbunden mit antisozialem Verhalten in verbaler, materieller, persönlicher oder sexueller Hinsicht,
- augenscheinliche Abwesenheit von Schuldgefühlen und Unfähigkeit, durch Strafe zu lernen,
- emotionale Labilität und Unreife mit Neigung zu Kurzschlußhandlungen,
- Mangel an Voraussicht,
- fortwährendes sexuelles Experimentieren, sexuelle Abweichungen,
- Übermäßige Abhängigkeit von anderen.

Großen Einfluß auf die Diskussion des Psychopathiekonzepts hatte die im Jahr 1941 von Cleckley veröffentlichte Monographie »The Mask of Sanity« (1941/1964). Cleckley formuliert in diesem Werk seine Ansicht, daß die Psychopathie eine schwerwiegende Erkrankung sei, die in mancherlei Hinsicht mit einer Psychose vergleichbar sei. Der psychopathische Patient leide unter einer »semantic dementia«. Er sei unfähig, zentrale menschliche Erfahrungen mit emotionalem Engagement nachzuvollziehen, obwohl er vorgebe, sie zu verstehen. In seiner Übersicht über die »Psychopathic States« (1959) nennt Cleckley 14 Merkmale, die er als diagnostische Kriterien für relevant hält:
- Leistungsversagen trotz ungestörter Intelligenz,
- ungestörte technische Intelligenz, keine Zeichen einer Psychose,
- Fehlen von neurotischer Angst,

- persistentes und unzureichend motiviertes antisoziales Verhalten,
- Verantwortungslosigkeit,
- Unfähigkeit, zwischen Recht und Unrecht zu unterscheiden,
- Unfähigkeit, Vorwürfe zu akzeptieren,
- Unfähigkeit, aus Erfahrungen zu lernen,
- Unfähigkeit, Liebe und Empathie zu entwickeln,
- atypische Reaktionen auf Alkoholgenuß,
- fehlende Einsicht,
- wenig tiefgehende, weitgehend unpersönlich bleibende sexuelle Beziehungen,
- selten ausgeführte Suizide,
- Unfähigkeit, konsequent eigene Pläne zu verfolgen.

Die wohl umfangreichste angelsächsische Monographie aus der Zeit nach dem Zweiten Weltkrieg über das Thema Psychopathie wurde vom Ehepaar McCord (1964) verfaßt. Die Autoren beschreiben die psychopathische Persönlichkeit als einen asozialen, aggressiven, höchst impulsiven Menschen, der geringe oder überhaupt keine Schuldgefühle entwickle und außerstande sei, dauernde Gefühlsbeziehungen zu anderen Menschen herzustellen. Diagnostisch unterscheiden sie zwischen dem »Psychopathen« im traditionellen Sinn, dem Neurotiker, dem ausagierenden Neurotiker und dem »normalen Kriminellen«. Ähnlich wie Cleckley und andere angloamerikanische Psychopathieforscher beschreiben die McCords als hervorstechende Merkmale des psychopathischen Menschen sein asoziales Verhalten, die Impulsivität und geringe Frustrationstoleranz, die unbeständige Lebensweise, die Aggressivität, die mangelhafte Ausbildung einer Gewissensinstanz und gravierende Störungen in den sozialen Bezügen, insbesondere die Tatsache, daß ein solcher Mensch seine Bezugspersonen wie Objekte behandle, die lediglich der eigenen Befriedigung dienten. Aufgrund der Durchsicht der einschlägigen Publikationen zum Thema Psychopathie kommen die McCords hinsichtlich der Ätiologie zu einer Theorie, die den Forschungsergebnissen hinsichtlich *hereditärer, neurologischer und lebensgeschichtlicher* Ursachen Rechnung trägt.

Von den meisten Autoren wird als ein Hauptmerkmal der psychopathischen Persönlichkeiten angeführt, diese Menschen lebten mehr oder weniger permanent im Konflikt mit der Gesellschaft. Diese Überlegungen und eine prinzipielle Kritik am klassischen Psychopathiebegriff führten Partridge (1927/28, 1930/31) dazu, den Begriff Psychopathie zu verwerfen und ihn durch den der *Soziopathie* zu ersetzen. In seinem ersten Bericht über 50 Patienten, die als psychopathische Persönlichkeiten diagnostiziert worden waren, unterscheidet Partridge (1927/28) zwischen den folgenden drei Gruppen: 1. »delinquent type«, 2. »inadequate type« und 3. »general incompatible type«. Soziopathische Menschen kennzeichnet Partridge (1930/31) folgendermaßen: »They display long-continued mal-adjustments and their behavior is not readily corrected and brought into the normal social pattern by any ordinary methods of education or punitive technique.« Bei dieser Definition ist zu berücksichtigen, daß sie sowohl neurotische als auch psychotische Störungen beinhalten kann, soweit das Symptom des asozialen oder kriminellen Verhaltens dominant ist.

Überschaut man die referierten, zum Teil sehr heterogenen Psychopathiekonzepte, so zeigen sich trotz aller Unterschiede doch einige Übereinstimmungen. Diese bestehen weniger im Hinblick auf die Ätiologie der psychopathischen Persönlichkeitsstörungen als vielmehr in einem Katalog von charakteristischen Merkmalen dieser Menschen. Als Hauptmerkmale werden genannt: persistierende Konflikte mit der Gesellschaft, mangelnde Impulskontrolle und geringe Frustrationstoleranz, Beeinträchtigung der Gewissensinstanz, schwerwiegende Störungen in den mitmenschlichen Kontakten, verbunden mit der Unfähigkeit, Gefühle auszudrücken, aggressive Verhaltensweisen, emotionale Unreife sowie eine geringe Fähigkeit, aus Erfahrungen zu lernen. Ferner werden eine übermäßige Abhängigkeit von den Bezugspersonen und das Eingehen flüchtiger, häufig wechselnder sexueller Kontakte beschrieben.

Da die klassischen Psychopathiekonzepte zumeist vor dem Hintergrund eines eher statischen Persönlichkeitsmodells konzipiert worden sind, bleibt die Mehrzahl der Autoren bei einer phänomenologischen Betrachtungsweise stehen. Nur selten ist der Versuch unternommen worden, die für die psychopathischen Persönlichkeiten charakteristischen Merkmale auf ihre *psychodynamischen Hintergründe* zu untersuchen. Die vereinzelten Vorstöße von Autoren psychoanalytischer Provenienz (Aichhorn 1925; Eissler 1949; Freud 1915; Friedlander 1945, 1947; Schmideberg 1947, 1949; Schultz-Hencke 1950), die auf eine mehr oder weniger spezifische Genese und Psychodynamik dissozialer Persönlichkeiten hinwiesen, fanden kaum Eingang in die wissenschaftliche Diskussion um das Phänomen der Psychopathie. Spätestens seit den Arbeiten von W. Reich (1923, 1933) über neurotische Charakterbildungen hat sich die Psychoanalyse aber nicht nur mit sogenannten Symptom- oder Psychoneurosen und psychosomatischen Erkrankungen, sondern auch mit neurotischen Charakterentwicklungen beschäftigt (so sprechen z. B. Alexander 1928, Hoffmann 1979, Nunberg 1971 und Reich 1923/1933 von einer »Charakterneurose«; siehe auch die Beschreibungen verschiedener Charakterformen bei Abraham 1969, Freud 1915, Jones 1937 und Rank 1927/1928 sowie die Ausführungen von Shapiro 1991 über die »neurotischen Stile«).

Solchen Charakterentwicklungen liegen, wie allen Neurosen, in der frühen Kindheit erlittene Traumatisierungen sowie daraus resultierende unbewußte Konflikte und – im Bereich der narzißtischen Störungen – Mangelerfahrungen zugrunde. Das die neurotische Charakterentwicklung kennzeichnende Merkmal besteht darin, daß die Verhaltensweisen ich-synton in die Persönlichkeit eingebaut sind und deshalb in der Regel nicht zu einem ausgesprochenen Leidensdruck führen. Der betreffende Mensch empfindet sein eigenes Verhalten als normal und leidet höchstens an den ihm unangemessen erscheinenden Reaktionen der Umwelt. Während K. Schneider (1923, 1971) die Psychopathie als eine nicht-krankhafte Charakterabnormität betrachtet, neigen psychoanalytische Autoren dazu, in solchen Charakterentwicklungen, wie in anderen Neurosen, krankhafte Störungen zu sehen. Dührssen (1949) weist in diesem Zusammenhang darauf hin, daß man »diese sogenannten neurotischen Charakterfehlentwicklungen krankhaft … nennen (muß), obgleich kein Zweifel darüber sein kann, daß hier Verhaltensweisen als krank bezeichnet werden, die der sogenannten freien Willensbestimmung noch zugänglich erscheinen«. Diese Feststellung dient einerseits der Abgrenzung gegenüber psychotischen Manifestationen. Andererseits wirkt sich eine solche Arbeitshypothese aber auch auf das therapeutische Vorgehen aus: Galt der psychopathische Mensch wegen seiner von Geburt an bestehenden Charakterabnormität vielen Autoren als therapeutisch oder erzieherisch wenig beeinflußbar, so impliziert das Konzept einer charakterneurotischen Entwicklung wesentlich größere therapeutische Möglichkeiten. Insofern ist diese Diskussion nicht lediglich von theoretischem Interesse, sondern hat Konsequenzen für das Verständnis dieser Menschen und für das therapeutische Vorgehen.

Trotz solcher Überlegungen erscheint es beispielsweise Aichhorn (1925), Heigl (1962, 1963), Karpman (1941) und anderen aus verschiedenen Gründen nicht sinnvoll, die Psychopathien einfach den Charakterneurosen gleichzusetzen und den dissozialen Menschen als einen Neurotiker mit Charaktersymptomen zu bezeichnen. Es wird in diesem Zusammenhang vor allem auf die Heterogenität der verschiedenen Symptome und Neurosenformen hingewiesen, die wir bei dissozialen Menschen finden. So verweisen etwa Lindner (1944) und Wittels (1937) auf ungelöste ödipale Konflikte, Friedlander (1947) sieht bei dissozialen Menschen vor allem Fixierungen an die anal-sadistische Phase, Dräger (1961/ 1962), Glover (1960) und Repond (1948) betonen eine orale Problematik, und Abraham (1925) kommt aufgrund seiner Erfahrungen zur Ansicht, die Entwicklung dieser Menschen weise in erster Linie Traumatisierungen und entsprechende Fehlentwicklungen im Bereich des Autoerotismus und Narzißmus auf. Die Schilderungen, die andere Autoren wie Karpman (1941, 1935/1944, 1961) und Cleckley (1959, 1964) geben, lassen sogar an eine der Psychose nahe Störung denken.

Freud hob als ein wesentliches Merkmal dissozialer Menschen hervor, daß man ihre Delinquenz als Ausdruck unbewußter Schuldgefühle verstehen könne (1915). Auch Alexander und Healy (1935), Freeman und Savastano (1970), Glover (1960), Lewis und Yarnell (1951), Reik (1925), Reiwald (1948) und Solomon (1970) führen als die Delinquenz determinierenden Faktor unbewußte Schuldgefühle an, zumeist auf der Grundlage ungelöster ödipaler Konflikte. Unter triebdynamischem Aspekt wird von verschiedenen Autoren bei dissozialen Menschen eine orale Problematik hervorgehoben (Dräger 1961/1962; Glover 1960; Repond 1948; Stott 1950). Ferner ist auf ungelöste ödipale Konflikte und phallisch-narzißtische Züge (Abraham 1925; Barag 1937; Lindner 1944; Reich 1923/1928, 1933; Wittels 1937; Zulliger 1966) sowie auf eine Fixierung an die anal-sadistische Phase der Triebentwicklung (Friedlander 1947; Glover 1960) hingewiesen worden.

Eissler (1949) betont, daß neben der libidinösen Triebkomponente bei dissozialen Menschen vor allem der Aggression eine besondere Bedeutung zukomme. Die Aggression richte sich bei ihnen charakteristischerweise im Sinne eines alloplastischen Verhaltens gegen die Umwelt, woraus sie einen Lustgewinn zögen, während der eher autoplastisches Verhalten zeigende Neurotiker vor allem Unlust erlebe. Im Hinblick auf die Objektbeziehungen schildert Eissler die auch von anderen Autoren (z. B. Parin 1961) belegte Beobachtung, daß für den dissozialen Menschen der Partner nur wichtig sei als Hilfsmittel zur Befriedigung eigener Bedürfnisse. In einer Beziehung sei das zentrale Anliegen für solche Menschen immer »to find oneself in the object«, so daß wir hier von einer narzißtischen Beziehungskonstellation sprechen können.

Unter dynamischem Aspekt interessant ist auch die Studie von Stott (1950) an 102 dissozialen Jugendlichen. Stott kommt aufgrund seiner Untersuchung zum Ergebnis, daß Kriminalität, vor allem impulsive Kriminalität, sehr oft den Versuch darstelle, Gefühle der Depression durch »excitement« abzuwehren. Es finde sich bei dieser Gruppe von Jugendlichen eine Sequenz von Vermeidung und Stimulierung (»avoidance-excitement«). Als weitere häufige Motive dissozialen Verhaltens beschreibt Stott den Versuch, durch die dissozialen Aktionen die Trennung von den Angehörigen zu erzwingen, den Versuch, Aggressionen gegen die Angehörigen abzuführen, das Bestreben, Minderwertigkeitsgefühle zu kompensieren, und schließlich den Wunsch, durch das dissoziale Verhalten Aufmerksamkeit auf sich zu lenken.

Joseph (1961) führt anhand eines kasuistischen Beispiels einige charakteristische Merkmale psychopathischer Persönlichkeiten an. Die Autorin nennt die Unfähigkeit solcher Menschen, Enttäuschungen und Angst zu ertragen. Ferner beschreibt sie als charakteristisch für die Art der Objektbeziehungen eine ausgeprägte Gier und einen daraus resultierenden heftigen Neid des dissozialen Menschen auf die Fähigkeit seiner Bezugspersonen, ihn zu befriedigen. Joseph sieht vor allem die beiden folgenden Mechanismen, mit denen der Neid abgewehrt werden soll: zum einen die Abwertung des Liebesobjekts und zum anderen die Idealisierung des Objekts und die anschließende Inkorporation. Charakteristisch für dissoziale Menschen sei ihre Unfähigkeit, die depressive Position im Sinne Melanie Kleins (1960/1961, 1972) zu ertragen und durchzuarbeiten. Die Ursache dieses Unvermögens liege in der Heftigkeit der Verfolgung durch die inneren Objekte. Ferner sei eine solche Persönlichkeit wegen der Stärke ihres Neids und der Spaltungsmechanismen teilweise an die paranoid-schizoide Position fixiert geblieben. Die typischen Abwehrmechanismen des dissozialen Menschen seien Omnipotenz, Spaltung, Projektion und projektive Identifizierung, die auch Glover (1960) als charakteristisch für dissoziale Menschen beschreibt.

Unter strukturellem Gesichtspunkt sind von verschiedenen Autoren zum einen die Über-Ich-Problematik der Dissozialen und zum anderen die Störungen in der Ich-Entwicklung betont worden (Aichhorn 1925; Eissler 1949; Friedlander 1945, 1947, 1949; Glover 1960; Lampl-de Groot 1949, 1965; Moser 1970; Redl u. Wineman 1965). Besonders gefährdend für eine dissoziale Entwicklung sind nach Reiwald (1948) die folgenden drei strukturellen Konstellationen: ein triebstarkes Es, das einem schwachen Ich und Über-Ich gegenüberstehe; ein triebschwaches Es gegenüber einem schwachen Ich und Über-Ich; ein zu starkes Über-Ich. Friedlander (1947) nimmt an, daß eine latente Verwahrlosungsstruktur im Sinne Aichhorns (1925) vor allem durch die drei folgenden Faktoren gebildet werde: durch starke unmodifizierte Triebe, durch ein schwaches, unter der Herrschaft des Lustprinzips stehendes Ich und durch ein unselbständiges Über-Ich.

Hart de Ruyter hat eine Theorie der »Entwicklungspsychopathie« formuliert. Er distanziert sich ausdrücklich vom Schneiderschen Psychopathiekonzept und versteht unter der Entwicklungspsychopathie eine neurotische, zur Dissozialität führende Entwicklung mit Beeinträchtigungen im Emotionalen, Intellektuellen und im Beziehungsbereich, auf dem Boden einer frühen, tief in den Aufbau der Persönlichkeit eingreifenden Störung. Hervorstechendes Merkmal solcher Menschen seien schwere Beziehungsstörungen. An der Wurzel dieser Entwicklungen sieht der Autor gravierende emotionale und soziale Vernachlässigungen in der frühen Kindheit.

Nachdem bereits Psychoanalytiker wie Aichhorn (1925) in den 30er und 40er Jahren auf solche Zusammenhänge zwischen Milieuschäden und Verhaltensstörungen dissozialer Art hingewiesen hatten, erfuhren diese klinischen Beobachtungen eine empirische Validierung durch die Resultate einer großen, an 411 männlichen Jugendlichen durchgeführten prospektiven Longitudinalstudie, der Cambridge Study in Delinquent Development (Farrington 1978). Es zeigte sich, daß die wichtigsten, zu späteren aggressiven Delikten disponierenden Faktoren in der frühkindlichen Erfahrung einer kühlen, lieblosen Beziehung zu den Eltern und in früh erlittenen Trennungen von ihnen liegen. Auch Hindelang (1973), Hirschi (1969) und Johnson (1979) betonen aufgrund ihrer Studien die Bedeutung der frühkindlichen Beziehungsstörungen als eine zentrale Ursache späteren dissozialen Verhaltens.

Einen weiteren Beitrag zur Abgrenzung von Neurose und Psychopathie hat Kuiper (1968) geleistet. Nach seiner Formulierung zeichnet sich die Neurose durch einen Konflikt, die Psychopathie hingegen durch einen Defekt (vor allem in den Ich-Funktionen) aus. Ein solcher Defekt habe seine Wurzeln in Entwicklungsstörungen infolge psychogener und/oder organischer und konstitutioneller Faktoren. Ähnlich sieht Parin (1961) das wesentliche Moment des psychopathischen Menschen in einer Störung hinsichtlich der Ausbildung der sekundären Autonomie des Ich. Diese Störung stelle die biologische Disposition zur Psychopathie im Sinne von Freuds (1937) Konzept »ursprünglicher mitgeborener Ichverschiedenheiten« dar. Bei der Diagnostik und im Hinblick auf die indizierte Therapie gilt es nach Kuiper (1968), Größe und Intensität von Defekt und Konflikt abzuschätzen. Oft bestehe eine enge Wechselbeziehung zwischen beiden, indem sich etwa neurotische Konflikte auf dem Boden eines Defekts abspielten und Defekte es verhindern könnten, daß Konflikte eine angemessene Lösung fänden. Während Neurose und Psychopathie Formen einer erschwerten Adaptation darstellten, hebt Kuiper als wesentlichen Unterschied zur Psychose die »Desadaptation« der letzteren hervor. In der psychologisch-psychiatrischen Literatur zum Thema der »Verwahrlosung« wird häufig zwischen einer neurotischen und einer psychopathischen Verwahrlosung unterschieden (Arieti 1963; Heigl 1962, 1963, 1978; Karpman 1941, 1961; Moser 1970; Muss 1973). Diese Differenzierung ist allerdings nicht unproblematisch, zumal sich häufig die Grenzen zwischen den beiden Persönlichkeitsbildern nicht eindeutig abstecken lassen. Im allgemeinen wird als Kennzeichen der psychopathischen Verwahrlosung die frühe und fundamentale (zum Teil von Geburt an bestehende, zum Teil lebensgeschichtlich bedingte) Störung der gesamten psychischen Organisation angenommen, so daß es dem Ich nicht gelinge, über seine soziale und psychische Realität frei zu verfügen.

»Da die Gefahren für das schwache, durch keinerlei stützende Identifikationen je wirklich gestärkte Ich von der Trieb-, der Über-Ich- wie der Realitätsseite her überwältigend sind, kommt es zu einer Art adaptiver Deformation: Das Ich tritt in den Dienst des Kampfes gegen die Umwelt um konfliktfreien Lustgewinn, d. h. es verwandelt sich, weg von der normalen Funktion des Ausgleichs, der Konfliktbewältigung und der Realitätsanpassung, in einen verschlagenen Verbündeten des Es, das es gegen potentielle Über-Ich- und Realitätsforderungen abschirmt« (Moser 1970).

Im Gegensatz zur psychopathischen Dissozialität werden bei der neurotischen Verwahrlosung vor allem ungelöste Konflikte zwischen verdrängten Triebansprüchen, insbesondere resultierend aus ungelösten ödipalen Konflikten, und verbietendem Über-Ich angenommen. Während sich bei der psychopathischen Variante extrem depravierte Eltern-Kind-Beziehungen finden, die zu einem frühen Abbruch der primären Objektbeziehung und zu schweren Störungen der Identifikationsfähigkeit − und damit der Ich-Entwicklung − geführt haben, wird angenommen, daß die entscheidende Störung der kindlichen Entwicklung bei neurotischer Dissozialität später eintrete und deshalb die frühe Sozialisation weniger belastet sei (Herriger 1979). Ähnlich wie die erwähnten

Autoren grenzt Alexander (1928) vom Neurotiker und vom agierenden »neurotischen Charakter« einen sog. »genuinen Kriminellen« ab. Allerdings ist Alexander der Ansicht, »daß bei näherer Untersuchung der größte Teil der Kriminellen sich als neurotischer Charakter entlarven wird. Der reine Kriminelle scheint mir eine dem Limesbegriff der Mathematik ähnliche theoretische Konstruktion zu sein«.

Viele dissoziale Menschen können diagnostisch der Gruppe der Charakterneurotiker im Sinne Nunbergs (1971) zugeordnet werden. Während nach Nunberg bei den Symptomneurosen der neurotische Konflikt aktiv ist, wenn auch häufig unsichtbar, stellt der neurotische Charakter mit seinem repetitiven Fehlverhalten den »Ausdruck beständiger infantiler Reaktionsbildungen gegen prägenitale Partialtriebe« dar. Dabei bilden nach Lampl-de Groot (1963/64) die pathologischen Charakterzüge »Übersteigerungen« und »Verzerrungen« des normalen Charakters. Sie sind starr und irreversibel und können zur Erstarrung der Ich-Organisation und ihrer verschiedenen Funktionen führen. Gewisse Handlungen solcher Menschen seien irrational, blieben unintegriert und stünden oft sogar in einem Gegensatz zur Gesamtpersönlichkeit. Aus dieser Situation resultierten leicht manifeste Konflikte mit der Umgebung. Die Frage allerdings, warum die Persönlichkeit die Triebkonflikte einmal durch die Bildung neurotischer Charakterzüge, ein anderes Mal hingegen durch umschriebene Symptombildungen zu bewältigen versucht, vermag Nunberg nicht zu beantworten. Immerhin deutet er mit seinen Hinweisen auf das Versagen integrativer Kräfte und auf Ich-Spaltungen an, daß ich-strukturelle Besonderheiten für die jeweiligen Lösungsversuche verantwortlich sein dürften. Aus der Bedeutung, die Nunberg einer Fixierung der Libido auf einer prägenitalen Stufe beimißt, können wir ferner die Vermutung ableiten, daß neben einer spezifischen Ich-Struktur auch frühe, prägenitale Störungen in der Triebentwicklung wesentlich an der Entstehung solcher neurotischer Charakterbildungen beteiligt sind.

Fenichel (1945) hat zur Bezeichnung solcher Persönlichkeiten mit neurotischen Charakterstörungen und starken Agiertendenzen den Begriff der »Impulsneurose« verwendet (viele dieser Persönlichkeiten können der Gruppe der »triebhaften Charaktere« im Sinne Reichs, 1923, zugeordnet werden). Die von solchen Menschen ausgeführten impulsiven Handlungen werden von ihnen nicht wie Zwänge erlebt, sondern sind ich-synton und stellen nach Fenichel eine charakteristische Verdichtung von Sicherheitsstreben und Streben nach Triebbefriedigung dar. Kennzeichen des Impulsneurotikers seien seine Unfähigkeit, Spannungen zu ertragen, die Neigung, zu handeln, statt zu denken, sowie die beeinträchtigte Entwicklung des Realitätsprinzips. Diese Menschen »handeln noch, als bringe jede Spannung ein gefährliches Trauma mit sich. Ihre Handlungen sind weniger auf das positive Ziel hin orientiert, etwas zu erreichen, als auf das negative, eine Spannung loszuwerden. Ihr Ziel ist nicht die Lust, sondern eine Unterbrechung des Schmerzes. Sie empfinden jede Spannung, wie der Säugling Hunger empfindet, das heißt als eine Bedrohung ihrer Existenz« (Fenichel 1945).

In der Genese solcher Menschen vermutet der Autor vor allem starke »oral- und hauterotische Fixierungen« (wir würden heute wohl eher von oral-narzißtischen Störungen sprechen), die auf konstitutionelle oder lebensgeschichtliche Ursachen respektive beide Faktoren zurückzuführen seien. Die Impulsneurose stelle, wie kein anderes neurotisches Phänomen, eine dialektische Verbindung von Triebbefriedigung und Triebabwehr dar. Das schwere Dilemma solcher Patienten besteht nach Fenichel darin, daß sie sich einerseits nach Sicherheit und narzißtischer Zufuhr sehnen, daß von ihnen andererseits aber eben diese Sehnsucht selbst als gefährliche Triebspannung empfunden wird. »Ihre impulsiven Handlungen können dann das Streben nach einem Ziel bedeuten, das sie zugleich zu vermeiden suchen, weil sie vor ihm Angst haben. ... Ihr grundlegender Konflikt wird zwischen ... der Neigung zur Gewalt und der Neigung ausgetragen, jede Aggressivität aus Angst vor Liebesverlust zu unterdrücken.« Fenichel nimmt an, daß die grundlegende Disposition zu pathologischen Impulshandlungen und zu Depressionen ein und dieselbe sei und daß die meisten impulsiven Handlungen dem Zweck dienten, Depressionen zu vermeiden.

In den internationalen Diagnosensystemen der ICD-10 und des

DSM-IV wird die »dissoziale« respektive »antisoziale Persönlichkeitsstörung« als eigenständige Diagnose geführt. Es handelt sich hier um eine in erster Linie auf soziale Kriterien fußende Charakterisierung, wobei die stark phänomenologisch orientierten, von eher statischen Persönlichkeitsmodellen ausgehenden Diagnosensysteme im Grunde inkompatibel sind mit einer psychodynamischen Betrachtungsweise.

In der ICD-10 heißt es unter der Diagnose F60.2 *dissoziale Persönlichkeitsstörung* unter anderem: »Diese Persönlichkeitsstörung fällt durch eine große Diskrepanz zwischen dem Verhalten und den geltenden Normen auf«, und es wird darauf verwiesen, diese Menschen zeigten ein »dickfelliges Unbeteiligtsein gegenüber den Gefühlen anderer«, sie zeichneten sich aus durch »deutliche und andauernde Verantwortungslosigkeit«, durch ein »Unvermögen zur Beibehaltung längerfristiger Beziehungen« sowie durch die »Unfähigkeit zum Erleben von Schuldbewußtsein und zum Lernen aus Erfahrung, besonders aus Bestrafung«.

Ähnlich heißt es im DSM-IV (301.7) eingangs, das Hauptmerkmal der *antisozialen Persönlichkeitsstörung* sei ein »tiefgreifendes Muster von Mißachtung und Verletzung der Rechte anderer, das in der Kindheit oder frühen Adoleszenz beginnt und bis in das Erwachsenenalter fortdauert«. Es wird darauf hingewiesen, daß dieses Verhaltensmuster auch als »Psychopathie«, »Soziopathie« oder »dissoziale Persönlichkeitsstörung« bezeichnet wird. Täuschung und Manipulation seien zentrale Merkmale dieser Menschen. Weitere Kennzeichen seien: die Unfähigkeit, sich in bezug auf gesetzmäßiges Verhalten an gesellschaftliche Normen anzupassen, Täuschung und Manipulation mit der Absicht, einen persönlichen Vorteil oder persönliches Vergnügen zu erlangen, eine starke Neigung zum Lügen, Betrügen oder Simulieren, erhebliche Impulsivität, Unfähigkeit, vorausschauend zu planen, reizbares und aggressives Verhalten, Rücksichtslosigkeit gegenüber sich selbst und anderen und insgesamt eine ausgeprägte und andauernde Tendenz zu verantwortungslosem Handeln. Ferner heißt es im DSM-IV, den Menschen mit antisozialer Persönlichkeitsstörung fehle häufig Mitgefühl, sie neigten dazu, »abgebrüht und zynisch zu sein und die Gefühle, Rechte und Leiden ihrer Mitmenschen zu mißachten«.

Übersteigerte und arrogante Selbsteinschätzung sowie glatter, oberflächlicher Charme seien charakteristisch für sie. Ebenso fänden sich aber auch dysphorische Züge, Klagen über innere Anspannung, Unfähigkeit, Langeweile zu ertragen, sowie mitunter Angststörungen, depressive Störungen, Somatisierungsstörungen und verschiedene Störungen der Impulskontrolle.

Wie diese Hinweise zeigen, wird die dissoziale respektive antisoziale Persönlichkeitsstörung in beiden Diagnosensystemen vor allem durch *negative soziale Merkmale* charakterisiert. Außerdem zeigt diese Charakterisierung eine große Nähe zu den alten Psychopathie- und Soziopathiekonzepten, wie ich sie oben dargestellt habe. Psychodynamische Aspekte finden hier keinen Platz. Das Problem einer solchen Betrachtungsweise liegt vor allem darin, daß sich aus derartigen vor allem mit negativen Etikettierungen arbeitenden Charakterisierungen im Grunde keine konstruktiven therapeutischen Konsequenzen ableiten lassen. Wie ich in den folgenden Kapiteln dieses Buches zeigen werde, vermitteln uns psychodynamische Modelle hingegen einen wesentlich differenzierteren Zugang zu dissozialen Menschen und ermöglichen es uns, die ihnen entsprechenden Behandlungsstrategien zu entwickeln.

Ein psychodynamisches Konzept zur Entwicklung und Struktur der Persönlichkeit dissozialer Menschen

Entwicklungspsychologische Aspekte

Spätestens seit den Beobachtungen von Spitz (1945, 1946) und Bowlby (1951) wissen wir um die große Bedeutung, die frühe Störungen der Eltern-Kind-Beziehung nicht nur auf die Trieb-, sondern auch auf die Ich- und die Selbst-Entwicklung auszuüben vermögen. Auch die Studien von Margaret Mahler (1972, 1975), E. H. Erikson (1966) und M. Balint (1966, 1970) weisen darauf hin, daß die Ausbildung einer das Kleinkind tragenden emotionalen Beziehung zu einer konstanten Bezugsperson, die Entwicklung von »Urvertrauen« (Erikson), für das weitere Leben des Menschen von entscheidender Bedeutung ist. Dabei ist aber, wie Mahler betont, zu bedenken, daß nicht nur mangelnde Empathie der Mutter, deren eigene narzißtische Bedürftigkeit oder andere in der Persönlichkeit der Mutter liegende Konflikte als Störfaktoren angesehen werden müssen, sondern daß auch eine Unfähigkeit des Kindes vorliegen kann, seine Bedürfnisse der Mutter mitzuteilen und auch das emotionale Angebot der Bezugspersonen zu nutzen. Überhaupt zeigen uns die Befunde der modernen Säuglingsforschung (Dornes 1997; Lichtenberg 1983, 1988; Stern 1985), daß bereits der Säugling ein weltoffenes, zu differenzierten sozialen Beziehungen fähiges Wesen ist, das seine Umwelt aktiv mitgestaltet. In diesem Zusammenhang ist auch zu bedenken, daß es eine unzulässige Vereinfachung der Situation wäre, wenn man die Bedeutung einer tragfähigen Eltern-Kind-Beziehung in der frühen Kindheit in dem Sinne verstünde, spätere Störungen der Kinder seien auf eine insuffiziente Betreuung durch die Mutter zurückzuführen. Gerade die Entwicklung dissozialer Menschen zeigt, daß neben der Persönlichkeit beider Eltern und der spezifischen Eigenart des Kindes auch die soziale Situation, in der die Familie lebt – und dazu gehören nicht zuletzt die ökonomischen Bedingungen –, von großer Bedeutung ist. Es gilt deshalb, nach einer Formulierung von Rohde-Dachser (1989), Abschied zu nehmen von der »Schuld der Mütter« und zu sehen, daß individuelle und gesellschaftliche Faktoren eng ineinandergreifen und sich gegenseitig bedingen.

Wenn im folgenden psychodynamische Hypothesen zur Genese dissozialer Menschen entwickelt werden, so müssen wir unser Augenmerk vor allem auf die frühe Beziehung zwischen Eltern und Kind richten. Es ist bezeichnend für dissoziale Menschen, daß wir in dieser Hinsicht bei ihnen nicht, wie bei vielen anderen Menschen mit psychischen Störungen, in erster Linie auf die aus der Rückschau des Erwachsenen vermittelten Angaben über die frühe Kindheit angewiesen sind. Vielmehr entstammen viele der späteren dissozialen Personen desintegrierten Familien, über die zum Teil bereits umfangreiche Akten aus den verschiedenen Institutionen vorliegen. Auch aufgrund der Unterbringung vieler dieser Kinder in Heimen und anderen Institutionen besitzen wir nicht selten eine recht genaue Beschreibung zumindest der äußeren Lebenssituation in der Kindheit.

Auch wenn sich keine für die dissozialen Menschen spezifische pathogene frühkindliche Situation eruieren läßt, zeigt sich bei vielen von ihnen doch als übereinstimmendes Merkmal, daß es ihnen in der Frühzeit ihrer Entwicklung an einer tragfähigen, ihnen emotionale Sicherheit vermittelnden Beziehung zu konstanten Bezugspersonen gefehlt hat. Der Aufbau einer dualen Beziehung wurde zum Teil durch Heimaufenthalte verunmöglicht, oder es kam infolge eines häufigen Wechsels von Pflegepersonen immer wieder zu Unterbrechungen der Beziehungen. Bei einem anderen Teil der später dissoziale Manifestationen aufweisenden Kinder, die in ihren Herkunftsfamilien aufwuchsen, können wir bereits aus der Beschreibung der äußeren Lebensumstände auf fundamentale Störungen des Beziehungsgefüges schließen. Häufig waren sie schon frühzeitig extremen Entbehrungssituationen physischer und/oder psychischer Art ausgesetzt, nicht selten auch Opfer manifester Gewalt (Rauchfleisch 1996b). Hingegen hat es ihnen an optimalen, das heißt der jeweiligen Entwicklungsphase entsprechenden, die Autonomie des Kindes fördernden Versagungen gefehlt. Charakteristisch für das Erziehungsverhalten der nahen Bezugspersonen ist häufig ein Schwanken zwischen Verwöhnung und Härte.

In eindrücklicher Weise manifestieren sich die Folgen solcher frühen Trennungs- und Deprivationserfahrungen in den Therapien mit dissozialen Menschen und konstellieren die Übertragungssituation in spezifischer Weise. Eine der größten Schwierigkeiten in den Behandlungen solcher Patienten liegt darin, daß sie auf entsprechende Ereignisse (zum Beispiel auf die Tatsache, daß ihnen der Therapeut einmal nicht sofort zur Verfügung steht, oder auf Stundenausfälle bzw. -verlegungen und insbesondere auf Ferienunterbrechungen) mit panikartigem Verhalten reagieren und in solchen Situationen die Gefahr besteht, daß sie eher die Therapie abbrechen als (wie schon so oft in ihrem Leben) erleben zu müssen, daß sie von einem ihnen nahestehenden Menschen verlassen werden. Häufig kommt es dann, wie noch auszuführen sein wird (s. S. 63), zu einer für dissoziale Menschen charakteristischen »Verkehrung ins Gegenteil«: Eine drohende Unterbrechung der Beziehung zum Therapeuten wird vom Patienten vorweggenommen, indem er nicht das Verlassenwerden erleiden muß, sondern seinerseits in aktiver Weise den Therapeuten verläßt.

Die diese Kinder umgebende Welt erweist sich ihnen von frühester Kindheit an als unberechenbar, feindlich und angsterregend. Das Leben wird für sie so zu einem »Dschungelkampf, wo in jedem Augenblick die Gefahr besteht, daß hinter einem Busch oder Baum ein Feind hervorspringt«, wie es ein dissozialer Jugendlicher einmal formulierte. Ein eindrückliches Bild davon, wie feindlich und unheimlich er die ihn umgebende Welt erlebte, entwarf dieser Jugendliche in einem Traum:

»Ich bin zusammen mit der Großmutter in ihrem Auto auf einer Straße. Plötzlich tut sich die Straße vor uns auf, und wir sind in einer riesigen Hölle, in einer Art Kochtopf. Die Straße führt in Windungen an den Wänden hoch, dann kreuz und quer durch die Hölle. Rechts und links von der Straße liegen Türen. Wenn sie sich einmal für kurze Zeit öffnen, sehen wir dahinter riesige Feuer und Teufel, die die Menschen quälen. Wir haben furchtbare Angst, weil von allen Seiten plötzlich ein Angriff kommen kann. Wir verstecken uns und unser Auto dann in einem Gebüsch und beobachten von dort voller Angst, was um uns herum passiert. Einmal am Tag, zu einer allen unbekannten Zeit, öffnet sich plötzlich, an einer allen unbekannten Stelle, die Hölle, und wer Glück hat und in diesem Moment in der Nähe dieser Stelle ist, kann heraus. Wenn man es aber nicht schafft, muß man wieder bis zum nächsten Tag warten, bis sich wieder ganz plötzlich irgendwo ein Tor öffnet.«

Neben anderen Themen (z. B. einer Über-Ich-Problematik) artikuliert sich in diesem Traum das zentrale Lebensgefühl dieses Jugendlichen, einer feindlichen, unberechenbaren Welt gegenüberzustehen, in der ein Überleben höchstens mit Hilfe von List möglich ist (dem Traumbild des Versteckens im Gebüsch entsprach im manifesten Verhalten ein oft undurchschaubares Netz von Lügen und Entstellungen, mit denen dieser Jugendliche seine Umwelt zu täuschen und zu irritieren suchte).

Wollen wir die kognitiven Erfahrungen und die affektiven Erlebnisse, die in den ersten Lebensjahren auf das Kind einströmen, in ihrer psychodynamischen Bedeutung für die weitere Entwicklung des späteren dissozialen Menschen abschätzen, so erscheint es mir fruchtbar, die psychoanalytischen Entwicklungstheorien heranzuziehen, wie sie von Otto F. Kernberg (1979), Melanie Klein (1972), Margaret Mahler (1972, 1975) und anderen formuliert worden sind. Von diesen Konzepten ausgehend, können wir die Persönlichkeitsstörungen, die am Ursprung vieler dissozialer Entwicklungen stehen, als in erster Linie durch *verinnerlichte pathologische frühkindliche Objektbeziehungen* bedingt verstehen. Es kommt aufgrund früher Beziehungsstörungen zu erheblichen Beeinträchtigungen im Bereich der Selbst- und Objektrepräsentanzen. Ferner führen die Beziehungserfahrungen zu schwerwiegenden ich- und über-ich-strukturellen Deformationen. Triebdynamisch finden wir als Kernkonflikt bei vielen dissozialen Menschen eine *oral-aggressive Problematik*.

Eindrücklich stellte ein 12jähriger Knabe mit schweren Verhaltensstörungen diese Thematik in einem von ihm gemalten Bild dar. Er malte ein Auto, dessen Kühler die Physiognomie eines menschenähnlichen Wesens besaß. Zu dieser Darstellung erzählte der Patient folgende Geschichte:

Das Auto sei ein Wesen von einem fremden Stern. Es habe ein riesiges Maul. Zusammen mit anderen Wesen dieser Art sei es in einer Invasion zur Erde gekommen, von dem Wunsch erfüllt, alles zu zerstören und zu fressen. Die Wesen hätten nur einen einzigen Gedanken: »Haben, haben, haben!« Angesichts dieser furchtbaren Macht werde sogar die Sonne bleich vor Entsetzen (in früheren Darstellungen hatte der Patient wiederholt die Sonne als Symbol eines guten inneren Objekts verwendet).

Vor dem Hintergrund dieses bei vielen dissozialen Menschen feststellbaren oral-aggressiven Kernkonflikts können wir, wie es Rohde-Dachser (1995) für die Borderline-Persönlichkeiten beschreibt, den pathologischen Fixierungspunkt im zweiten oder dritten Lebensjahr vermuten, wo das Kind die Mutter bereits als ein deutlich von ihm getrenntes Objekt wahrnimmt und seine Autonomiestrebungen in der analen Phase einen Höhepunkt erreicht haben. Das Kind scheitert nun aber aufgrund seiner frühen Traumatisierungen und Mangelerfahrungen mit seinen Autonomiestrebungen, weil einerseits die Eltern nicht in der Lage sind, ihm diese Autonomie in einer dem Kind angemessenen Weise zuzugestehen, und weil es andererseits durch nicht zu bewältigende Kränkungen und Enttäuschungen an seiner Weiterentwicklung gehindert wird. Im Sinne M. Mahlers können wir von einer Störung im Prozeß von Loslösung und Individuation sprechen, und zwar speziell in der Subphase der Wiederannäherung. Die *Beschneidung der eigenen Autonomie* wird zur zentralen pathogenetischen Erfahrung dieser Kinder.

Von dieser frühkindlichen Konstellation her ist dann auch die bei dissozialen Menschen häufig feststellbare *Depressivität* verständlich: Die Wurzeln dieser Störung liegen nach dem Konzept von M. Mahler ebenfalls vor allem in der Subphase der Wiederannäherung, nachdem bereits in früheren Entwicklungsstadien erhebliche Traumatisierungen gesetzt worden sind – vor allem dadurch, daß die Mutter dem Kind nicht optimal verfügbar war und durch eigene narzißtische Störungen ihrem Kind die Möglichkeit versperrte, den Umgang mit eigenen Aggressionen zu üben und Aggressionen zu neutralisieren. Es scheint mir charakteristisch für die Interaktion zwischen der Mutter und dem späteren dissozialen Menschen zu sein, daß die Mutter selbst häufig durch die verschiedensten inneren (etwa eigene narzißtische Mangelerfahrungen) und äußeren (z. B. soziale, eheliche, finanzielle) Probleme in einem solchen Ausmaß absorbiert ist, daß der Dialog zwischen Mutter und Kind »entgleist« (Spitz 1974).

Die Folgen solcher Fehlentwicklungen sind Hemmungen in der Ich-Entwicklung, insbesondere eine Störung in der synthetischen, regulativen Ich-Funktion, eine Beeinträchtigung des Selbstwertgefühls, Störungen in den Realitätsbezügen, eine hohe narzißtische Kränkbarkeit, eine Erschwerung der Neutralisierung von Aggression sowie eine feindselige Abhängigkeit von Bezugspersonen, die an die Stelle des primären Objekts treten, verbunden mit erheblicher Ambivalenz und dem zentralen Erleben extremer Hilflosigkeit.

Bei den dissozialen Menschen ist zwar in der Regel die Differenzierung zwischen Ich und Nicht-Ich mehr oder weniger gelungen. Es ist für sie aber eine *Spaltung des mütterlichen Objekts* in die beiden Teilobjekte der »guten« und der »bösen« Mutter charakteristisch (M. Klein 1972). Diese Menschen sind dann auch im späteren Leben zutiefst von der Vorstellung durchdrungen – und suchen sie mit allen Mitteln aufrechtzuerhalten –, daß das »ganz gute« (d. h. das versorgende, die Bedürfnisse empathisch wahrnehmende) und das »ganz böse« (d. h. das frustrierende, Bedürfnisbefriedigung versagende) Teilobjekt nicht zwei Seiten ein und derselben Person, sondern zwei völlig voneinander getrennte Seinsqualitäten sind. M. Mahler spricht in diesem Zusammenhang davon, daß diese Kinder durch die Störung in der Subphase der Wiederannäherung in ihrer Entwicklung auf halbem Weg zwischen werbender Wiederannäherung an das geliebte Objekt und der enttäuschten Abwendung von ihm steckenbleiben. Eine solche Genese macht uns verständlich, weshalb dann der dissoziale Erwachsene zu den Menschen gehört, »die die ewige Sehnsucht des Menschen nach der guten symbiotischen Mutter sowohl demonstrieren als auch unbewußt agieren« (Mahler 1975). Die von diesem Teilobjekt abgespaltene exzessive Aggressivität richtet sich hingegen auf die »böse Mutter der Trennung« (Mahler 1975).

Mit einer solchen Haltung tritt der dissoziale Mensch seiner Umwelt entgegen und unterscheidet hier zwischen »ganz guten« Partnern, die idealisiert werden und auf die sich ungeheure Erwartungen richten, und »ganz bösen«, die als nur versagend erlebt werden und Ziel heftiger Aggressionen sind. Es ist ein Beziehungsmuster, das sich bei diesen Menschen sehr häufig findet und bereits in der klassisch-psychiatrischen Literatur wie in den neuen Diagnosensystemen der ICD-10 und DSM-IV vielfach hervorgehoben wird. Dabei ist zu berücksichtigen, daß diese Menschen nicht nur der Umwelt, sondern auch sich selbst gegenüber eine solche Aufspaltung in »ganz gute« und »ganz böse« Seiten vornehmen. Es findet also auch eine *Spaltung in den Selbstrepräsentanzen* statt.

Es ist vor allem das Verdienst Kernbergs (1979), darauf hingewiesen zu haben, daß die erwähnten Spaltungen bei erwachsenen Patienten nicht lediglich Ausdruck einer primär bestehenden mangelnden Integrationsfähigkeit des Ich, das heißt Folge eines Ich-Struktur-Defekts sind, sondern aktiv als Abwehrmechanismus eingesetzt werden. Diese Überlegungen entsprechen auch den Befunden der modernen Säuglingsforschung (Dornes 1997; Lichtenberg 1983; Stern 1985). Auch Green (1975a, b) nimmt unter Bezugnahme auf Bion (1970) und Winnicott (1974) ein zentrales Bedürfnis solcher Patienten an, um jeden Preis die Beziehung zu einem schlechten inneren Objekt aufrechtzuerhalten. Sobald ein böses Objekt seinen Einfluß verliert, muß es durch ein neues böses Objekt ersetzt werden, weil es durch seine Präsenz einen solchen Menschen vor dem Gefühl innerer Leere und Dekompensation zu schützen vermag und dem Betreffenden wenigstens durch die negative Identität eine gewisse Stabilität bietet.

Eine solche scharfe Unterteilung der Umwelt und der eigenen Person in »ganz gute« und »ganz böse« Personen respektive Seiten ist allerdings nur auf Kosten einer massiven Realitätsverleugnung möglich. Dies ist der Preis, den der dissoziale Mensch zahlt, um nicht die ihm so schmerzliche Erfahrung machen zu müssen, daß es das gleiche Objekt ist, das Befriedigung gewährt und zugleich manchen seiner Ansprüche versagend entgegentritt. Wollte er die Spaltung aufgeben, so müßte er sich mit den verschiedensten ihm schmerzlichen Gefühlen wie Ambivalenz, Trauer über erlittene Verluste, Schuldgefühlen und anderen konfrontieren. Sowie er in seinem Leben auf Situationen trifft, in denen diese Gefühle aktiviert werden könnten (das heißt insbesondere Situationen, in denen er von einem zuvor idealisierten Partner enttäuscht wird), setzt er die Spaltungsmechanismen zur Abwehr der auftauchenden Angst und Ambivalenz ein. Da es sich in solchen Situationen aber nicht um eine Abwehr im üblichen Sinn, sondern um den Versuch handelt, ein für den betreffenden Menschen geradezu existentiell notwendiges Gleichgewicht aufrechtzuerhalten, hat Mahler (1972) mit Recht vorgeschlagen, in solchen Fällen nicht von Abwehr- sondern von *Erhaltungsmechanismen* zu sprechen.

Häufig manifestieren sich die Spaltungsmechanismen nicht nur in der Haltung, die der erwachsene Patient sich selbst und seiner Umgebung gegenüber einnimmt, sondern auch in den frühen Kindheitserinnerungen. Eindrücklich zeigt sich dieses Phänomen in der folgenden Erinnerung eines dissozialen jungen Mannes:

Er habe im Alter von etwa vier Jahren bei einer Pflegefamilie am Fenster gestanden und habe plötzlich eine alte, schwarz gekleidete, ihm unheimlich erscheinende Frau in den nahegelegenen Wald gehen sehen. Ein Mädchen, das mit ihm zusammen aus dem Fenster geschaut habe, habe gesagt, diese Frau sei eine Hexe. Er habe daraufhin in panischer Angst zu schreien begonnen und habe von dieser Zeit an stets große Angst vor alten, schwarz gekleideten Frauen gehabt. Der Patient berichtet weiter, am nächsten Tag sei er morgens sehr früh erwacht und habe den Eindruck gehabt, er rufe die Pflegemutter, obwohl er sicher sei, er habe keinen Ton von sich gegeben. Schließlich sei die Frau aber gekommen und habe ihn beruhigt. Er sei daraufhin wieder eingeschlafen und habe später, nach erneutem Erwachen, unter seinem Kopfkissen einen Bonbon gefunden. Er sei sicher gewesen, ein wunderschöner Engel mit goldenem Haar habe diesen Bonbon für ihn dorthin gelegt.

In der weiteren Entwicklung dissozialer Menschen können sich über den dissoziierten Segmenten von guten und bösen Objekten und den diesen entsprechenden Selbstrepräsentanzen Identifikationssysteme aufbauen, die zum Teil völlig unvereinbar miteinander sind und die wechselnd oder durchbruchsartig gelebt werden, ohne aber in die Gesamtpersönlichkeit integriert zu sein. So kann es zur Entwicklung der von Helene Deutsch (1942) und Weiss (1966) beschriebenen *Als-ob-Persönlichkeiten* kommen, zur Ausbildung eines *falschen Selbst* (Winnicott 1965), von dem der Betreffende selbst nicht mehr weiß, inwieweit er mit dieser äußeren Schicht seiner selbst wirklich identisch ist oder nicht. Dies ist vermutlich ein Grund für das schillernde, oft ganz vom Augenblick bestimmte und den Betrachter dadurch irritierende Verhalten vieler dissozialer Menschen, was im Rahmen der klassischen Psychopathiekonzepte etwa als »Willensschwäche« interpretiert wurde und sich auch in den Beschreibungen dissozialer Persönlichkeiten in den neuen Diagnosensystemen findet. In der Genese dieser Menschen stoßen wir ferner häufig auf eine Unfähigkeit, auf dem Weg zu größerer Unabhängigkeit vom primären Liebesobjekt *Übergangsobjekte* im Sinne Winnicotts (1969) zu verwenden. Dieser Entwicklungsschritt würde voraussetzen, daß der betreffende Mensch trauernd den Verlust eines nur guten Objekts wahrnehmen und sich eingestehen könnte. Das heißt, es müßte die von Melanie Klein postulierte depressive Position erreicht und ungestört durchlaufen werden. Eine solche Wahrnehmung aber wird gerade durch die Spaltung und ihre Hilfsmechanismen mit allen Mitteln verhindert. So fehlt es auch an einer wichtigen Voraussetzung zur Erreichung der Objektkonstanz, die mit Hilfe eines Übergangsobjekts schrittweise erlernt werden könnte.

Die Folgen solcher Entwicklungsstörungen sehen wir in Form des für dissoziale Menschen typischen *punktiformen Umweltbezugs*. Der jeweilige Partner oder die Partnerin ist nur in dem Augenblick von Bedeutung, in dem er oder sie Bedürfnisbefriedigung garantiert. Sobald der andere sich aber vom dissozialen Menschen oder dieser sich von ihm abwendet, hört die Beziehung auf zu existieren. Charakteristisch für einen solchen Menschen ist, wie Adler und Buie (1979) es bei Borderline-Strukturen beschrieben haben, das Erlebnis intensiver, schmerzhafter Einsamkeit sowie die geringe Fähigkeit, eine affektive Objektpermanenz aufrechtzuerhalten. Sowie der betreffende Partner nicht mehr in unmittelbarer Nähe ist (das heißt nicht mehr narzißtische Gratifikation und Triebbefriedigung garantiert), bricht der affektive Rapport zu ihm ab.

Ein solcher Partner besitzt, entsprechend dem *oral-depressiven Störungsanteil* vieler dissozialer Menschen, keine eigene Realität. Er existiert nicht für sich und darf keine autonomen Bedürfnisse haben. Hinter dieser weitgehenden Austauschbarkeit und Anonymität der Mitmenschen steht, wie es Nacht und Racamier

(1960/1961) für den Depressiven schildern, »die Angst davor, das Objekt in seiner lebendigen Realität und Andersheit als von ihm getrennt wahrzunehmen«. In dieser psychodynamischen Situation liegt wohl eine wesentliche Ursache dafür, daß viele dissoziale Menschen von ihren Partnerinnen und Partnern oft nur eine sehr vage Schilderung zu geben vermögen. Ausschlaggebend scheint mir nicht in erster Linie die mangelnde Verbalisierungsfähigkeit dieser Menschen zu sein, sondern der Umstand, daß die Mitmenschen im Erleben des Dissozialen tatsächlich weitgehend »ohne Gesicht«, das heißt ohne Individualität bleiben und nur insoweit von Bedeutung sind, als sie bereit und fähig sind, narzißtische Gratifikation zu spenden.

Für die sozialen Beziehungen vieler dissozialer Menschen trifft recht genau das zu, was Nacht und Racamier 1960/61 über die Abhängigkeit des Depressiven von seiner Umgebung sagen:

»Der Depressive liefert sich seinen Objekten auf Gedeih und Verderben aus. Seine Wünsche sind maßlos und über kurz oder lang nicht mehr zu befriedigen. Die echten Depressiven verdoppeln den Einsatz bei jedem Spiel. Sie hoffen, alles zu gewinnen, sind aber letzten Endes überzeugt, alles zu verlieren. Es bedeutet einen bitteren Triumph für den Depressiven, wenn er soweit ist, daß er feststellen und beweisen kann, daß das Objekt ihm nicht all das gegeben hat, was er von ihm erwartete. Aber wenn es nicht alles ist, so ist es nichts.«

Der Dissoziale klammert sich an seine Bezugspersonen und erträgt das Alleinsein nicht. Er ist, wie der Depressive, der Individualität seiner Partnerinnen und Partner gegenüber blind. Der Mitmensch »existiert nicht für sich selbst, hat keine Realität und keine autonomen Bedürfnisse. Weder die Individualität noch die besondere Wesensart haben in den Augen des Depressiven einen eigenen Wert. Letzten Endes sind seine Objekte völlig anonym. ... Die Kriterien seiner Beziehungen sind kaum oder überhaupt nicht qualitativ, sondern vor allem quantitativ« (Nacht u. Racamier). Der Partner wird für einen solchen Menschen zu einer höchst ambivalenten Bezugsperson, die in geradezu süchtiger Weise gesucht und zugleich wegen der ihr beigemessenen Macht gefürchtet wird. Aus dieser psychodynamischen Situation entsteht ein zum Teil extrem anklammerndes und hilfesuchendes Verhalten, das wir charakteristischerweise bei vielen dissozialen Menschen finden (Rauchfleisch 1996a).

Es ist eindrücklich zu beobachten, daß Beziehungen zu solchen Partnern abrupt abgebrochen werden, sobald diese die geringste Eigenständigkeit und Profilierung erkennen lassen. Daraus entsteht bei einer rein phänomenologischen Betrachtungsweise der Eindruck, es handle sich um ausbeuterische Beziehungen (Kernberg 1989), und wir hätten es mit Menschen zu tun, die die Gefühle ihrer Mitmenschen nicht berücksichtigten, denen es an Empathie fehle und die sich nicht auf ihre Mitmenschen einlassen könnten, wie es in den Symptomlisten der ICD-10 und des DSM-IV heißt.

Rohde-Dachser (1995) weist darauf hin, daß ein Mensch auf der Basis gespaltener konträrer Selbstrepräsentanzen kaum ein Gefühl für das eigene historische Gewordensein in der Zeit und entsprechende Zukunftsperspektiven entwickeln kann. Es ist dies ein Phänomen, das wir regelhaft bei dissozialen Personen finden: Das Leben dieser im Grunde extrem der Vergangenheit verhafteten Menschen entfaltet sich fast ausschließlich im Hier und Jetzt, in einer oft beinahe auf einen Punkt zusammengeschmolzenen *Augenblicks-Identität*, verbunden mit der Unfähigkeit, Vergangenheit, Gegenwart und Zukunft miteinander zu verknüpfen, antizipierend Zukünftiges vorauszunehmen und Augenblickliches als aus der Vergangenheit erwachsen zu erleben. So kommt es zu der der »psychopathischen« Persönlichkeit immer wieder nachgesagten und auch in den neuen Diagnosensystemen genannten Unfähigkeit, aus Erfahrungen zu lernen. Wie sollte aber derjenige, der die eigene Person einmal als absolut böse und ein anderes Mal als ebenso absolut gut erlebt, bei der scharfen Aufspaltung seiner selbst in solche Teil-Identitäten sich selbst und seinen Lebensweg überhaupt als Einheit sehen können?

Als weiterer komplizierender Faktor kommt hinzu, daß dissoziale Menschen durch ihre starken *projektiven Tendenzen* den ihnen unerträglichen inneren Identitätszwiespalt in die Außenwelt verlegen und dort handelnd »inszenieren«. Es ist dann nicht mehr die eigene negative Teil-Identität, die beispielsweise mit vernichtender Selbstentwertung den Patienten quält, sondern es sind »die anderen«, die Projektionsfiguren, von denen der Patient sich zutiefst in Frage gestellt fühlt und gegen die sich dann unter Einsatz des Mechanismus der projektiven Identifizierung seine heftigen Aggressionen richten. Gelingt es im Rahmen einer Therapie, die projektiven Tendenzen und die Spaltungsmechanismen zu bearbeiten, so treten die selbstdestruktiven Kräfte eines solchen Patienten dann häufig in krasser Form zutage. Mitunter kommt es in diesen Phasen der Therapie nicht nur zu erheblichen Selbstsabotagen, sondern auch zu manifesten Selbstverletzungen. So vermochte ein Patient, der sich früher immer wieder in tätliche Auseinandersetzungen mit seiner Umgebung verwickelt hatte, in einer solchen Konfliktsituation zwar seine aggressiven Impulse insoweit zu kontrollieren, daß er eine Schlägerei vermied. Anschließend war er jedoch in einer so starken aggressiven Gespanntheit, daß er mit der Faust gegen eine Betonwand schlug und sich eine Fraktur der Mittelhandknochen zuzog. Für ihn selbst wurde an diesem Ereignis deutlich, wie sich die ehemals gegen die Projektionsträger in der Außenwelt gerichtete Aggression nun gegen die eigene Person entlud.

Es ist bezeichnend für die *narzißtische Komponente* und für die mangelhafte Trennung zwischen Innen und Außen, daß solche Menschen den Partner häufig nicht als eigenständige Person erleben können, sondern seine Bedeutung für sie allein davon abhängt, inwieweit er Bedürfnisbefriedigung und narzißtische Gratifikation gewährt. Solange er diese Ansprüche erfüllen kann, erscheint er im Licht archaischer, idealisierter Elternimagines als »vollkommen«. Sobald er jedoch die in ihn gesetzten Hoffnungen enttäuscht, verliert er jegliche positive Qualität für den dissozialen Menschen, ja, es richtet sich nun gegen ihn eine zerstörerische narzißtische Wut. In ihrer »idealen« Form werden solche Partner als »großartige Freunde«, als »ideale Freundin«, neben der niemand mehr bestehen kann, oder in der Phantasie als die unerreichbare, ersehnte Person erlebt, mit deren Präsenz »alles gut« wäre.

In ihrer negativen Qualität erlebt der dissoziale Mensch die enttäuschende, mächtige Elternfigur oft in Gestalt staatlicher Instanzen, überhaupt in der Gesellschaft, persönlich dann aber auch beispielsweise in einem Freund oder einer Freundin, die die Idealisierungen nicht zu erfüllen vermögen und deshalb als »böse« erlebt werden. Es ist bezeichnend für den Dissozialen, daß er nach dem Wechsel des ehemals »ganz guten« in ein nun als »böse« (d. h. enttäuschend und ihn damit zentral in Frage stellend) erlebtes Objekt dieses in der gleichen totalen, zumeist kaum noch an der Realität kontrollierten Art haßt, wie er es früher geliebt hat. Er befindet sich dadurch in dem inneren Dilemma, daß er von diesen Objekten völlig abhängig, ihnen tatsächlich, wie Nacht und Racamier (1960/1961) es schildern, »auf Gedeih und Verderben« ausgeliefert ist, ohne über eine eigene innere, strukturgebende, richtungsweisende Selbstidentität, ein konsistentes Selbst, zu verfügen.

Es ist die Tragik des dissozialen Menschen, daß die Umwelt ihm häufig viel Nahrung für diese aus narzißtischen Quellen stammenden pathologischen Beziehungsmuster und Projektionen gibt. Einerseits ist seine Kränkbarkeit so groß, und er weiß seine Partner so zu konstellieren und auszuwählen, daß er zwangsläufig enttäuscht werden muß. Andererseits ist aber auch die Gesellschaft tatsächlich übermäßig bereit, den dissozialen Menschen in eine Anomieposition zu drängen und ihn, entsprechend seinen Erwartungen, abzulehnen, wie die Autoren des »labeling approach« überzeugend nachgewiesen haben (s. 21 f.) Für die Therapie erwachsen daraus oft insofern Probleme, als viele soziale Schwierigkeiten, in die wir einen solchen Patienten verstrickt sehen, nicht *nur* innerpsychischer« oder »*nur* sozialer« Art sind, sondern Resultat einer komplizierten Wechselwirkung beider Faktoren und aus diesem Grund letztlich nur bifokal bearbeitbar (Rauchfleisch 1996a).

Kernberg (1979) weist in seinem Borderline-Konzept noch auf eine Besonderheit in der weiteren Entwicklung solcher Persönlichkeiten hin, die auch auf dissoziale Menschen zutrifft: Infolge des ungeheuren Drucks prägenitaler (aus den frühen oralen Versagungen stammenden) Aggressionen kommt es zu einem vorschnellen Durchlaufen der prägenitalen Entwicklungsphasen. Die Folge ist eine zu frühzeitige Aktualisierung des ödipalen Konflikts, in den nun die ungelöste prägenitale Aggression einfließt. Kennzeichnend für diese Entwicklung ist, daß eine Lösung des ödipalen Konflikts nicht gelingt, weil infolge der Spaltungsmechanismen im Patienten neben dem Bild der begehrten (ödipalen) Mutter auch die dissoziierte Repräsentanz der »bösen« (prägenitalen) Mutter besteht, vor der er fliehen muß. Diese von Green (1975) als »Bitriangulation« bezeichnete Konstellation zeigt sich eindrücklich im folgenden Traum eines jungen dissozialen Patienten:

»Aus einer Kloake, die wie ein Schwimmbad aussieht, taucht eine ›Horrorfrau‹ auf. Sie ist riesig groß, häßlich und schrecklich anzusehen. Sie kommt auf mich zu, und mich packt furchtbare Angst. Ich beginne dann aber mit ihr zu flirten. Da steigt, ebenfalls aus der Kloake, ein Eber auf und greift mich an. Es ist, als ob er der Mann dieser Horrorfrau ist. Erst als ich mich von ihr abwende, läßt er mich in Ruhe.«

In diesem Traum kommt es zu einer charakteristischen Verdichtung von ödipalen und präödipalen Phantasien, begleitet von einer Ich-Regression, die immer auch die Gefahr von Fragmentationserscheinungen in den Selbstrepräsentanzen in sich birgt.

Auch wenn eine phasengerechte Bewältigung der ödipalen Situation diesen Patienten in der Regel nicht gelingt, stellt eine solche Verdichtung präödipaler und ödipaler Anteile nicht nur ein pathologisches, die weitere Entwicklung hemmendes Moment dar. Vielmehr scheint mir selbst ein solcher »entstellter Ödipuskomplex einen psychologischen Halt« (Gitelson 1959), einen gewissen Schutz vor dem Untertauchen in die Regression zu bieten, die von seiten der präödipalen Mutter droht, wie der zitierte Traum des Patienten zeigt. Es ist charakteristisch für die Entwicklung vieler dissozialer Menschen, daß die Triangulierung der frühkindlichen Sozialbeziehung nicht gelingt. Der »nicht so ambivalent wie die Mutter besetzte« präödipale Vater (Rotmann 1978), der in die duale Mutter-Kind-Beziehung der narzißtischen Stufe intervenierende »symbolische Vater« (Gruber 1978), bietet diesen Kindern keine Hilfe in der Phase der Loslösung von der Mutter, da er entweder völlig ausfällt oder selbst ähnlich willkürlich und unverläßlich ist wie die Mutter. Ihm kommt gerade im Rahmen der Aggressionsentwicklung, nicht zuletzt auch als positives oder negatives Modell, eine zentrale Rolle zu (Chodorow 1985; Rauchfleisch 1996b).

Nach Rohde-Dachser (1995) imponiert die vorzeitige Ödipalisierung bei Mädchen häufig als »hysterische« Störung. Im Grunde liegt aber auch hier eine Umlenkung oraler Wünsche von der enttäuschenden Mutter auf den Vater vor. Der Einsatz erotisch-sexueller Verführungstechniken stellt bei diesen Patientinnen ein eher sekundäres Phänomen dar. Sie haben in ihrer Sozialisation gelernt, daß auf diesem Weg die Zuwendungswünsche noch am ehesten Erfüllung finden. Letztlich müssen aber die mit solchen Hoffnungen aufgenommenen Beziehungen enttäuschend bleiben, da das eigentliche Anliegen dieser Frauen (nämlich die Befriedigung oraler Wünsche) vom Partner nicht erkannt und deshalb auch nicht beantwortet werden kann.

Strukturelle Aspekte

Obwohl sich die Entwicklung und die Struktur einer Persönlichkeit nicht voneinander trennen lassen und lediglich zwei Aspekte ein und desselben Phänomens darstellen, soll aus darstellungstechnischen Gründen doch explizit auf die wichtigsten Strukturmerkmale dissozialer Menschen eingegangen werden, zumal bei ihnen die Ich- und Über-Ich-Pathologie von zentraler Bedeutung ist.

Ich-strukturelle Besonderheiten

Dissoziale Menschen weisen in wesentlichen Bereichen ihres Ich erhebliche Störungen auf. Die Ursachen können vielfältiger Art sein. Gehen wir von der psychoanalytischen Annahme *primär autonomer Ich-Kerne* aus, deren weiteres Schicksal wesentlich durch die *frühen Objektbeziehungen* bestimmt wird, so ist verständlich, daß die Entwicklung des Ich in hohem Maß störanfällig ist. Störungen in den Objektbeziehungen, pathologische Über-Ich-Prozesse, Störungen in der Triebentwicklung und Beeinträchtigungen in der Fähigkeit, libidinöse und aggressive Triebenergien zu neutralisieren und dem Ich für seine Adaptationsaufgaben zur Verfügung zu stellen, sind nur einige Ursachen, die zu Verzögerungen in der Ich-Reifung, zu Ich-Abweichungen, Ich-Verzerrungen und Ich-Regressionen führen können.

Heinz Hartmann (1972) erwähnt Funktionen, die sich um die Beziehung zur Wirklichkeit gruppieren (Organisation und Kontrolle der Motilität und Wahrnehmung, Wahrnehmung der Außenwelt und der eigenen Person). In diesem Bereich treten, im Zusammenhang mit der Beeinträchtigung einer weiteren Funktion, nämlich der *schützenden Schranke gegen übermäßige Reize von außen und innen*, Störungen vor allem dergestalt auf, daß dissoziale Menschen von den eigenen Impulsen und Ängsten ebenso wie von den auf sie einströmenden Außenreizen häufig in einem solchen Maß bedrängt werden, daß ihnen eine realitätsangemessene Kontrolle über ihre Wahrnehmungsfunktionen und Motorik nicht mehr gelingt. So kommt es, vor allem mit Hilfe der Spaltung und ihrer Hilfsmechanismen, zum Ausblenden wichtiger Teile der äußeren Realität und der eigenen Gefühle. Oder es drängen sich ihnen Phantasien und Tagträume auf, ohne daß sich die Betreffenden dagegen zu wehren vermögen. Eine mangelnde Kontrolle der Motilität findet bei dissozialen Menschen häufig ihren Niederschlag in panikartigem, kurzschlüssigen Handeln, bei Jugendlichen vor allem in Form des Fortlaufens.

In Explorationen und Behandlungen dissozialer Patientinnen und Patienten finden wir vielfältige Beispiele für solche Ich-Störungen, die auf eine ungenügend ausgebildete Reizschutzschranke zurückzuführen sind. So berichtete ein Patient, daß der Anblick einer ihm gefallenden Frau in ihm jeweils eine Fülle von Phantasien sexuell-aggressiver Art auslöse. Dieser Vorstellungsstrom laufe dann bildhaft vor ihm ab, »wie ein Film«. Er vermöge die Phantasien nicht zu steuern und fühle sich ihnen hilflos ausgeliefert. Die in ihm auftauchenden Bilder gewännen oft eine solche Macht über ihn, daß er die äußere Realität völlig vergesse. Mitunter habe er bemerkt, daß er, ganz gefangen in seinen Phantasien, nicht mehr weitergegangen, sondern seinen Phantasien nachhängend auf der Straße stehengeblieben sei.

Ähnlich schutzlos war eine junge dissoziale Patientin ihren Phantasien ausgeliefert, die ihr zur Kompensation ihrer desolaten inneren und äußeren Situation dienten. Etliche Stunden des Tages verbrachte sie auf ihrem Bett liegend damit, Tagträumen nachzuhängen. In diesen Phantasien sah sie sich als Herrscherin über eine paradiesische Südseeinsel, umgeben von Menschen, die sie liebten und verehrten und ihr völlig ergeben waren, eine Situation, die in krassem Gegensatz zu ihrer realen Umwelt stand, von der sie nur Ablehnung erlebte. Während ihre Kindheitserinnerungen vornehmlich »graue Hinterhaushöfe« und eine »kalte Atmosphäre« im Elternhaus beinhalteten, herrschte auf der Insel ihrer Phantasien nach ihren eigenen Worten »immer strahlender Sonnenschein und eine wohlige Wärme«. Die Tagträume stellten für die Patientin zwar eine ihr sehr angenehme Ersatzbefriedigung und Kompensation dar, führten aber mehr und mehr ein Eigenleben und drängten sich ihr schließlich auch gegen ihren Willen auf. So entfernte sie sich immer weiter von der äußeren Realität und war, in fast süchtiger Weise, in ihrer illusionären Vorstellungswelt gefangen.

Viele soziale Konflikte dissozialer Menschen rühren von der Störung einer weiteren Ich-Funktion her, der *Realitätsprüfung*. Es finden sich häufig in allen drei von Frosch (1964) genannten Bereichen Störungen: Beeinträchtigungen in der Beziehung zur Realität manifestieren sich in der mangelhaft ausgebildeten Fähigkeit, zwischen innen und außen zu unterscheiden, wodurch zumindest zum Teil die Externalisierungsneigung der dissozialen Menschen und ihre Projektionstendenzen bedingt sein dürften. Viele ihrer planlosen, panikartigen Aktionen dienen der Abwehr von Derealisations- und Depersonalisationsgefühlen, Ausdruck einer Störung im Realitätsgefühl. Die dritte von Frosch genannte Dimension, die Fähigkeit zur Realitätsprüfung, ist bei den meisten dissozialen Menschen im Prinzip vorhanden, erfährt aber durch die von ihnen verwendeten archaischen Abwehrmechanismen (vor allem durch Spaltung, Projektion resp. projektive Identifizierung, Verleugnung) immer wieder Einbußen.

Zum Verständnis der bei dissozialen Menschen häufigen Störung im Bereich des *Wirklichkeitssinnes* ist das von Ferenczi (1913/1964) entwickelte Konzept hilfreich. Wir können mit diesem Autor annehmen, daß traumatische Erfahrungen in bestimmten Stadien zu Reifungsverzögerungen beziehungsweise Fixierungen an diese Phase führen. Die Persönlichkeit bleibt dann in ihrem Wirklichkeitssinn entweder auf einer der frühen Organisationsstufen stehen oder neigt in Belastungssituationen zu einer Regression auf dieses

Stadium. Häufig finden wir bei dissozialen Menschen eine Beziehung zur Umwelt, die insbesondere dem von Ferenczi geschilderten Stadium der magisch-halluzinatorischen Allmacht entspricht. In diesem Stadium besteht die Überzeugung, daß jedes Bedürfnis bereits durch eine Vorstellung der Befriedigung gestillt würde. Da eine solche Erwartung zwangsläufig immer wieder enttäuscht werden muß, entwickelt sich eine endlose Spirale von Erwartung, Enttäuschung, neuer Erwartung, die wiederum enttäuscht wird, und so weiter. Mitunter kommt es – vermutlich wegen der permanenten Enttäuschungen im Bereich der magisch-halluzinatorischen Allmacht – sogar zu Regressionen auf das erste von Ferenczi beschriebene Stadium, das der bedingungslosen Allmacht. Besonders in den Beziehungen von dissozialen Menschen finden wir Anhaltspunkte für solche Regressionen. Es ist die einerseits ersehnte und andererseits gefürchtete Annahme dieser Menschen, die eigenen Bedürfnisse könnten vom Partner empathisch wahrgenommen werden und fänden automatisch Befriedigung. Solche Wirklichkeitsbezüge werden beispielsweise auch in der therapeutischen Beziehung aktiviert, worauf die Patienten in der Regel mit starker Beunruhigung, bis hin zu manifester, oft paranoid getönter Angst reagieren, da eine solche tiefe Regression die Ich-Grenzen bedroht.

Beispielhaft für eine solche Situation ist die folgende Episode aus der Therapie eines dissozialen Patienten:

Während der Patient anfangs eher widerwillig, vor allem unter dem Druck einer gerichtlichen Auflage, zur Behandlung kam, folgte nach einigen Monaten eine Phase, in der Phantasien, Träume und eine große Zahl frühkindlicher Erinnerungen den Patienten fast überschwemmten. Er berichtete denn auch von Zuständen panischer Angst, die er in der Nacht durchmache, von dem Gefühl, Hexen und Teufel seien in seinem Zimmer, wobei er diese Eindrücke zum Teil nicht einmal durch das Anzünden des Lichtes oder durch laute Radiomusik zu vertreiben vermöchte. In den Therapiestunden zeigten sich deutlich das Bedürfnis dieses Patienten, mir Einblick in seine Erlebniswelt zu geben, und seine großen Erwartungen an mich, daß ich empathisch seine Gefühle wahrnähme. Die damit verbundene Nähe und die Intensität der Beziehung zu mir lösten in ihm allerdings, wie schon die in der Nacht von ihm erlebten Unheimlichkeitsgefühle vermuten ließen, große Angst aus. In einer Sitzung hatte ich mich ausdrücklich zum Anwalt seiner hilflosen, kindlichen Seite gemacht und hatte ihm an einem Traum gezeigt, daß er nicht, wie er selbst meine, nur Böses in sich habe, sondern auch andere Seiten besitze (sich im Traum manifestierend in Gestalt einer schönen Blume, die er zu seinem eigenen Erstaunen einer anderen Person gab). Der Patient war durch diese Intervention sehr betroffen, schwieg längere Zeit und sagte dann – sichtlich verängstigt – plötzlich, ein auf meinem Tisch liegendes Buch sei das 6./7. Buch Mose. Es sei ein »Gegenbuch zur Bibel, in dem alles Böse der Welt steht . . . Es ist ein Buch, das nur Hexen und Zauberer besitzen, um daraus ihre geheimen Kräfte zu bekommen«. Offensichtlich war es bei diesem Patienten zu einer kurz dauernden paranoiden Übertragungsreaktion gekommen, wobei es ihm allerdings schnell gelang, den Realitätsbezug wiederherzustellen, als ich ihn aufforderte, das Buch in die Hand zu nehmen und genau anzuschauen.

Solche Übertragungskonstellationen im Sinne einer »passageren psychotischen Haltung« (Hill 1968) stellen nach Sandler et al. (1973) eine spezifische Organisation von Ich-Funktionen und Abwehrmechanismen dar und dienen, wie das zuletzt berichtete Beispiel meines Patienten zeigt, der Bewältigung einer extrem gefährlichen oder schmerzlichen Situation.

Hilfreich für das Verständnis der Störungen im Realitätsbezug von dissozialen Menschen sind die Überlegungen Hartmanns (1964/65), der zwischen verschiedenen Schichten der Realitätsprüfung differenziert. Als grundlegende Schicht postuliert er die Fähigkeit, *Vorstellungen von Wahrnehmungen zu unterscheiden*. Beeinträchtigungen in diesem Bereich haben bei vielen dissozialen Menschen zur Folge, daß sie ihre Umwelt nahezu ausschließlich unter dem Aspekt ihrer Wünsche und Ängste wahrnehmen. So führte bei einem jungen dissozialen Patienten die bloße Überlegung, vielleicht lasse sich auf irgendeine Weise eine finanzielle Beihilfe zur Sanierung seiner Schulden auftreiben, dazu, daß er von der Vorstellung erfüllt war, alle seine Schulden seien bereits getilgt, und er verplante das – noch in keiner Weise sichere – Geld bereits zur Erfüllung seiner diversen Wünsche. Die vage Möglichkeit auf eine finanzielle Unterstützung wurde für ihn subjektiv zur Gewißheit, was dann schwerste Enttäuschungsreaktionen zur Folge hatte, als sich herausstellte, daß in Realität keine Möglichkeit bestand, den gewünschten Betrag zu erhalten.

Ein anderer Aspekt der Realitätsprüfung besteht nach Hartmann darin, daß Wahrnehmungen zwar als solche erkannt werden, ihnen aber eine ganz *persönliche (objektiv unzutreffende) Bedeutung* beigelegt wird. Als weitere Facette beschreibt Hartmann das Vorhandensein oder Aussondern von »subjektiven Elementen in Urteilen, die objektiv sein sollten«, das heißt die Fähigkeit respektive Unfähigkeit zur Unterscheidung zwischen dem, von dem man glaubt, es sei so, und dem, was man objektiv verifizieren kann.

Hartmann hat noch auf eine besonders bei dissozialen Menschen häufig gestörte Funktion der Realitätsprüfung hingewiesen, und zwar auf das *Gewahrwerden innerer Konflikte*, das heißt die Kenntnis der Persönlichkeit von ihrer innerpsychischen Welt mit ihren Triebforderungen im Sinne der »Lenkung des Interesses auf innere Ereignisse und die Außenwelt« (Schafer 1968). Dem dissozialen Menschen fehlt es häufig an dieser Fähigkeit, die eigenen Gefühle und Bedürfnisse wahrzunehmen und sich Rechenschaft darüber abzulegen. So kommt es bei ihm zum Eindruck, Spielball wechselnder Einflüsse zu sein, ohne daß er wahrnehmen kann, aus welchen Quellen die Impulse zu dem betreffenden Verhalten stammen. Das Kontinuum des Lebens zerreißt auf diese Weise in Fragmente. Es kommt zu einem *punktiformen Erleben ohne zeitliche Konstanz*, wodurch auch das Gefühl, in den verschiedenen Situationen dieselbe Person zu sein, beeinträchtigt wird.

Eine weitere wichtige Ich-Funktion stellt das *Denken* dar, das bereits von Freud als »Probehandeln mit kleinen Mengen psychischer Energie« bezeichnet worden ist. Heinz Hartmann erwähnt in diesem Zusammenhang, daß viele Aspekte des Ich als »Umweg-Leistungen« anzusehen seien. Die Anpassung des Individuums werde durch Einschaltung eines Faktors zunehmender Unabhängigkeit von der unmittelbaren Reizwirkung gefördert (»Tendenz zur Verinnerlichung«). Gerade in diesem Bereich finden wir bei den meisten dissozialen Menschen erhebliche Beeinträchtigungen. Ihnen gelingt es charakteristischerweise kaum, sich von der unmittelbaren Wirkung innerer und äußerer Reize zu distanzieren. Sie »verinnerlichen« nicht, sondern nehmen im Gegenteil eine Externalisierung ihrer Konflikte vor. Statt denkend eine Situation und die eigenen Reaktionsmöglichkeiten durchzuspielen, kommt es bei ihnen zum Handeln. Sie »agieren«, statt zu erleben und sich innerlich mit einem Konflikt auseinanderzusetzen.

Das *handlungsmäßige Inszenieren, die Externalisierung innerer Konflikte in der Außenwelt*, stellt eines der charakteristischsten Merkmale der dissozialen Menschen dar. Für dieses Phänomen wird zwar häufig der Begriff des »Agierens« verwendet, da anstelle des Erlebens und Erinnerns das Handeln tritt. Da dieser Terminus aber eigentlich spezifisch auf die psychoanalytische Behandlungssituation bezogen ist und leicht die Gefahr besteht, ihn unangemessen auszuweiten, möchte ich, einem Vorschlag Sandlers et al. (1973) folgend, lieber von einer Neigung, einen innerseelischen Konflikt in impulsiver Form in der Außenwelt zu inszenieren, sprechen. Diese Bereitschaft zum Handeln ist bei dissozialen Menschen außerordentlich groß und mehrfach determiniert. Wir können darin keinesfalls lediglich die Folge mangelnder Triebsteuerung und insuffizienter Kontrollfunktionen sehen. Vielmehr scheint mir die Neigung zum impulsiven Handeln vielfältige Schutz-, Ausdrucks- und Kompensationsfunktionen zu erfüllen (Rauchfleisch 1997). Dies dürfte der Grund dafür sein, daß diese Patienten nur schwer auf diesen Mechanismus verzichten können und eine Fülle von Abwehrmaßnahmen gegen seine therapeutische Auflösung einsetzen.

Obschon das handlungsmäßige Inszenieren oft große Probleme, zum Teil sogar erhebliche Gefahren für die dissozialen Menschen selbst und ihre Umgebung mit sich bringt, sollten wir uns doch der Tatsache bewußt sein, daß sich darin nicht nur eine Unfähigkeit zu verbalisieren manifestiert, sondern daß das Handeln auch als »Sonderform der Kommunikations- und Äußerungsweise« (Sandler et al. 1973) angesehen werden kann und unter Umständen eine wichtige Informationsquelle für den Therapeuten darstellt. Insofern ist es hilfreich, mit dem von Lorenzer (1983) entwickelten Konzept des szenischen Verstehens die im Handeln liegende hintergründige Botschaft zu entschlüsseln und darauf durch den »fördernden Dialog« (Leber 1988) mit einer konstruktiven therapeutischen Antwort zu reagieren. Oft spiegelt sich in den Konflikten, in die sich dissoziale Menschen ihrer Umwelt gegenüber bringen, etwas von dem erbitterten Kampf wider, der in ihnen selbst vor sich geht. So können wir beispielsweise das Ausmaß des intrapsychischen Konflikts, dem ein solcher Mensch hinsichtlich seiner divergierenden Über-Ich-Anteile ausgesetzt ist, vielleicht überhaupt erst dann annähernd ermessen, wenn wir sein Verhalten im Umgang mit Über-Ich-Trägern in der Außenwelt beobachten. Aus diesem Grund ist es oft therapeutisch aufschlußreich, einen solchen Menschen direkt in seinem Alltag zu erleben.

Ein dissozialer Patient bat mich in der Anfangsphase seiner Therapie einmal dringend, ihn zu einer Polizeidienststelle zu begleiten. Er habe die Aufforderung erhalten, er müsse eine Buße, von der er allerdings gar nichts wisse, innerhalb von drei Tagen bezahlen. Der Patient war sehr erregt über diese Aufforderung, zumal es dort hieß, er sei bereits mehrmals gemahnt worden; wenn er der jetzigen Aufforderung nicht Folge leiste, müsse er mit einer Inhaftierung rechnen. Er befürchtete, er werde sich auf dem Polizeiposten vor lauter Erregung nicht verständlich machen können und werde beim geringsten Anlaß eine tätliche Auseinandersetzung mit dem Polizisten beginnen. Es sei ihm wichtig, daß ich mit ihm komme, weil meine Gegenwart für ihn ein Schutz vor einem unkontrollierten Aggressionsausbruch sei. Ich sollte für diesen Patienten also in Form einer externalisierten steuernden Instanz eine Hilfs-Ich-Funktion übernehmen. Da mir der Patient zu dieser Zeit noch auf eine solche Hilfe von außen angewiesen zu sein schien, ging ich auf seine Bitte ein und begleitete ihn zur Polizeistelle. Es war eindrücklich, zu sehen, wie dieser Mann, der in anderen Situationen nicht zögerte, beim geringsten Anlaß eine Schlägerei zu beginnen, in Gegenwart der Polizisten zu zittern begann, sich in geradezu unterwürfiger Weise um eine höfliche Darlegung seines Problems bemühte und auf eine schroffe Entgegnung des Beamten erschrocken zurückzuckte. Seine Reaktion auf die Angst vor einem solchen Über-Ich-Repräsentanten bestand normalerweise in einer aggressiven Auflehnung, in der er diese externalisierte Instanz abzuschütteln versuchte. Ich brauchte bei seinem jetzigen Gespräch mit dem Polizeibeamten indes überhaupt nicht in die Diskussion einzugreifen, sondern es gelang dem Patienten, allein durch Blickkontakt mit mir, den Angst- und damit auch den Aggressionspegel so niedrig zu halten, daß er diese Gefühle zu ertragen vermochte, ohne in aggressiver Weise handeln zu müssen. Dieser in der Außenwelt sich manifestierende Konflikt stellte ein eindrückliches Abbild der innerpsychischen Situation des Patienten dar, der sich in einem verzweifelten Kampf gegen eigene sadistische Über-Ich-Anteile befand. Die geschilderte Episode läßt auch erkennen, daß die Umwelt oftmals auf die Neigung zur Projektion sadistischer Über-Ich-Anteile solcher Menschen sehr bereitwillig eingeht: Während ein erster Beamter die Angabe des Patienten, er habe die früheren Zahlungsaufforderungen nie erhalten, schroff als Lüge zurückwies, stellte sich bei genauerer Durchsicht der Akten durch einen zweiten Beamten heraus, daß die Zahlungsaufforderungen jeweils tatsächlich als »unzustellbar« an die Polizei zurückgeschickt worden waren, den Patienten also keinerlei Schuld traf!

Das handlungsmäßige Inszenieren innerseelischer Konflikte in der Außenwelt stellt, neben einem gewissen Bedürfnis nach *Selbstbestrafung* (Johnson 1949; Alexander 1930), oft den Versuch dar, einer auf andere Art nicht zu bewältigenden *Gefahr psychischer Desintegration* zu begegnen. In einer solchen Situation unternimmt das Ich Anstrengungen, »um in der Außenwelt Hilfe zu finden oder sie zu zwingen, ihm in seinem hoffnungslosen Kampf mit den Triebdrohungen beizustehen« (Jacobson 1967). Dies erfolgt etwa durch die erwähnte Manipulation von Über-Ich-Trägern mit dem Ziel, daß diese hemmende Über-Ich-Funktionen für den dissozialen Menschen übernehmen. Durch eine Externalisierung des innerpsychischen Konflikts werden »den äußeren Objekten Funktionen zugewiesen, die die innere Struktur des Patienten entweder nicht übernehmen kann oder die diese Struktur soweit entlasten, daß ihre Integration gewährleistet bleibt« (Rohde-Dachser 1995). Die innere und äußere Welt bleiben für den dissozialen Menschen auf diese Weise trotz allen aus seinem Handeln resultierenden unangenehmen Folgen überschaubar, und er darf sich einigermaßen sicher fühlen, da er seine in der Kindheit angeeigneten adaptiven Techniken weiterhin einsetzen kann (Giovacchini 1967).

Das impulsive Handeln hat auch die Funktion, dem betreffenden Menschen zur *Validierung seiner Projektionen* zu dienen (Brodey 1965), etwa indem er auf diese Weise Partner oder auch den Therapeuten dahingehend zu manipulieren versucht, daß diese tatsächlich die Rolle eines sadistischen Über-Ich-Anteils übernehmen (siehe die oben berichtete Situation des Patienten auf der Polizeistelle). Ferner versucht der Dissoziale häufig, mit Hilfe seiner Aktionen *magisch eine Korrektur der ihm unerträglichen Realität vorzunehmen* (Jacobson 1967; Chessick 1972). Ein weiteres für dissoziale Menschen charakteristisches Verhalten betrifft eine *kontraphobische Reaktionsform*, indem diese Menschen handeln, um nicht ihnen unerträglichen Gefühlen ausgeliefert zu sein. Ihre Hauptangst besteht im Erleben von Ohnmachtsgefühlen, die sie durch den Abwehrmechanismus der *Verkehrung ins Gegenteil* abzuwehren versuchen. Das Auftauchen von Gefühlen der Hilflosigkeit führt bei ihnen geradezu reflexhaft zu einer Art »Bewegungssturm«, zu einer »Flucht nach vorn« in die Aktivität. Man könnte bei dieser Dynamik von einer »Deckabwehr« im Sinne Greensons (1958) sprechen, wobei der zugrundeliegende Angstaffekt und das als vernichtend erlebte Gefühl der Ohnmacht und des Alleingelassenwerdens durch den Wutaffekt und die nach außen sich entladende Aggression überdeckt werden.

Dieser Mechanismus ist für den dissozialen Menschen in seiner oft desolaten frühkindlichen Situation existentiell notwendig gewesen und hat zweifellos einen wirksamen Schutz gegen eine Desintegration der Persönlichkeit gebildet. Insofern stellt das handlungsmäßige Inszenieren eine Ich-Veränderung als ein druckverminderndes Regulativ dar (Menninger 1960). Vermutlich liegt in diesem Umstand einer der Hauptgründe dafür, daß der dissoziale Mensch nur sehr schwer auf diesen Mechanismus verzichten kann. Die Verkehrung ins Gegenteil nicht einzusetzen und nicht zu handeln, würde voraussetzen, daß er die Gefühle der Ohnmacht und des Verlassenwerdens ertragen könnte. Erst im Verlauf einer intensiven Psychotherapie kann es gelingen, die lebensgeschichtlichen Hintergründe und die Dynamik dieser pathologischen, aber in der Vergangenheit für den Patienten lebensnotwendigen Mechanismen aufzudecken und durchzuarbeiten. Besonders wichtig erscheint mir dabei – neben einer sorgfältigen Durchleuchtung dessen, was der Patient diesbezüglich im Alltag erlebt –, daß sich die Macht-Ohnmacht-Konflikte auch in der Übertragung entfalten und in der Beziehung zum Therapeuten, im Hier und Jetzt der analytischen Situation, bearbeitet werden. Das folgende Beispiel möge der Verdeutlichung dienen:

In der Therapie eines dissozialen Patienten hatte es sich immer wieder gezeigt, daß er sich Menschen, mit denen er im täglichen Leben zu tun hatte, einmal als völlig ohnmächtig, hilflos ausgeliefert erlebte, ein anderes Mal aber in einer Art Machtrausch völlig willkürlich handelte und rücksichtslos gegen die Personen vorging, denen er sich zuvor unterlegen gefühlt hatte. Ich hatte diesen Mechanismus bereits mehrmals mit dem Patienten besprochen, wobei sich aber die Spaltungstendenzen als außerordentlich starr erwiesen hatten und es ihm jedes Mal gelungen war, der kritischen Reflexion dieses Verhaltensmusters auszuweichen. In einer zusätzlichen Sitzung, um die mich der Patient dringend gebeten hatte und in der er wiederum von einer solchen Situation berichtete und sehr anschaulich die Verkehrung ins Gegenteil schilderte, nämlich das Umschlagen vom passiven Erleiden der Ohnmachtsgefühle zu einem aktiv-aggressiven Handeln, gelang es mir, ihn durch meine Interventionen an diesem Punkt festzuhalten und ihm die Diskrepanz und die zwischen den beiden Verhaltensweisen bestehende Beziehung vor Augen zu führen. Der Patient reagierte darauf mit heftiger Wut, sprang vom Stuhl auf und schrie mich an, er sei nicht gekommen, um einen solchen Unsinn zu hören. Er werde jetzt gehen. Auf meine Aufforderung hin, trotz seiner augenblicklichen Irritiertheit und Wut doch zu bleiben, damit wir noch über dieses außerordentlich wichtige Thema sprechen könnten, beruhigte er sich etwas und war schließlich bereit, das Gespräch weiterzuführen. Es zeigte sich, daß meine Intervention im Hier und Jetzt genau denselben Mechanismus ausgelöst hatte, den ich angesprochen hatte: Mein Hinweis auf die Ohnmacht-Machtrauschsequenz hatte in ihm für einen Moment das Gefühl unerträglicher Hilflosigkeit ausgelöst, und er hatte darauf in der für ihn typischen Weise mit einer »Flucht nach vorn«, mit einem aggressiven Ausbruch reagiert.

Zur folgenden Sitzung erschien der Patient nicht und meldete sich auch nicht ab. In der übernächsten Therapiestunde entschuldigte er sich für sein Fehlen zunächst damit, daß er an der Arbeitsstelle Überstunden habe machen müssen. Meinem Hinweis darauf, daß neben solchen äußeren Gründen sicher vor allem gefühlsmäßige Motive eine Rolle gespielt hätten, stimmte der Patient schließlich zu. In einer weiteren Intervention konnte ich ihm aufzeigen, daß er in der Beziehung zu mir genau das getan habe, worüber wir in der vergangenen Stunde gesprochen hätten: Auf der einen Seite (in der zusätzlichen Therapiestunde, die ich ihm auf sein Drängen hin eingeräumt hatte) empfand er sich mir gegenüber als ohnmächtig, völlig abhängig von meiner Hilfe. Auf der anderen Seite aber reagierte er auf dieses Ohnmachtsgefühl mit einem »Machtrausch«, verhielt sich mir gegenüber völlig willkürlich und fühlte sich an keine Abmachung gebunden. Es ist interessant, daß der Patient diese Deutung der Übertragungsbeziehung noch durch einen eigenen Einfall vertiefte: Er berichtete, er habe heute sein Horoskop gelesen. Dort habe gestanden, er sei ein Mensch, der nicht auf Schwächere herabsehe und sich selber Autoritäten beuge, aber zugleich mit List die unangemessenen Forderungen solcher Autoritäten zu umgehen wisse.

Das handlungsmäßige Inszenieren innerseelischer Konflikte in der Außenwelt stellt oft auch den Versuch dar, auf diese Weise Vorgänge *symbolisch auszudrücken*, die von so zentraler Bedeutung für die Patientinnen und Patienten sind und immer wieder von so überwältigenden Gefühlen begleitet werden, daß sie sie nicht zu verbalisieren vermögen. In ihrem Handeln artikulieren sie *präverbale Erfahrungen* (Greenacre 1950; Bion 1962; Rosenfeld 1964). Solche Patientinnen und Patienten müssen im Rahmen der Therapie erst zur verbalen Besetzung dieser präverbalen Erlebnisse und Gefühle ermutigt werden, damit das dann strukturiertere Ich zunehmend die Kontrolle über diese Impulse übernehmen kann (Greenacre 1950; Blanck u. Blanck 1978). Oft erscheint das handlungsmäßige Inszenieren, wie es sich in den Beziehungen des dissozialen Menschen zu seinen Partnerinnen und Partnern artikuliert, auch als *Reinszenierung der als enttäuschend erlebten frühkindlichen Situation*. Solche Patientinnen und Patienten konstellieren die Menschen in ihrer Umgebung immer wieder so, daß diese sich ähnlich versagend verhalten wie die frühen Bezugspersonen. So inszeniert der dissoziale Mensch in jeder Beziehung von neuem das Drama seiner ersten Objektbeziehungen und übernimmt nun als Erwachsener mit Hilfe der Verkehrung ins Gegenteil den – allerdings untauglichen – Versuch, einer solchen Situation nicht, wie ehemals in der Kindheit, passiv ausgeliefert zu sein, sondern sie handelnd zu bewältigen.

So zeigte ein Knabe mit schweren (dissozialen) Verhaltensstörungen in der Therapie während längerer Zeit ein »Agieren«, das darin bestand, daß er vielen Behandlungsstunden fernblieb oder erheblich zu spät kam, zum Teil über 30 Minuten. Die analytische Erhellung der Hintergründe dieses Verhaltens führte schließlich zu der Erkenntnis, daß er genau die Situation herbeizuführen suchte, die er am allermeisten fürchtete: Er hoffte, mich durch sein Fehlen und Zuspätkommen so ärgerlich zu machen, daß ich die Therapie abbräche und ihn – das wäre nach seinen eigenen Worten »das Schlimmste, degradierend« gewesen – an einen Kollegen weitergäbe. So strebte er nach einer Wiederholung seiner frühkindlichen Situation, in der er hilflos und ohnmächtig willkürlich handelnden, versagenden, mächtigen Elternfiguren ausgeliefert war. Der Unterschied bestand darin, daß er nun nicht der Passive sein mußte, sondern höchst aktiv die Situation konstellierte. Er konnte auf diese Weise auch Racheimpulse befriedigen, indem nun er dem anderen das antat, was er früher hatte erleiden müssen. Zugleich lag in seinem Agieren aber auch die Hoffnung, ich möchte nicht auf seine Provokation eingehen. So äußerte er in einer Sitzung, selbst wenn er wesentlich zu spät komme, dürfe ich als Therapeut auf keinen Fall später kommen oder eher weggehen. Eine Wurzel seines Agierens bestand offensichtlich im Wunsch, in der handelnden Wiederholung den verhängnisvollen Circulus vitiosus zu durchbrechen und endlich den »idealen«, empathisch seine Bedürfnisse wahrnehmenden und sie erfüllenden Partner zu finden.

Ein stark agierendes Verhalten wird von dissozialen Menschen häufig auch als Mittel zur *Reparation narzißtischer Krisen* eingesetzt. Ihre hohe narzißtische Vulnerabilität führt dazu, daß sie immer wieder in schwerste Selbstwertkrisen geraten, dies um so mehr, als sie wegen ihrer mangelnden Schul- und Berufsausbildung, ihrer Probleme am Arbeitsplatz und im mitmenschlichen Bereich in der sozialen Realität kaum narzißtische Gratifikation erfahren. In einer solchen Situation großer Ohnmacht und Insuffizienz stellt das impulsive Verhalten den Versuch dar, auf diese Weise die unerträgliche Hilflosigkeit und die daraus resultierende narzißtische Kränkung abzuschütteln und durch die »Verkehrung ins Gegenteil« wenigstens für kurze Zeit die Illusion von Omnipotenz und Grandiosität aufzubauen.

Nicht selten – vor allem im Lauf einer Therapie – artikuliert sich im symbolischen Handeln des dissozialen Menschen auch eine neue Art des Umgehens mit sich selbst, ein erster zaghafter Versuch, in Gegenwart des Therapeuten etwas Neues zu erproben.

So zeigte ein Patient über viele Monate zu Beginn jeder Therapiestunde die gleiche Verhaltenssequenz: Er betrat das Zimmer, begrüßte mich und äußerte den Wunsch, sich auf einer im Zimmer stehenden Waage zu wiegen. Er registrierte sorgfältig die geringste Änderung seines Gewichts und äußerte Überlegungen über die möglichen Ursachen von Gewichtsschwankungen. Dabei war er weder adipös noch auffallend schlank, sondern entsprach dem nach seiner Größe zu erwartenden Gewicht. Auch subjektiv bestand für ihn kein Problem in diesem Bereich. Zum Verständnis der hinter diesem »Agieren« stehenden Dynamik muß erwähnt werden, daß dieser Patient seinem eigenen Körper gegenüber völlig gleichgültig war, zum Teil sogar ausgesprochen selbstschädigende Tendenzen aufwies. Vor diesem Hintergrund konnte das Wiegen als erster Ansatz zu einem Interesse verstanden werden, das der Patient nun am eigenen Wohlergehen zu entwickeln begann. Es bedurfte dazu anfangs vermutlich deshalb meiner Gegenwart, weil nur so die Übermacht der »bösen« Introjekte eingeschränkt werden konnte. Sobald der Patient ein neues intrapsychisches Gleichgewicht gefunden und ein stabileres Selbstwertgefühl erlangt hatte, konnte er auf das Wiegen verzichten, ohne daß wir den Hintergrund dieses Verhaltens expressis verbis durchgearbeitet hätten.

Ein weiteres Agierfeld betrifft die aus der zum Teil erheblichen *Selbstdestruktivität* der dissozialen Menschen resultierenden autoaggressiven, vor allem suizidalen Verhaltensweisen. Man könnte so weit gehen, zu sagen, daß im Grunde das ganze impulsive Handeln dieser Menschen neben den oben diskutierten Funktionen immer auch eine selbstdestruktive Komponente enthält, führt es doch zu massiven sozialen Konflikten, die sich letztlich immer negativ für sie selbst auswirken. Insofern könnte man sagen, Dissozialität und Selbstdestruktivität seien kein Gegensatzpaar, sondern stellten zwei Dimensionen desselben Phänomens dar.

Besonders deutlich wird dies beim mitunter abrupten Umschlagen von fremd- in selbstdestruktives Verhalten, wie wir es gerade bei Menschen mit schweren dissozialen Fehlentwicklungen immer wieder beobachten können. Psychodynamisch lassen sich zwei verschiedene Situationen unterscheiden: Eine für dissoziale Menschen mit der für sie typischen starken aggressiven Aufladung ihrer Selbst- und Objektbilder charakteristische Dynamik liegt darin, daß der sich gegen die Außenwelt richtende Aggressionsausbruch den Versuch darstellt, die guten verinnerlichten Partialobjekte vor der Überflutung mit destruktiver Aggression zu schützen. In diesem Fall dient die dissoziale Aktivität der Abfuhr der als gefährlich erlebten aggressiven Impulse und stellt insofern einen Schutzmechanismus dar. Mitunter kommt es geradezu zu einem Oszillieren zwischen Selbst- und Fremddestruktivität, zwischen homizidalen und suizidalen Impulsen, bis hin zu Plänen und Handlungen bezüglich eines erweiterten Suizids.

Eine andersartige Dynamik zeigt sich nicht selten im Verlauf der Psychotherapie. Mit zunehmender Integration des Über-Ich und verbesserter Ich-Steuerung gelingt es den Patientinnen und Patienten zwar mehr und mehr, ihre aggressiven Impulsdurchbrüche zu kontrollieren. Phasenweise kann es bei der Hemmung der nach außen gerichteten Aggression dann aber unversehens dazu kommen, daß diese Impulse nun mit ihrer ganzen Heftigkeit gegen die eigene Person gerichtet werden. Derartige Aktionen stellen zum Teil unspezifische Formen der Impulsentladung dar. Zum Teil liegt ihnen jedoch auch der von ihren sadistischen Über-Ich-Kernen bestimmte Wunsch nach Selbstbestrafung zugrunde.

Als Therapeutinnen und Therapeuten befinden wir uns oft in einer außerordentlich schwierigen Situation, wenn die Patientinnen und Patienten suizidale Verhaltensweisen als manipulative Agierformen einsetzen. Obwohl nach meiner Beobachtung die meisten Menschen mit dissozialen Fehlentwicklungen zumindest latent suizidal sind, findet sich unter ihnen glücklicherweise nur eine relativ geringe Zahl mit schwerer Suizidalität und manifesten Suizidhandlungen. Offenbar bieten die dissozialen Aktionen eine ausreichende Möglichkeit zur Aggressionsabfuhr und gewährleisten soviel narzißtische Gratifikation, daß sie vor dem autoaggressiven suizidalen Verhalten schützen. In den Fällen jedoch, in denen sich bei den Patientinnen und Patienten, nicht zuletzt im Rahmen unheilvoller Lernprozesse, ein suizidales Verhaltensmuster manipulativer Art eingeschliffen hat, sehen wir uns als Therapeutinnen und Therapeuten mit großen Problemen konfrontiert. Diese Patienten haben es gelernt, wann immer Konflikte auftauchen, mit Suizid und anderen massiven Selbstschädigungen zu drohen. Angesichts solcher sehr ernstgemeinten Drohungen ist es für das Umfeld schwierig, handlungsfähig zu bleiben und sich nicht manipulieren zu lassen. Grenzsetzung, die gerade in dieser Situation mehr denn je erforderlich ist, wird hier zum Balanceakt auf einem schmalen, gefährlichen Grat und stellt uns oft vor große Gegenübertragungsprobleme.

Eine andere therapeutisch schwierige Dynamik liegt vor, wenn sich bei dissozialen Menschen suizidale Impulse mit stark narzißtisch aufgeladenen masochistischen Tendenzen verbinden, wie unter anderem Kernberg (1979) sie beschreibt. Hier wird die Selbstdestruktivität im Dienste eines grandiosen Omnipotenzrausches agiert. Diese Form des Handelns ist deshalb therapeutisch so schwer angehbar, weil sie eine enorme narzißtische Gratifikation mit sich bringt, die angesichts der desolaten innerpsychischen wie sozialen Situation dieser Patientinnen und Patienten für sie von geradezu existentieller Bedeutung ist und ihnen als Schutz vor dem Zusammenbrechen ihres narzißtischen Regulationssystems dient. Das repetitive Fehlverhalten, das im handlungsmäßigen Inszenieren dissozialer Menschen seinen Ausdruck findet, ist um so gravierender, als es ihnen häufig an einer weiteren wichtigen Ich-Fähigkeit, der *antizipierenden Funktion*, mangelt. Sie sind kaum in der Lage, vorstellend Zukünftiges vorwegzunehmen. Störungen im Denken und in der Wahrnehmung der eigenen Person und der Umwelt führen dazu, daß sie ihre eigenen Fähigkeiten und die Möglichkeiten ihrer Partner über- oder unterschätzen und nicht verschiedene Reaktionsmöglichkeiten und deren eventuelle Folgen denkend durchspielen können. So bleiben sie aufgrund ihrer mangelhaft entwickelten beziehungsweise durch verschiedene Mechanismen geschwächten Ich-Funktionen in hohem Maß abhängig von ihrer Umgebung und sind inneren und äußeren Reizen weitgehend schutzlos ausgeliefert. Hinzu tritt dann als die Abhängigkeit noch verstärkender Faktor ihre bereits beschriebene orale und narzißtische Bedürftigkeit.

Ferner finden wir bei dissozialen Menschen Beeinträchtigungen in der Ich-Funktion der Zeitwahrnehmung, und zwar in Form einer Unfähigkeit, innerpsychisch ein *zeitliches Kontinuum aufrechtzuerhalten*. Diese Störung ist zum einen dadurch bedingt, daß es diesen Menschen an einem tragfähigen, kohärenten Selbst fehlt, das als Bezugsrahmen für das psychische und physische Leben und Erleben dienen könnte. Zum anderen würde die Anerkennung der Zeit das Aufgeben der Allmacht bedeuten. Dies ist aber ein Verzicht, den dissoziale Menschen wegen ihrer Störungen im narzißtischen Bereich oft kaum zu leisten vermögen.

Die Identitätsunsicherheit hat ferner die Unfähigkeit eines solchen Menschen zur Folge, sich selbst in den verschiedenen Situationen immer wieder als denselben zu erleben. Dies fällt dissozialen Persönlichkeiten um so schwerer, je mehr auch die synthetische Funktion des Ich beeinträchtigt ist. Gerade bei schweren narzißtischen Störungen kommt es häufig zu einem Zerreißen der Kontinuität des eigenen Lebens und einem – für dissoziale Menschen charakteristischen – punktiformen, ganz auf den Augenblick ausgerichteten Erleben.

Unter den Ich-Funktionen kommt den *Abwehrmechanismen* eine zentrale Bedeutung zu. Sie schützen die Persönlichkeit vor unerträglicher – zum Beispiel aus Es-Über-Ich-Konflikten herrührender – Angst und ermöglichen es dem Menschen, adäquat mit den unterschiedlichsten innerseelischen Befindlichkeiten und sozialen Situationen umzugehen. Prinzipiell handelt es sich um »normal«-psychologische Phänomene. Von einer Pathologie können wir erst dann sprechen, wenn einem Menschen nur eine kleine Zahl solcher Abwehrmechanismen zur Verfügung steht und diese stereotyp und rigid, weitgehend unabhängig von der inneren und äußeren Situation, eingesetzt werden. Bei dissozialen Menschen finden wir vor allem die »archaischen«, das heißt aus der Frühzeit der Entwicklung stammenden Mechanismen wie Spaltung, Verleugnung, Projektion respektive projektive Identifizierung, Idealisierung, Entwertung und Verkehrung ins Gegenteil.

Soweit sich Autoren psychoanalytischer Provenienz mit dissozialen Menschen beschäftigt haben, ist vor allem auf die sich *gegen das Über-Ich richtende Abwehr* hingewiesen worden (Aichhorn 1925; Herren 1973). Parin (1961) nennt die folgenden sechs Mechanismen:
- die *Projektion des Über-Ich* auf äußere Autoritäten
- den der Projektion nahestehenden Mechanismus der *Identifikation mit einem Über-Ich-Träger* (als projektive Identifizierung),
- die *Verleugnung des Über-Ich*,
- die von Anna Freud bei Kindern als ein Agieren besonderer Art beschriebene *Ich-Einschränkung*,
- die *Bestechung des Über-Ich*, im Sinne eines Erlangens (partieller) Triebfreiheit durch vorhergehende oder gleichzeitige Erfüllung einer idealen Forderung,
- die *Isolierung des Über-Ich*, das heißt die Abspaltung eines an sich intakten Über-Ich (auf diesen Mechanismus hat bereits W. Reich, 1923, bei den sog. triebhaften Charakteren aufmerksam gemacht).

Diese Abwehrformen haben zum Ziel, die kritischen und hemmenden Funktionen des Über-Ich zu lähmen. Die Ursache sieht Parin (1961) in einer Regression des Ich dieser Patienten auf die Organisationsstufe der unmittelbaren Triebbefriedigung. Eine Versagung führe zu einer Verarmung des Ich an Libido, und es komme statt zur Angstentwicklung zu einem Vernichtungsgefühl. In der Genese sieht Parin versagende Introjekte der oralen Phase.

In der Abwehrorganisation dissozialer Menschen spielt der Mechanismus der *Spaltung* von Selbst- und Objektrepräsentanzen in »ganz gut« und »ganz böse« eine zentrale Rolle. Er wird vor allem zur Abwehr traumatisierender Erfahrungen sowie zur Vermeidung des dem dissozialen Menschen unerträglichen Erlebens von Ambivalenz, Schuldgefühlen und Depressivität eingesetzt.

Nicht immer geht es dabei allein um eine Aufspaltung in gut und böse. Le Coultre (1970) beschreibt eine auch von mir bei dissozialen Patienten beobachtete Aufspaltung in eine »schützende präödipale« und eine »gefährliche ödipale« Mutter. Oder die Spaltung bezieht sich, wie Green (1975) darlegt, auf ein abwesendes (idealisiertes), ersehntes und ein »beherrschend präsentes«, eindringendes (gehaßtes), angsterregendes Objekt. Kohut (1973) hat noch auf eine vertikale Abspaltung der archaischen narzißtischen Konfigurationen (des Größenselbst und der idealisierten Elternimagines) von der übrigen Persönlichkeit hingewiesen. Auch dies sind Phänomene, die wir bei dissozialen Patienten häufig beobachten können.

Die Spaltungsmechanismen behindern die Entwicklung des betroffenen Menschen erheblich. Rohde-Dachser (1995) nennt vor allem die drei folgenden hinderlichen Aspekte:
– Die Spaltung stellt einen archaischen Fluchtmechanismus dar, der mit einer partiellen Ausschaltung der Wahrnehmungsfunktionen verknüpft ist. Es kann deshalb, wie wir gerade bei dissozialen Menschen immer wieder feststellen können, nicht zu einer ausreichenden Realitätskontrolle kommen.
– Es kann sich beim Einsatz dieser Mechanismen keine realitätsgerechte Signalangst (durch eine selektive Wahrnehmung tatsächlicher innerer und äußerer Gefahren) entwickeln. Es bleibt deshalb bei einer ständigen Bereitschaft zu Panikreaktionen mit der Qualität der Vernichtungsangst.
– Diesen Menschen stehen wegen der mangelnden Synthese von libidinösen und aggressiven Triebanteilen nicht in ausreichen-

dem Maß neutralisierte Triebenergien zur Verfügung. So bleibt zu wenig »Kraft« für differenziertere Gegenbesetzungsprozesse, wie sie beispielsweise die Verdrängung darstellt.

Zur Aufrechterhaltung der Spaltungszustände wird eine Reihe von Hilfsmechanismen eingesetzt, die sich auch bei dissozialen Patienten häufig finden. Es ist vor allem der Mechanismus der *Verleugnung*, der zur Aufrechterhaltung der Spaltung beiträgt. Er wird vornehmlich dort eingesetzt, wo die Fähigkeit zur Verdrängung fehlt. Dabei liegt nach Rohde-Dachser (1995) der wesentliche Unterschied zwischen Verdrängung und Verleugnung darin, daß sich die Verdrängung auf spezifische Inhalte bezieht (also die Fähigkeit zur Selektion zwischen verschiedenen Stimuli impliziert), während die Verleugnung in generalisierender Weise eine ganze äußere Situation oder komplexe Gefühlsinhalte ausblendet. Für viele dissoziale Menschen ist die Verleugnung einer der wirkungsvollsten Mechanismen, sich vor der Wahrnehmung der bedrängenden, desolaten sozialen Realität zu schützen. In der Behandlung befinden wir uns als Therapeutinnen und Therapeuten oft in einer geradezu paradoxen Situation: Auf der einen Seite ist es für die Patientinnen und Patienten ebenso wie für uns wichtig, die Realität, so bedrückend sie auch sein mag, scharf ins Auge zu fassen, weil wir nur dann in der Lage sind, adäquat auf sie zu reagieren. Auf der anderen Seite müssen wir, Klienten wie Therapeuten, aber auch wenigstens einen Funken von Hoffnung in uns tragen und positive Zukunftsvisionen entwerfen, die uns die Kraft verleihen, in der Aussicht auf eine bessere Zukunft all das Schwere und Dunkle zu ertragen, mit dem die Gegenwart uns belastet. Insofern bewegen wir uns mit den Klienten oft auf einem schmalen Grat zwischen der Verzweiflung über eine aussichtslos erscheinende Situation einerseits und der völligen Verleugnung aller unangenehmen und bedrückenden Realitäten andererseits. Gerade weil die Verleugnung einer der sehr häufig von dissozialen Menschen verwendeten Mechanismen ist, müssen wir ihm in der Therapie unsere besondere Beachtung schenken (Rauchfleisch 1996a).

Als ein weiterer, die Spaltung unterstützender Mechanismus ist die *Idealisierung* zu nennen. Menschen, die scharf zwischen ganz guten und ganz bösen Objekten trennen, sind geradezu gezwungen, die »Guten« zu idealisieren, um sicherzugehen, daß diese nicht Opfer der gegen die »Bösen« gerichteten destruktiven Impulse werden. Außerdem dienen die idealisierten Bezugspersonen als Selbst-Objekte (Kohut 1973) der narzißtischen Stabilisierung, indem sie dem pathologischen Größenselbst zugeschlagen werden. Wir finden in Lebensberichten dissozialer Menschen immer wieder Personen, die für sie temporär die Rolle des »idealen Vaters« oder der »idealen Mutter« verkörpern, von denen sie sich dann aber, zutiefst gekränkt, abrupt abwenden, wenn die Idealisierungen beim Zusammenprall mit der Realität nicht mehr aufrechterhalten werden können.

Solche, äußerlich gesehen, vielleicht bedeutungslos erscheinende Situationen stürzen den Betreffenden in eine tiefe Krise, da er mit der Entidealisierung ein für sein narzißtisches Gleichgewicht lebensnotwendiges Objekt verliert, das ihm vormals (in der Fusion) Selbstwert und innere Struktur verliehen hat. Ein Objekt, das diese Qualitäten verloren hat, wird für den dissozialen Menschen wertlos und – wegen der damit verbundenen Enttäuschung – Ziel seines Hasses, jener destruktiven Impulse, die durch die Spaltung vom »guten« Objekt ferngehalten und ausschließlich auf »böse« Objekte gerichtet werden. Gerade in dieser Situation zeigt sich, daß Idealisierung und *Entwertung* im Grunde nur zwei Seiten des selben Phänomens sind.

Wichtige Hilfsmechanismen sind ferner die *Projektion* und die *projektive Identifizierung*. Vor allem die Projektion aggressiver Impulse spielt bei dissozialen Menschen mit ihren oft brüchigen Ich-Grenzen eine besondere Rolle. Häufig kommt es bei ihrer großen Angst vor der eigenen chaotischen Aggressivität auch zu projektiven Identifizierungen, das heißt, der Betreffende identifiziert sich mit dem Objekt, auf das die aggressiven Impulse projiziert worden sind. Deshalb muß eine solche Persönlichkeit nach Kernbergs Auffassung (1967) die sie umgebenden Objekte kontrollieren, um sie daran zu hindern, den Betreffenden unter dem Einfluß der (projizierten) Aggressivität anzugreifen. Er muß dann seinerseits das Objekt angreifen und kontrollieren, um nicht Opfer der projizierten Destruktivität zu werden.

Auch der Mechanismus der *Identifizierung mit dem Angreifer* spielt bei dissozialen Menschen oft eine Rolle. Die Folgen sind schwerste Selbstentwertungen, die diese Patienten aber durch projektive Mechanismen externalisieren, um sich auf diese Weise vor der eigenen, ihnen unerträglichen (weil sie in ihrer labilen Persönlichkeitsintegration gefährdenden) Feindseligkeit sich selbst gegenüber zu schützen (Heigl-Evers 1965). Der Betreffende kann sich, wie Wolberg (1973) gezeigt hat, durch diese Mechanismen in sadomasochistischer Form in die Lage eines »armen Opfers« bringen und aus dieser Position heraus dann den »Angreifer« zum Ziel der eigenen aggressiven Impulse machen. Dies ist ein Verhalten, das man in den zwischenmenschlichen Beziehungen dissozialer Menschen immer wieder antrifft: Sie identifizieren sich mit einem (häufig in die Außenwelt projizierten) geradezu sadistischen Kritiker, der sie total entwertet und in Frage stellt, und fühlen sich daraufhin »berechtigt«, gegen diese Person ihrer Aggressivität freien Lauf zu lassen. Es kommt auf diese Weise oft zu einem verhängnisvollen Circulus vitiosus, indem dann die Umwelt tatsächlich strafend reagiert, der dissoziale Mensch sich dadurch in seiner Auffassung, »alle« seien gegen ihn, bestätigt sieht, daraufhin mit antisozialem Verhalten reagiert, was wiederum entsprechende Reaktionen der Umgebung nach sich zieht.

Im Zusammenhang mit Störungen des dissozialen Menschen im narzißtischen Bereich kommt *Omnipotenzgefühlen* und der eng damit verbundenen *Abwertung anderer Menschen* eine besondere Bedeutung zu. Von nahezu allen Autoren, die sich mit psychopathischen und dissozialen Persönlichkeiten beschäftigen, werden einerseits die extreme Kränkbarkeit, andererseits eine als skrupellos imponierende Gleichgültigkeit anderen Menschen gegenüber als Charakteristika erwähnt. Wir können psychodynamisch diese Phänomene als Rückzug auf narzißtische Größenphantasien gegenüber einer Umwelt verstehen, die den Betreffenden zutiefst enttäuscht und ihn dadurch in seinem starken Schwankungen unterworfenen Selbstwertgefühl massiv in Frage stellt. Wendet sich der dissoziale Mensch aus diesem Grund von der realen Umwelt ab (zum Beispiel indem er abrupt eine ihn enttäuschende Beziehung abbricht) und reaktiviert er sein archaisches Größenselbst, so kann er sich im Glauben wiegen, völlig frei, unabhängig von jeglicher Bindung und Verpflichtung zu sein und souverän, wie ein »Herr über Leben und Tod«, seine Partner fallenlassen, abwerten, verachten oder wieder annehmen zu können.

Diese Prozesse erfüllen verschiedene Funktionen:
- Sie stellen einen gewissen narzißtischen Selbstschutz dar, eine »Trostphantasie« gegen Kränkungserfahrung (Wolberg 1973).
- Sie schützen den dissozialen Menschen vor der für ihn angsterregenden Einsicht, in welch extremem Maß er von seinen Partnerinnen und Partnern abhängig ist.
- Auf diese Weise kann die Aufspaltung in gute und böse Objektrepräsentanzen (und damit auch die Aufspaltung der libidinösen und aggressiven Triebderivate) aufrechterhalten bleiben. Dadurch ist die Persönlichkeit vor dem Erleben der ihr unerträglichen Ambivalenz geschützt.
- Durch die Verachtung wird zwischen dem dissozialen Menschen und seinem ehemals »ganz guten« (für sein Selbstwertgefühl wichtigen) Objekt eine Barriere errichtet, die eine ungehemmte Entladung der narzißtischen Enttäuschungsaggression gegen dieses Objekt verhindert (Adler 1970).

Eine weitere, bei dissozialen Menschen auftretende Abwehrform, die von Greenson (1958) als charakteristisch für Patienten ohne differenziertere Gegenbesetzungsmechanismen beschrieben worden ist, stellt die *Deck-Abwehr* dar. Dabei wird nicht, wie bei den sonst bekannten Abwehrmechanismen, vom Ich ein Es-Impuls, eine Über-Ich-Forderung oder ein Aspekt der Außenwelt abgewehrt. Vielmehr werden Es-Inhalte mittels anderer Es-Inhalte verdeckt (siehe beispielsweise den auf Seite 53 referierten Traum). Es taucht dann, für den Außenstehenden völlig überraschend, unter Umständen eine Fülle unzensurierten Materials in Form von Phantasien und Träumen auf, das normalerweise durch den Einsatz der verschiedensten »höheren« Abwehrmechanismen vom Bewußtsein ferngehalten wird.

Neben einem Verdecken von Es-Inhalten mittels anderer Es-Inhalte kann man häufig auch Deck-Abwehr-Phänomene beobachten, bei denen ein Affekt (z. B. Wut) dem Verdecken eines anderen, für die Integration der Persönlichkeit aber gefährlicheren Affekts (z. B. Trauer) dient. In wieder anderen Fällen kann es zu einer Deck-Abwehr kommen, die sich auf eine bestimmte Ich-Funktion bezieht, zum Beispiel die Verdeckung einer Wahrnehmung durch eine andere. Weiterhin hat Greenson noch auf die Möglichkeit der Entwicklung einer *Deck-Identität* hingewiesen. Hier soll eine bestimmte Identifikation eine tieferliegende, mit großer Ambivalenz behaftete Identifikation (z. B. mit einem gehaßten Elternteil) verdecken. Es kommt auf diese Weise zu den von Helene Deutsch (1934, 1942) als »Als-ob-Persönlichkeiten« beschriebenen Charakterentwicklungen. Kennzeichnend für die erwähnten Deck-Abwehrprozesse ist die verstärkte Neigung der betreffenden Menschen zum Agieren dieser Abwehrform. Auf diese Weise suchen sie die ihnen unerträglichen, unbewußt bleibenden, höchstens als diffuse Beunruhigung und Dysphorie erlebten Spannungen abzuführen, und können handeln, statt erleben zu müssen.

Die Darstellung der von dissozialen Menschen vornehmlich eingesetzten Abwehrmechanismen läßt erkennen, daß wir es bei ihnen vor allem mit archaischen Abwehrmaßnahmen zu tun haben. Eine ungewöhnliche Produktivität an freien Assoziationen, insbesondere von der Art primärer Denkprozesse, sowie das Auftauchen einer Fülle von Träumen und Phantasien sind charakteristisch für diese Patienten. Die Konsequenz für das therapeutische Vorgehen besteht darin, Behandlungsformen zu verwenden, wie wir sie aus der Psychosen- und Borderline-Therapie kennen. Ähnlich wie bei den von Federn (1956) geschilderten »latenten« Schizophrenien bestehen auch bei der Therapie dissozialer Patientinnen und Patienten die wichtigsten Gesichtspunkte in einer »Verminderung ihrer affektiven Konflikte, vorsichtiger, Erleichterung gewährender Deutung, Durcharbeitung des Materials, Zurückführung der irrationalen Produktionen auf die zugrundeliegenden objektiven Konflikte« (Federn 1956).

Zur Entwicklung und Struktur des Über-Ich

Wie aus den bisherigen Ausführungen hervorgeht, sehen wir uns bei dissozialen Menschen wesentlich komplizierteren Verhältnissen gegenüber, als sie nach der klassischen Psychopathie-Forschung und den Merkmalen der neuen Diagnosensysteme ICD-10 und DSM-IV zu erwarten wären. Dies trifft in besonderem Maß auch für die Über-Ich-Pathologie zu. Einerseits besteht tatsächlich eine zentrale Störung dissozialer Menschen in ihrer »Gewissensbildung«. Andererseits aber können wir bei ihnen nicht in globaler Weise von einer »Gewissenlosigkeit« sprechen, ohne uns einer extremen Vereinfachung schuldig zu machen.

Ein erstes Charakteristikum dissozialer Menschen sehe ich darin, daß sich die Abwehrprozesse (abgesehen von archaischen Mechanismen, die aus frühen pathologischen Objektbeziehungen stammen) nicht so sehr, wie beim Neurotiker, gegen relativ eng umschriebene Triebimpulse, sondern in spezifischer Weise auch gegen das Über-Ich respektive gegen bestimmte Anteile der Über-Ich-Instanz richten. Neben dem bereits von Freud (1915), Aichhorn (1925) und anderen Autoren beobachteten Phänomen eines zu strengen Gewissens (d. h. eines Straffälligwerdens, um unbewußte Selbstbestrafungstendenzen zu befriedigen) scheinen mir bei den dissozialen Menschen vor allem die von Parin (1961) genannten Mechanismen der *Projektion des Über-Ich auf äußere Autoritäten und der Identifikation mit einem Über-Ich-Träger* (im Sinne einer Identifikation mit dem Aggressor) von besonderer Bedeutung zu sein (vgl. S. 70). Gerade durch die Projektion kann der dissoziale Mensch seine Neigung zur Externalisierung und zum handelnden Inszenieren innerpsychischer Konflikte im Sinne alloplastischen Verhaltens und damit auch die bereits erwähnte Spaltung in seinen Selbst- und Objektrepräsentanzen aufrechterhalten. Auch der zweite genannte Mechanismus, die sekundäre Identifizierung mit einem Über-Ich-Träger, kann in diesem Falle nicht als Tendenz zur »Verinnerlichung«, als Stadium im Aufbau einer tragfähigen, differenzierten Über-Ich-Struktur, verstanden werden. Vielmehr verhindert dieser Mechanismus gerade die Entwicklung eines differenzierten Über-Ich, indem er den betreffenden Menschen nicht zu einer kritischen, realitätsgerechten Beurteilung seiner selbst führt, sondern einerseits eine undifferenzierte, totale Selbstentwertung, andererseits aber Größenphantasien eigener Omnipotenz aufrechterhält. Ein Beispiel möge diesen Sachverhalt veranschaulichen:

Ein mehrfach straffällig gewordener Patient berichtete im Lauf der Therapie immer wieder, daß er sich völlig insuffizient fühle. Wenn er sich unter anderen Menschen befinde, habe er häufig das Gefühl, »der letzte Dreck«, »ein Sauhund« zu sein, den niemand achte und dem es im Grunde recht geschehe, daß er überall abgelehnt und wie ein »Niemand« behandelt werde. Solche und andere ähnliche Selbstentwertungen brachte der Patient klagend-selbstanklagend immer wieder vor. Er äußerte in solchen Zusammenhängen auch Suizidgedanken und war aufs schwerste depressiv verstimmt. Immer wieder traten in solchen Episoden neben der Selbstentwertung auch massive aggressive Durchbrüche auf, wobei allerdings die Aggressivität nicht als narzißtische Wut, sondern auch als Deck-Abwehr gegen die ihm unerträgliche Depressivität und Insuffizienz zu verstehen war. So kam es beispielsweise bei diesem Patienten zu folgendem Vorfall: Der Patient ging auf dem Trottoir, als ein Autofahrer die Tür seines Wagens öffnete. Der Patient fühlte sich dadurch behindert und interpretierte das Verhalten des Autofahrers so, daß dieser ihm habe zeigen wollen, daß er ein Mensch sei, auf den man keine Rücksicht zu nehmen brauche, er sei ja »nur ein Verbrecher«. Der Patient geriet daraufhin in solche Wut, daß er eine tätliche Auseinandersetzung mit dem Autofahrer begann.

Es ist kennzeichnend für dissoziale Menschen, daß die eigenen, aus einem archaischen, sadistischen Über-Ich stammenden unerträglichen Vorwürfe auf die Außenwelt projiziert werden und der Betreffende sich dann sekundär wieder mit diesen Über-Ich-Trägern identifiziert. Ferner ist charakteristisch, daß der dissoziale Mensch dann, wie die vom Patienten berichtete Episode zeigt, in der Außenwelt einen verzweifelten Kampf gegen die Über-Ich-Träger zu führen versucht. Diese Aktionen haben ihrerseits nun aber wieder eine Verstärkung der Schuldgefühle und eine erneute Identifizierung mit den vorher externalisierten Über-Ich-Trägern zur Folge. So entsteht ein verhängnisvoller Circulus vitiosus, der therapeutisch oft nur schwer zu durchbrechen ist.

Die Rigidität dieser pathologischen Über-Ich-Prozesse scheint mir vor allem durch folgende Ursachen begründet zu sein: Zunächst wirken sich die Mechanismen im Sinne einer Verstärkung des Es-Widerstands (Freud 1926) aus, indem sie dem Patienten durch den Wechsel von Projektion und Identifikation ermöglichen, an seiner pathologischen Fixierung an eine unmittelbare Triebbefriedigung (vor allem im Bereich der Aggression) festzuhalten. Außerdem kommt es, wie das folgende Beispiel zeigen möge, nie zu einer wirklichen Infragestellung der eigenen Person, wie wir sie von einer reifen Gewissensinstanz erwarten.

Der zuletzt erwähnte Patient äußerte zwar einerseits immer wieder massive Selbstentwertungen (die jeweils die ganze Person betrafen und nicht in selbstkritischer Weise bestimmte Aktionen des Patienten), berichtete dann aber auch von Situationen, in denen er – entgegen jedem äußeren Recht – meinte, in grandioser Weise völlig willkürlich handeln zu dürfen. So sprach er einmal voller Empörung darüber, daß ihn ein Polizist angehalten habe, als er mit seinem Motorrad in einer Einbahnstraße in der Gegenrichtung gefahren sei. Der Patient meinte, er wisse durchaus, daß es eine Einbahnstraße gewesen sei. Er empfinde es aber als lächerlich, daß ein Polizist sich deshalb aufrege. Er sei sehr vorsichtig gefahren und könne schon allein auf sich und seine Umgebung aufpassen. Es bedürfe dazu keines Polizisten, der ihn auf irgendwelche Regeln hinweise.

Die hinter einer solchen Haltung stehende Vorstellung eigener Grandiosität, aufgrund derer dem Patienten alles erlaubt ist, steht in krassem Gegensatz zu der totalen Selbstentwertung, bei der sich der Patient als »Sauhund« und »Verbrecher« beschimpft. Es liegt hier offensichtlich eine Spaltung zwischen den »guten« und »bösen« Aspekten der Selbstrepräsentanz vor.

Wie das zitierte Beispiel zeigt, bleibt es beim dissozialen Menschen häufig bei einem *alternierenden »Zweifrontenkampf«*: Dieser richtet sich einmal gegen die vermeintlich nur vorwurfshafte, strafende, versagende Umwelt, wobei der dissoziale Mensch sich als ungerecht Behandelter erlebt, der in der Identifikation mit seiner »nur guten« Teil-Selbstrepräsentanz meint, ungeachtet jeder sozialen Verbindlichkeit handeln zu dürfen und in einem ungeheuren Ausmaß Anspruch auf Unterstützung, Zuwendung und narzißtische Gratifikation zu haben. Ein anderes Mal hingegen ist es ein Kampf, der sich ausschließlich gegen die eigene Person richtet, die jetzt für den Patienten identisch mit seiner »nur bösen« Teil-Identität ist. So kommt es zu einem verhängnisvollen Kreislauf, bei dem der dissoziale Mensch jeweils einen Teil der Selbstrepräsentanz lebt, den anderen – dissoziierten – aber per Projektion vom Erleben fernhält. Der beschriebene Prozeß wird noch verstärkt durch die Neigung solcher Menschen, ihre intrapsychischen Konflikte handelnd in ihrer Umwelt zu inszenieren sowie wesentliche Aspekte der äußeren Realität und der inneren Befindlichkeit zu verleugnen. Besonders schwierig kann die Lage dadurch werden, daß dissoziale Menschen ihre Bezugspersonen oft in einer solchen Weise manipulieren, daß sie ihnen zur Validierung ihrer Projektionen dienen können, das heißt daß Partner und andere Bezugspersonen von ihnen oft so beeinflußt werden, daß sie tatsächlich in die Rolle eines sadistisch-strafenden Über-Ich eintreten. Der dissoziale Mensch sucht sich auf diese Weise zu bestätigen, daß seine Projektionen Realität sind, und leitet daraus die Berechtigung ab, einen erbitterten Kampf gegen die in die Außenwelt verlegten Über-Ich-Träger zu führen.

Für die Behandlung ergeben sich aus diesen *Externalisierungstendenzen der Über-Ich-Konflikte* etliche Schwierigkeiten. Der Therapeut gerät leicht in eine Situation, wie A. Reich (1960) sie als charakteristisch für stark agierende Patienten beschrieben hat:

»Diese Patienten versuchen in der Analyse durch ihr Agieren und die daraus entstehenden schuldbesetzten Angstgefühle den Analytiker in die Rolle eines primitiven Über-Ichs zu zwingen, gegen das mit immerwährender und ungestümer Ambivalenz zu Felde gezogen wird. Das Über-Ich ist unzureichend introjiziert und wird ständig nach außen projiziert. Man hat den Eindruck, als ob kein wirkliches Liebesobjekt vorhanden sei und kein integrierendes Ich, sondern nur in die Außenwelt projizierte Über-Ich-Figuren, als ob das gestörte Über-Ich gleich einem Parasiten die Stelle aller anderen psychischen Instanzen usurpiert habe.«

Erschwerend wirkt sich bei einer solchen »kryptischen Übertragung« (Cremerius 1977) der Umstand aus, daß die Therapie zur Befriedigung des Bedürfnisses, sich als böse anzuklagen, umfunktioniert wird. »Der Gewinn, den diese Übertragung einbringt, ist der, daß das Über-Ich sich agierend entlastet und das Ich frohlockt, weil ihm die Durcharbeitung seiner Situation, (...) die Übernahme von Autonomie erspart bleibt« (Cremerius 1977). Eine Manipulation der Umwelt, bis diese tatsächlich eine strafende Haltung einnimmt, können wir immer wieder bei dissozialen Menschen beobachten.

So verhielt sich ein solcher Patient anläßlich einer kurzen Hospitalisierung in einer psychiatrischen Klinik dermaßen aggressiv und renitent gegenüber jeglichen therapeutischen Maßnahmen, daß er bei den ihn betreuenden Ärzten und Pflegern starke negative Affekte hervorrief. Der folgende Auszug aus dem Entlassungsbericht dieses Patienten ist charakteristisch für die Art der Interaktion, in die dissoziale Menschen sich oft mit Über-Ich-Trägern in der Außenwelt verstricken. In diesem Bericht heißt es unter anderem:

»Sobald sich die Stimmung des Patienten etwas gehoben hatte, verhielt er sich gegenüber dem Personal äußerst provokativ, völlig unangepaßt. Er stellte laufend Ansprüche, welche nicht erfüllt werden konnten, und reagierte immer wieder mit massiven verbalen Drohungen, welche das Personal stark belasteten. Andererseits zerstörte er wiederholt im Verlauf von Wutausbrüchen Gegenstände. Anfangs versuchte er sich jeweils bei den Betroffenen für seine unbeherrschten Reaktionen zu entschuldigen, gab dies dann jedoch auf, da er das von ihm gewünschte, seine Umgebung jedoch überfordernde Entgegenkommen nicht erreichen konnte. Zweimal mußten wir ihn während mehrerer Tage stark dämpfen, da wir eine weitere Zerstörung von Gegenständen sowie aufgrund seiner Drohungen auch Angriffe auf Mitpatienten und das Personal befürchten mußten.« Der Berichterstatter kommt zum Schluß, »daß der klinische Behandlungsversuch mißlungen ist. ... Eine Lösungsmöglichkeit scheint uns letztlich nur im sehr strengen Rahmen einer Arbeitserziehungsanstalt zu liegen.« Der Patient hat, wie dieser Bericht erkennen läßt, seinen Therapeuten so manipuliert, daß dieser tatsächlich die Rolle des auf ihn projizierten strafenden Über-Ich übernommen und agiert hat. Auch beim Zusammentreffen mit einem zweiten Therapeuten, der die ambulante Behandlung dieses Patienten übernehmen wollte, konstellierte der Patient die Situation wiederum in einer solchen Weise, daß sich der behandelnde Arzt ihm gegenüber äußerst restriktiv und versagend verhielt, woraufhin sich der Patient weigerte, je wieder zu diesem Therapeuten in die Sprechstunde zu kommen. Erst in einer späten Phase der Behandlung konnte ich mit dem Patienten diese Erfahrungen durcharbeiten. Er vermochte erst jetzt zu erkennen, wie er *selbst* jeweils die Therapeuten manipuliert hatte, bis sie die Rolle eines strafenden Über-Ich tatsächlich übernommen hatten.

Der therapeutischen Auflösung der Projektions-Introjektions-Spirale stellen sich vor allem die im dissozialen Menschen wirksamen Spaltungstendenzen entgegen. In der Genese dieser Prozesse dürfte aber auch folgender Sachverhalt eine Rolle spielen: In den Lebensberichten dissozialer Menschen hören wir oft von ausgesprochen »bösen«, versagenden frühen Bezugspersonen, und es fällt auf, daß die betreffenden Patienten geradezu verzweifelt an der erfahrenen Ablehnung festhalten. Ein Grund für dieses Verhalten mag darin liegen, wie es Nacht und Racamier (1960/61) bei depressiven Patienten beobachtet haben, daß die Ablehnung und Härte der frühen Bezugsperson neben der Infragestellung der eigenen Person zugleich eine »Sicherheitsgarantie« bedeutet. Das Festhalten am »bösen«, immer wieder als strafendes Über-Ich in der Außenwelt in Erscheinung tretenden Teilobjekt wird für den dissozialen Menschen zu einer Notwendigkeit, damit er wenigstens auf diese Weise eine gewisse Selbstidentität aufrechterhalten kann.

Ein für die Über-Ich-Struktur dissozialer Menschen charakteristisches Merkmal liegt in der *Hypertrophie ihres Ich-Ideals bei gleichzeitiger Dissoziation dieser Substruktur*. Insbesondere E. Jacobson (1977) und Grunberger (1976) haben gezeigt, wie wichtig für den Aufbau und die Regulation des Selbstwertgefühls das Verhältnis zwischen Ich-Ideal und Ich ist. Man kann generell sagen: Je größer die Diskrepanz zwischen dem Ich-Ideal, der Instanz, welche die Ideal-Entwürfe enthält, und dem Ich ist, desto instabiler und anfälliger erweist sich das Selbstwertgefühl der betreffenden Person. Daraus ergibt sich, daß ein hypertrophiertes Ich-Ideal, dessen Forderungen vom Ich in keiner Weise mehr erfüllt werden können, zu einer erhöhten narzißtischen Kränkbarkeit (der bei dissozialen Menschen vielfach beschriebenen geringen Frustrationstoleranz) und zu einer Abhängigkeit von narzißtischer Gratifikation durch die Umwelt führt. Extreme Selbstunwertgefühle und kompensatorische Omnipotenz- und Größenphantasien, wie wir sie bei den narzißtischen Persönlichkeitsstörungen finden, sind charakteristisch für solche Patienten.

Bei der Exploration und insbesondere in Therapien dissozialer Menschen treten diese Selbstunwertgefühle einerseits und ein hohes, vom Ich nie zufriedenzustellendes Ich-Ideal andererseits deutlich zutage. Häufig führt die Hypertrophie des Ich-Ideals dazu, daß der dissoziale Patient in seinem Bemühen resigniert und sich, scheinbar »haltlos«, fallen läßt, und zwar aus dem ihm unerträglichen Gefühl heraus, doch nie das erreichen zu können, was er eigentlich von sich erwartet. So bleibt er, gemessen an seinen hohen Ideal-Forderungen, trotz aller Anstrengungen doch immer ein »Versager«, ein »Sauhund, der zu nichts taugt«, wie ein Patient es von sich selber sagte.

Diese Selbstanklagen und -entwertungen sind mitunter von einer solchen Heftigkeit, daß dem dissozialen Menschen ein Auflehnen dagegen nur noch durch die Delinquenz möglich zu sein scheint. Im antisozialen Akt hofft er dann, das nach außen projizierte Ich-Ideal abschütteln und sich für die ihm angetane Qual rächen zu können. Es ist allerdings verhängnisvoll, daß sich durch ein derartiges Verhalten sein negatives Selbstbild nur weiter verstärkt und die Diskrepanz zwischen Ich und Ich-Ideal-Forderung noch mehr vergrößert. Abgesehen von realen sozialen Benachteiligungen, Folgen unheilvoller Lernprozesse und Defiziten im Erwerb sozialer Fähigkeiten, dürfte in diesem Circulus vitiosus ein Grund für die therapeutisch so schwer angehbare Rückfalldelinquenz liegen. Die negative Teilidentität des dissozialen Menschen verlangt geradezu, daß er ein »Verbrecher« bleibt.

Es scheint mir für die dissozialen Menschen charakteristisch zu sein, daß eine Spaltung zwischen dieser negativen Selbstrepräsentanz und dem hypertrophierten Ich-Ideal besteht, eine Spaltung, mit deren Hilfe die unerträglichen Gefühle von Hilflosigkeit und Insuffizienz abgewehrt werden sollen. Eine solche Über-Ich-Konstellation stellt einerseits eine wesentliche Ursache depressiver Gefühle, andererseits aber zugleich auch den Versuch ihrer Abwehr dar. Außerdem kann der dissoziale Mensch durch das beschriebene Verhalten vermeiden, in Beziehungen einen narzißtischen Verzicht leisten zu müssen. Vermutlich ist es deshalb im Lauf einer Therapie so schwierig, eine Annäherung zwischen Ich und Ich-Ideal herbeizuführen. Der Patient setzt eine ganze Skala von Abwehrmechanismen ein, wie sie von Parin (1961) und anderen Autoren beschrieben worden sind, um dem Druck seiner Ich-Ideal-Forderungen zu entgehen. Jede Aufweichung eines dieser

Mechanismen beantwortet er mit einer Verhärtung der übrigen oder auch mit manifesten dissozialen Aktionen, womit er die Spaltung wieder um so fester etabliert.

Bei der Frage nach der *Genese* der Über-Ich-Störungen dissozialer Menschen ist zu berücksichtigen, daß die Über-Ich-Instanz nicht nur das Erbe des Ödipuskomplexes ist, sondern bereits frühe Vorläufer und somit prägenitale Komponenten besitzt (vgl. Cambor 1970; Glover 1956; Grunberger 1974; Jacobson 1977; Kernberg 1979; Lampl-de Groot 1963/64; Mertens 1990; A. Reich 1954; Spitz 1960/1961). Glover (1956, 1960) nimmt an, daß das primitive Ich aus vielen, zunächst noch voneinander weitgehend isolierten Kernen besteht, die erst im Lauf der Entwicklung zu einer Einheit verschmelzen. Die rudimentären Komplexe von teilweise autonomen Ich- und Über-Ich-Kernen stellen seiner Ansicht nach etwas grundsätzlich anderes dar als die späteren hochorganisierten Instanzen des Ich und des Über-Ich. Diese könnten erst dann als Differenzierungsprodukte erscheinen, wenn die infantile Trieborganisation ihr endgültiges Entwicklungsniveau in der ödipalen Phase erreicht habe. Glover sieht im Über-Ich das Resultat von unbewußten Introjektionen der Elternimagines. Der früheste Anteil sei ein mütterliches Über-Ich mit oralen Versagungen. Bei einer ungestörten Entwicklung biete die Mutter zugleich aber so viel an oraler und narzißtischer Befriedigung, daß »gute« Introjekte gebildet würden, die als Gegengewicht gegen die ebenfalls bestehenden »bösen« Teilobjekte benutzt werden könnten. Ferner postuliert Glover frühe Über-Ich-Anteile aus der Begegnung mit dem Vater, von dem in der Frühzeit der Entwicklung im allgemeinen noch keine wesentlichen Versagungen ausgehen. Er biete sich deshalb als »gutes« Introjekt an, das noch einmal einen Gegenpol zum versagenden »bösen« mütterlichen Teilobjekt der oralen Phase darstelle.

Im Fall schwerer psychopathologischer Entwicklungen nimmt Glover an, daß die neugebildeten Strukturen unter Belastungen zerbrechen und wieder in dissoziierte Kerne zerfallen. Das Problem in der Genese dissozialer Menschen liegt nach Glover darin, daß die frühen mütterlichen *und* väterlichen Über-Ich-Anteile aufgrund der frühkindlichen Erfahrungen mehr oder weniger ausschließlich sadistischer Art seien und daß es zu Fixierungen an orale und anal-sadistische Imagines komme. In einem solchen Über-Ich gebe es kaum ein Gegengewicht gegen die »bösen«, versagenden Introjekte, und es könne sich aus diesem Grund kein »freundliches«, in die Gesamtpersönlichkeit integriertes Über-Ich entwickeln (auf die mangelnde Integration des Über-Ich bei Borderline-Patienten verweist auch Kernberg 1979, 1989). Die Voraussetzung für ein »freundliches« Über-Ich, ein »personales Gewissen« (Häfner 1960) ist eine affektiv positiv getönte frühkindliche Beziehung zu den Eltern. Ohne einen geliebten Partner kann sich kein realitätsangepaßtes Gewissen bilden: »Das Gewissen ist ein Abkömmling der Liebe« (Zulliger 1962), oder, wie es Häfner (1959) formuliert: »Nur wer auf einen Bereich positiver Erfahrungen, auf die Geborgenheit in der Welt des Guten zurückgreifen kann, verfügt auch über die Kraft, sich dem Leben zu überlassen und dennoch Versuchungen zu bestehen.«

Auch Lampl-de Groot (1963/64) postuliert frühe, prägenitale Komponenten des Über-Ich. Sie differenziert zwischen dem Ich-Ideal und dem Über-Ich im engeren Sinn. Die Entwicklung dieser beiden Komponenten umfaßt nach der Autorin je vier Phasen. Beim Ich-Ideal sind es:
1. Die »halluzinatorische« Wunscherfüllung in der narzißtischen Phase (in der Selbst und Außenwelt noch nicht unterschieden werden),
2. Größen- und Allmachtsphantasien in bezug auf das Selbst, nachdem das Kind zwischen Selbst und Außenwelt zu unterscheiden gelernt hat,
3. Phantasien bezüglich der Allmacht der Eltern, die vom Kind geteilt wird, nachdem es seine eigene Machtlosigkeit erfahren hat,
4. Ausbildung von Ethik und Idealen als erreichbare Ziele nach der Enttäuschung an den idealisierten Eltern.

In der Entwicklung des einschränkenden Gewissens, des Über-Ich im engeren Sinn, beschreibt Lampl-de Groot die folgenden vier Phasen:
1. Erleben von Unlustempfindungen,
2. Verzicht auf Wunscherfüllung und Befolgung der elterlichen Forderung, um sich die Liebe der Eltern zu erhalten,

3. Verinnerlichung einzelner Forderungen durch Identifizierung mit bestimmten elterlichen Forderungen im Lauf der präödipalen Phasen,
4. Inneres Gewissen und innerliches Akzeptieren der Einschränkungen und Strafen, die von Eltern und der weiteren Umgebung auferlegt werden, um eine soziale Beziehung innerhalb einer bestimmten Gruppe zu gewährleisten.

Beide Komponenten des Über-Ich leiten sich nach Ansicht von Lampl-de Groot von frühen Identifizierungen mit den Eltern her, dienen aber funktionell entgegengesetzten Zielen: »Das Ich-Ideal dient der Wunscherfüllung und ist daher eine Instanz der Befriedigung. Das Gewissen (das Über-Ich im engeren Sinne) ist eine einschränkende und verbietende Instanz.« Diese beiden Substrukturen wachsen im Verlauf der kindlichen Entwicklung zu einer Instanz zusammen, wobei es zu vielfältigen gegenseitigen Beeinflussungen und auch zu intrasystemischen Konflikten kommen kann. Lampl-de Groot beschreibt verschiedene solcher Prozesse, wie sie sich in je spezifischer Weise bei Übertragungsneurosen, narzißtischen Störungen, Borderline-Persönlichkeiten, Psychosen und Delinquenten finden (1963/64, 1965).

Die referierten Theorien ermöglichen wesentliche Einblicke in die Genese und Struktur des Über-Ich dissozialer Menschen. Wir müssen die Über-Ich-Instanz als eine aus verschiedenen Bausteinen bestehende Struktur betrachten, wobei die einzelnen Elemente spezifische Entwicklungsphasen durchlaufen und schließlich, im Fall einer ungestörten Entwicklung, zu einer Einheit verschmelzen und in die Gesamtpersönlichkeit integriert werden. Das Über-Ich dissozialer Menschen weist sowohl in seiner Genese als auch in struktureller Hinsicht einige Besonderheiten auf. Unter *entwicklungspsychologischem Aspekt* ist eine *Fixierung an frühe Phasen der Ich-Ideal- und der Gewissensbildung* anzunehmen. Solche Menschen bleiben an die Phase der frühen Identifikationen mit Größen- und Allmachtsphantasien in bezug auf das Selbst und die nächsten Bezugspersonen fixiert. So kann es nicht zu einer reifen, realitätsgerechten Ausbildung des Ich-Ideals kommen. In der Genese der Substruktur des einschränkenden Gewissens im Sinne

Lampl-de Groots scheint mir das Charakteristikum vieler dissozialer Menschen darin zu liegen, daß sie weitgehend an die erste Phase, an das Erleben von Unlustempfindungen, fixiert bleiben und einen echten Verzicht auf Wunscherfüllung (zweite Phase nach Lampl-de Groot) kaum zu leisten vermögen. So kommt es zu dem vielfach beschriebenen Phänomen der geringen Frustrationstoleranz, durch die sich die dissozialen Menschen auszeichnen. Einzelne elterliche Forderungen sind zwar internalisiert worden, konnten aber nicht integriert werden. Sie bestehen als archaische, dissoziierte Kerne im Sinne Glovers, als sadistische, aus »bösen« Elternimagines bestehende Struktur fort und manifestieren sich beispielsweise in den beschriebenen massiven Selbstentwertungen vieler dissozialer Menschen. Es ist bezeichnend für sie, daß sie mit Hilfe dieser Identifikationskerne in extremer Weise die Vorwürfe verbietender Instanzen gegen sich selbst richten, somit zu »Spießbürgern« par excellence werden. So heftig einerseits diese aus nicht-neutralisierter aggressiver Energie gespeisten Impulse sind, so wenig gelingt es den dissozialen Menschen andererseits aber, echte Selbstkritik zu entwickeln und sich mit eigener Schuld adäquat auseinanderzusetzen.

Cremerius (1977) weist bei Patienten mit Über-Ich-Störungen auf das Problem hin, daß die kritisierenden Autoritäten von solchen Menschen wohl introjiziert worden seien, zugleich aber die als verboten erlebten Regungen nach außen projiziert würden. Wir können annehmen, daß viele dissoziale Menschen, wie andere Patienten mit schweren Über-Ich-Pathologien, nur eine »Zwischenphase der Über-Ich-Entwicklung (...), eine Vorstufe der Moral« (A. Freud 1936) erreicht haben. Ein solcher Mensch »hat erlernt, was verurteilt werden soll, schützt sich aber mit Hilfe dieses Abwehrvorganges gegen die Unlust der Selbstkritik. Das Wüten gegen den Schuldigen in der Außenwelt dient ihm als Vorläufer und Ersatz des Schuldgefühls« (A. Freud 1936). Die archaisch-sadistischen Anteile des Über-Ich sind von einer solchen Heftigkeit und führen zu einer so negativen Selbstidentität, daß als Ausweg nur die Projektion der Konflikte in die soziale Umwelt (als alloplastisches Verhalten) und der Einsatz der von Parin (1961) beschriebenen Abwehrmechanismen bleibt. Das Wüten gegen die Umwelt erweist sich bei diesen Menschen im Grunde als verzweifelter Kampf gegen sadistische Seiten des eigenen Über-Ich, die projektiv in der Außenwelt wahrgenommen und dort agiert werden.

In *struktureller Hinsicht* zeichnet sich die Über-Ich-Instanz vieler dissozialer Menschen durch eine *Dissoziation ihrer einzelnen Komponenten* aus. Diese Spaltung betrifft insbesondere die Substrukturen des Ich-Ideals und des Über-Ich im engeren Sinn. Unintegriert stehen ein auf die Erfüllung illusionärer Wünsche ausgerichtetes, weit von der Realität entferntes Ich-Ideal und ein aus archaischen Verboten hervorgegangenes, mit aggressiver Energie gespeistes Gewissen einander gegenüber. Diese beiden Bausteine des Über-Ich übernehmen abwechselnd die Herrschaft, und dem dissozialen Menschen ist im Verlauf seiner Entwicklung eine Integration dieser Kerne nicht gelungen. Es bestehen, wie es Scott (1960) bei dissozialen Jugendlichen beschrieben hat, mitunter zwei Gewissen nebeneinander: Ein sadistisch strenges Gewissen, mit dem der Betreffende nicht zu leben vermag, und ein anderes, trotziges Gewissen einer negativen Identität, mit deren Hilfe sich die Persönlichkeit im dissozialen Agieren als »Held« erleben kann. Mit Scott können wir annehmen, daß das Über-Ich dieser Jugendlichen der Niederschlag von Ich-Erfahrungen in Situationen ist, in denen sich das Ich Mächten oder mächtigen Gestalten gegenüber erlebt hat, die völlig unberechenbar gut oder böse gewesen sind. Ein solches Kind hat später Techniken entwickelt, sich nicht an das zu halten, was vom Über-Ich als Einspruch erhoben wird, sondern sich allein nach dem zu richten, was Lust verspricht, gleich welches Risiko damit verbunden ist.

Pathologische Entwicklungen im narzißtischen Bereich

Aufgrund der frühkindlichen Entwicklungsbedingungen ist es bei vielen dissozialen Menschen zu schwerwiegenden Störungen im narzißtischen Bereich, in ihrem Selbstwerterleben, gekommen. Zentrale Ohnmachts- und Selbstunwertgefühle stehen unvermittelt neben grandiosen, völlig irrealen Vorstellungen von den eigenen Möglichkeiten. Beide Gefühlszustände und Selbsteinschätzungen sind gleichermaßen extrem und nicht der Realität entsprechend. Wir sehen uns bei diesen Menschen häufig mit einem *pathologischen Größen-Selbst* konfrontiert, das nach dem Konzept von Kernberg (1979) ein Verschmelzungsprodukt ist aus einem pathologischen Real-Selbst (jemand Besonderes zu sein), einem pathologischen Ideal-Selbst (Phantasien von Macht, Reichtum, Allwissenheit, kompensatorisch gegen Erfahrungen von schwerer oraler Frustration, Wut und Neid) und pathologischen Ideal-Objektbildern (Phantasien von einer unablässig gebenden, grenzenlos liebenden und alles akzeptierenden Elternfigur). Aus der narzißtischen Störungskomponente resultieren viele soziale Konflikte, wie sie auch in den Diagnosen der »dissozialen Persönlichkeitsstörung« respektive der »antisozialen Persönlichkeitsstörung« in der ICD-10 und im DSM-IV genannt werden.

Außerdem prägt die narzißtische Störung wesentlich die Beziehungen dieser Menschen. Partnerinnen und Partner ebenso wie Therapeutinnen und Therapeuten sind für sie vor allem insofern von Bedeutung, als sie ihnen Befriedigung ihrer Wünsche nach Anerkennung und Geltung garantieren und als idealisierte Menschen zur Aufwertung der eigenen, sich insuffizient fühlenden Person benutzt werden können. Auch ihre starke Neigung, sich durch Manipulation anderer Menschen das Gefühl eigener Macht und Größe zu verschaffen, ihre Tendenz zu Idealisierungen derer, durch die sie sich narzißtisch aufwerten können, und zu Entwertungen der sie enttäuschenden Bezugspersonen sowie ihre erhöhte Kränkbarkeit und ihre geringe Frustrationstoleranz sind unter anderem Ausdruck der Selbstwertstörung. Diese Beeinträchtigungen sind insbesondere deshalb so verhängnisvoll, weil sie zum einen den ohnehin schon geringen Realitätsbezug immer weiter lockern und zum Ausweichen vor jeglicher Konfrontation mit irgendeiner unangenehmen, belastenden Situation führen. Zum anderen resultieren aus der Selbstwertproblematik gerade bei diesen Menschen so große Schwierigkeiten, weil sie durch ihre vielfältigen sozialen Einschränkungen und ihren Mangel an sozialen Kompetenzen dauernden Kränkungen ausgesetzt sind und kaum über soziale Kompensationsmöglichkeiten verfügen. Die narzißtische Störung wirkt sich auch insofern verhängnisvoll für die dissozialen Menschen aus, als ihre Grandiositätsvorstellungen und ihr stark manipulatives Verhalten bei der Umgebung – und zwar auch, wie die Charakterisierungen in der ICD-10 und im DSM-IV zeigen, bei Therapeutinnen und Therapeuten! – zu ausgesprochen negativen Reaktionen führen.

Die durch die narzißtische Störung bedingten Verhaltensweisen werden auch von Professionellen oft als so provokativ und als sozial so störend empfunden, daß darüber der psychodynamische Hintergrund weitgehend aus den Augen verloren wird. Gelingt es jedoch, etwa mit Hilfe des Konzepts des »szenischen Verstehens« von Lorenzer (1983), die im provokativen Verhalten liegende Botschaft zu entschlüsseln, so stellt sich heraus, daß gerade das aus der narzißtischen Störung resultierende Inszenieren der Konflikte in der Außenwelt ein sehr anschauliches Bild von der inneren Situation des dissozialen Menschen vermittelt. Das folgende Beispiel möge dies veranschaulichen.

Einem 28jährigen Mann, der wiederholt wegen Diebstählen und Körperverletzungen verurteilt worden war, war bei der letzten Verhandlung vom Gericht eine ambulante Psychotherapie auferlegt worden. Zu dem mit ihm vereinbarten Termin erschien er nicht und hielt auch einen zweiten ihm vorgeschlagenen Termin nicht ein. Als ich ihn schließlich telefonisch erreichte, fuhr er mich empört an: Er habe, weiß Gott, wichtigere Dinge zu tun, als zu einem solchen »blöden Psychozeug« zu kommen; er spinne doch nicht, einen solchen »Unsinn« werde er nicht mitmachen. Als ich ihm mitteilte, daß er selbstverständlich das Recht habe, die Maßnahme abzulehnen, dann voraussichtlich aber mit dem unbedingten Vollzug der Strafe rechnen müsse, lenkte er ein und akzeptierte einen der vorgeschlagenen Termine. Dabei wies er jedoch ausdrücklich – und in sehr provokativer Weise – darauf hin, er sei keineswegs sicher, daß er diesen Termin auch wirklich einhalten werde, er könne nicht sein ganzes Leben nach meinem Stundenplan ausrichten, er habe »letzten Endes auch noch anderes zu tun«. Zur abgemachten Konsultation kam er zehn Minuten zu spät.

Er schaute sich naserümpfend in meinem Zimmer um und meinte: »In solch einem Hamsterkäfig würde ich nie arbeiten!« Unvermittelt fuhr er dann fort, kaum daß er Platz genommen hatte, er habe nur wenig Zeit und müsse in einer Viertelstunde wieder gehen. Außerdem wolle er von Anfang an klarmachen, wie er die Sache sehe: »Ich spinne nicht und habe solch eine Behandlung absolut nicht nötig. Ich habe im Strafvollzug schlechte Erfahrungen mit euch Psychos gemacht. Euch kann man nie trauen. Und außerdem habt ihr doch selber einen Ecken ab!«

In eindrücklicher Weise hat dieser Patient in seinem Verhalten und seinen Äußerungen seine innere Situation dargestellt: seine massiven Insuffizienzgefühle, sein pathologisches Größen-Selbst mit erheblichen Manipulationstendenzen und seine Angst, sich in einer abhängigen, hilflosen Position zu befinden, wie er sie in seiner Kindheit in schmerzlicher Weise erlebt hatte. Wir würden dieser hintergründigen Dynamik in keiner Weise gerecht, wenn wir rein phänomenologisch bei Beschreibungen stehenblieben, wie sie in der klassischen Psychopathieforschung und in den Symptomkatalogen der ICD-10 und des DSM-IV gegeben werden. Hier lohnt es sich, die psychodynamische Theorie als Modell zum Verständnis der hintergründigen Dynamik heranzuziehen, um die innere Situation des Patienten besser zu verstehen und darauf dann therapeutisch auch angemessener reagieren zu können.

Eine besondere Schwierigkeit liegt bei dissozialen Menschen darin, daß sie erhebliche Defizite in ihren sozialen Kompetenzen aufweisen (mangelnde Schul- und Berufsausbildung etc.) und insofern im Alltag wenig narzißtische Gratifikation erfahren. Gerade sie, die zum Teil extrem kränkbar sind, erleiden im Alltag immer wieder Kränkungen, die sie oft nur durch impulsives, sie letztlich selbst schädigendes Verhalten bewältigen können.

So sollte sich ein junger Mann, der viele Jahre seines Lebens in Heimen und Strafanstalten verbracht hatte, nach seiner Entlassung aus einer mehrjährigen Haft bei einer Krankenversicherung anmelden. Mehrmals berichtete er mir, er habe es vergessen oder sei nicht dazu gekommen. Als er auf mein Drängen hin schließlich doch das Büro der Krankenversicherung aufsuchte, kehrte er sofort wieder um und äußerte empört, er habe keine Lust, sich in einer Reihe von Wartenden anzustellen, es sei doch unerhört, ihm das zuzumuten. Er habe es nicht nötig, sich einer solchen Prozedur zu unterziehen. Im anschließenden Gespräch ergab sich dann, daß er sich von Anfang an vor der Anmeldung bei der Versicherung gefürchtet hatte und, als er tatsächlich dorthin kam, völlig verunsichert war. Seine Reaktion auf diese unangenehme Situation bestand in dem panikartigen Davonlaufen, das er nachträglich mit Hilfe einer – von Grandiositätsvorstellungen getragenen – Anspruchshaltung legitimierte. Im Sinne: Ich habe es nicht nötig, wie andere zu warten. Wenn ich nicht bevorzugt bedient werde, worauf ich ein Anrecht habe, gehe ich wieder.

An den zitierten Beispielen lassen sich gut die Hauptcharakteristika des Verhaltens erkennen, das dissoziale Menschen beim Zusammentreffen mit Schwierigkeiten häufig zeigen: Am Anfang der Sequenz steht ein tiefes *Insuffizienzgefühl*, das der dissoziale Patient aber in der Regel nicht als solches, sondern lediglich in Form einer diffusen Angst und Dysphorie wahrnimmt. Das Insuffizienzgefühl ist insofern sehr stark, als er von zwei Seiten her überfordert wird: Zum einen fordert sein hohes Ich-Ideal von ihm, daß er sich immer und überall als »toller Kerl« erweist und in keiner Situation Angst und Unsicherheit zeigt. Zum anderen überfordert ihn aber auch die Umwelt, die von ihm erwartet, daß er über soziale Kenntnisse und Fertigkeiten verfügt, die ihm jedoch nicht zu Gebote stehen. Gerade Menschen, die jahrelang in Heimen und Strafanstalten gelebt haben, weisen zum Teil schwere defizitäre Entwicklungen auf. Insofern stellte die – äußerlich gesehen ganz alltägliche und leicht zu erfüllende – Aufforderung an den erwähnten Patienten, er solle sich bei einer Krankenversicherung anmelden, im Grunde eine Überforderung dar.

Charakteristisch für dissoziale Menschen ist, daß sie in einer solchen Situation der Konfrontation mit ihren Insuffizienzgefühlen um jeden Preis auszuweichen versuchen. Wenn sie dies nicht mehr in Form von Ausreden tun können und sie unmittelbar mit einer sie in hohem Maß narzißtisch kränkenden Situation konfrontiert werden, kommt es zu einem weiteren, für sie charakteristischen Schritt in der Verhaltenssequenz: Ihre große narzißtische Kränkbarkeit und die daraus resultierende Frustrationsintoleranz lassen in ihnen eine extrem unangenehme Gefühlssituation entstehen, der sie sich durch *impulsives Handeln und großspuriges Auftreten* zu entziehen suchen. Da ein solches Ausweichen angesichts ihrer hohen Ich-Ideal-Forderungen jedoch inakzeptabel ist, bedarf es dann der nachträglichen, kompensatorischen Legitimierung durch Größenvorstellungen und Ansprüche, deren Erfüllung ihnen die Umwelt ihrer Meinung nach schuldig ist. Wo der depressive Mensch, der sich in einem ähnlichen narzißtischen

Dilemma befindet, mit dem depressiven Affekt und dem Gefühl von Hilflosigkeit reagiert, sucht der dissoziale diesen Gefühlen durch Handeln auszuweichen. Größenphantasien müssen ihm dann helfen, sein beeinträchtigtes narzißtisches Gleichgewicht wiederherzustellen.

Was bei manchen Patienten als Gefühlskälte imponiert, ist nicht selten das Resultat einer Flucht vor der Gefahr einer narzißtischen Kränkung aufgrund extremer Verletzbarkeit. Wir könnten hier von einem Schutzmechanismus der *emotionalen Anästhesie* sprechen. Mitunter zeigen sich eine geradezu kindliche Hilflosigkeit und Kränkbarkeit sowie Wünsche nach einer friedlichen, »heilen« Welt nur in sehr indirekter, versteckter Form (etwa in den Resultaten projektiver Tests). Dies war der Fall bei einem jungen Mann, der, in einem Waisenhaus aufgewachsen, immer wieder straffällig geworden war. Während er sich früher vor allem wegen Diebstählen, Körperverletzungen und Sachbeschädigungen vor Gericht zu verantworten hatte, betraf sein letztes Delikt die Beihilfe zu einem vorsätzlichen Mord an der Freundin seines Bruders. Bei der Exploration in unserer Poliklinik wirkte der Patient völlig unbeeindruckt und ließ nicht die geringste Anteilnahme am tragischen Geschick des von ihm getöteten Mädchens und am Tod des Bruders, der sich im Anschluß an die Tat suizidiert hatte, erkennen. Angesichts dieser nach außen zur Schau getragenen »Gefühlskälte« sind die beiden folgenden Geschichten, die der Patient zu den Tafeln 15 und 16 des Thematischen Apperzeptionstests (TAT; Rauchfleisch 1989) produzierte, sehr informativ.

Tafel 15 (Darstellung eines hageren Mannes mit gefalteten, nach unten gestreckten Händen; um ihn herum Grabsteine):
»Ein alter Mann hat seinen Sohn verloren, durch einen Autounfall. Jahrelang ist er auf den Friedhof gekommen, um das Grab zu besuchen. Eines Tages, als er wieder auf dem Grab ist, kommt eine Erscheinung und sagt, er solle nicht traurig sein, er habe wieder einen Sohn, einen Bub, der ihm zulaufe. Der Mann glaubt das nicht und meint, es sei nur ein Traum. Am nächsten Morgen ist er in der Stadt. Plötzlich spürt er ein Gefühl an der Hand und sieht einen Bub, der ihm etwas zeigen will. Der Mann geht mit dem Bub. Der führt ihn auf den Friedhof und sagt: ›Du bist allein und ich auch. Können wir nicht zusammen bleiben?‹ Der Mann ist froh und sagt: ›Da liegt mein Bruder (!) – äh – mein Sohn‹. Beide gehen glücklich heim.«

Tafel 16 (Leertafel):
»In einem Kloster haben ganz fromme Mönche gelebt. Sie sind immer beten gegangen, morgens, mittags, abends, je eine Stunde. Eines Tages waren sie am Morgen wieder am Beten. Plötzlich war ein helles Licht in der Kirche. Sie schauten hinauf. Da sagte eine Stimme: ›Hört, meine Getreuen, die Stunde ist gekommen, ich bin bald wieder auf der Erde‹. Sie fielen auf die Knie und fragten: ›Wann?‹ Die Stimme sagte: ›Ich kann es Euch nicht sagen. Bald, wenn wieder so ein helles Licht kommt‹. Die Mönche beteten weiter und warteten eineinhalb Jahre. Dann erschien wieder so ein Licht, und sie wußten: Morgen wird er geboren. Am folgenden Tage gingen sie zu einer ganz kleinen Hütte, wo ein kleines Kind war, wie beim Weihnachtsfest. Sie knieten nieder und beteten es an und gaben ihm Geschenke. Dann gingen sie zufrieden heim und wußten, daß die Erde nun in Frieden leben kann.«

Größen- und Omnipotenzvorstellungen, die die schmerzlichen Insuffizienzgefühle kompensieren sollen, lassen sich nicht selten auch hinter Delikten erkennen. Bei manchen Diebstählen dürften neben Bereicherungstendenzen, oralen und Racheimpulsen wohl auch Omnipotenzvorstellungen dergestalt eine Rolle spielen, daß der Delinquent sich in grandioser Weise über seine eigene soziale Realität und die seines Opfers hinwegsetzt. Im Akt des Diebstahls »korrigiert« er gleichsam nach eigenem Gutdünken willkürlich die Besitzverhältnisse. Er, der sich durch vielfältige materielle Einschränkungen und andere Versagungen zutiefst narzißtisch gekränkt fühlt, erlebt nun im Diebstahl das ihn narzißtisch aufwertende Gefühl eigener Omnipotenz.

Deutlich wurden Omnipotenzvorstellungen bei einem Patienten, der immer wieder in große Spielschulden geriet, aber stets von neuem Spielsalons aufsuchte. Eine Determinante seiner Spielleidenschaft war die, daß er süchtig danach strebte, mit Hilfe des Spielautomaten in grandioser Weise die Realität zu manipulieren. Als sich diese Erwartungen nicht erfüllten und die narzißtische Kränkung infolge der Verluste immer größer wurde, reagierte der Patient mit Delikten, indem er Spielautomaten aufbrach und ausraubte. So »rächte« er sich, wie er es selbst formulierte, für die »Ungerechtigkeit«, die ihm angetan worden sei – und suchte im Delikt doch noch seine Omnipotenzvorstellungen in die Realität umzusetzen. Auf diese Weise konnte er sein narzißtisches Gleichgewicht, das durch die in der Realität erlittenen Verluste und durch frühere Kränkungen erheblich beeinträchtigt war, wieder aufrichten und den Glauben an seine Allmacht bewahren: *Er* war es, der über die Realität herrschte, und von seinem Willen allein sollten Glück und Unglück abhängen.

Eine für dissoziale Menschen verhängnisvolle Rolle kann ein solches Allmachtsgefühl spielen, wenn es zur Legitimierung selbstdestruktiver Tendenzen eingesetzt wird. In besonders malignen Fällen kann eine archaische, prägenitale Aggression in Form von Selbstdestruktion geradezu zum Ich-Ideal erhoben werden und die Grandiositätsvorstellung bestätigen, man brauche Frustration und Leiden nicht zu fürchten. Eine solche enge Verschmelzung von Selbstdestruktion mit Allmachtsvorstellungen und hohen Ich-Ideal-Forderungen zeigte sich bei einem dissozialen Patienten, der über längere Zeit immer wieder betonte, er werde sich in dem Augenblick, in dem seine Mutter sterbe, selber das Leben nehmen. Die Mutter sei die einzige Person, für die es wert sei zu leben. Nur sie habe Bedeutung für ihn. Ohne sie sei das Leben für ihn völlig sinnlos. Der Patient stellte sich vor, daß er seinen Tod durch einen Sprung von einem Kirchturm herbeiführen werde. In einem grandiosen Flug wollte er sein Leben in den letzten Sekunden vor dem Tod noch einmal voll auskosten.

Auch in der Überzeugung vieler Delinquenten, sie vermöchten eine Straftat so geschickt auszuführen, daß sie niemals aufgedeckt werden könne, manifestieren sich Omnipotenzvorstellungen. Im Gespräch mit Straffälligen, insbesondere mit delinquenten Jugendlichen, ist mir immer wieder aufgefallen, wie sie geradezu mit Begeisterung von ihren Delikten sprachen, diese bis in Details hin schilderten und betonten, es sei eigentlich nur einem »dummen Zufall« zuzuschreiben, daß sie gefaßt worden seien. Der Plan und die Durchführung der Tat seien »perfekt« gewesen, es hätte »der große Coup« werden sollen. Zentrales Thema solcher Berichte, wie sie dissoziale Jugendliche auch ihren Kollegen, oft weit ausgeschmückt, zur Erhöhung ihres sozialen Status und zur Befriedigung ihrer Geltungsansprüche mitteilen, ist die Betonung der Macht, die sie über ihre Umgebung ausüben. Sie sind nicht, wie sonst in ihrem Leben, diejenigen, die in vielfältigen Abhängigkeiten leben und sich immer wieder in solche Situationen verstricken. Sie sind nun vielmehr die Mächtigen, die ihre Umgebung manipulieren und in grandioser Weise über die Grenzen der Realität hinwegschreiten.

Viele *pseudologische Schilderungen* (Delbrück 1891; von Baeyer 1935; H. Deutsch 1922; Rauchfleisch 1996a) enthalten als Motor den Wunsch, die eigene Hilflosigkeit zu überspielen, um die damit verbundenen Kränkungsgefühle nicht erleben zu müssen. Daneben spielt nach Henseler (1968) bei diesen Menschen wohl auch das Bestreben eine Rolle, ein ambivalent erlebtes Ereignis ihres Lebens im pseudologischen System so zu entstellen, daß es sowohl geleugnet als auch zugleich lustvoll erlebt werden kann. Charakteristisch für dissoziale Menschen ist auch in diesem Bereich, daß es nicht beim intrapsychischen Konflikt bleibt, sondern daß dieser in der Außenwelt handelnd inszeniert wird.

In eindrücklicher Weise hat ein vielfach straffällig gewordener junger Mann eine solche pseudologische Schilderung seines Lebens gegeben, als ich erstmals mit ihm zusammentraf. Er berichtete mir, er sei das einzige Kind eines Artistenpaares, das früher wegen seiner schwierigen Trapezakte berühmt gewesen sei. Als Kind habe er den Eltern als Partner gedient, bis er im Alter von fünf Jahren durch einen Absturz vom Trapez schwer verletzt worden sei. Während seines langen Spitalaufenthalts seien die Eltern mit ihrer Truppe weitergezogen und hätten ihn allein zurückgelassen, zumal er für sie aufgrund seiner bleibenden Behinderung (der Patient demonstrierte mir bei diesen Worten eine tatsächlich bestehende Behinderung in der Beweglichkeit seines Schultergelenks) als Partner »uninteressant und nur noch eine Belastung« gewesen sei. Er sei in der Folge in Heimen aufgewachsen. Den Vater habe er niemals wiedergesehen. Soweit er informiert sei, hätten sich die Eltern später getrennt. Der Vater sei mit einer Artistengruppe in die USA gegangen und lebe jetzt dort. Auch die Mutter habe er während 20 Jahren nicht gesehen. Erst vor kurzer Zeit habe er ihre Adresse in Erfahrung gebracht und habe die Mutter daraufhin aufgesucht. Der junge Mann schilderte diese Lebensgeschichte und das jüngste Zusammentreffen mit der Mutter in so überzeugender Weise und mit so starker emotionaler Beteiligung, daß ich keinen Moment an der Wahrheit seines Berichts zweifelte. Später erwies sich diese »Biographie«, die der junge Mann übrigens auch anderen Personen als seine Lebensgeschichte darstellte, hingegen in allen Punkten als nicht der Realität entsprechend.

Dieser Bericht ist indes psychodynamisch höchst bemerkenswert: Er entsprach zwar in keinem Punkt der äußeren Realität, ließ aber bei mir und anderen Gesprächspartnern durch die Art der Darstellung und die eingestreuten »Beweise« (tatsächliche Behinderung des Schultergelenks, emotionale Ergriffenheit) nicht den geringsten Zweifel an der Wahrheit der Mitteilungen aufkommen. Betrachtet man diese pseudologische Darstellung unter dem Gesichtspunkt, welche Funktion sie für das psychische Gleichgewicht des jungen Mannes erfüllte, so wird deutlich, warum er gerade diese Art von pseudologischer »Biographie« verwendete: Seine tatsächliche Lebensgeschichte war dadurch gekennzeichnet, daß er als jüngstes von sechs Kindern bei den Eltern aufgewachsen war, die unter gravierenden sozialen und persönlichen Schwierigkeiten in einer sehr spannungsreichen Ehe lebten. Von frühester Kindheit an hatte er von seiten seiner Umgebung Zurückweisung, Desinteresse und Entwertung erlebt. In keinem Bereich seines Lebens war es ihm gelungen, auf einer realistischen Ebene eine Kompensation dieser Mangelerfahrungen zu finden. Seine schon früh beginnende dissoziale Fehlentwicklung hatte, trotz durchschnittlicher Intelligenz, schulische und berufliche Erfolge unmöglich gemacht. Er hatte sich zunehmend in Delikte verwickelt, mußte wiederholt Haftstrafen verbüßen und befand sich, als ich mit ihm zusammentraf, innerlich und äußerlich in einer desolaten Situation. In dieser Lage stellte seine pseudologische Darstellung eine sehr wirkungsvolle Kompensation seiner zentralen Insuffizienzgefühle und seines narzißtischen Defizits dar. In grandioser Weise deutete er in seinem Bericht die bedrückende Realität um: Nun war er nicht mehr der aus mißlichen Familienverhältnissen stammende, von niemandem beachtete, sich durch nichts Positives auszeichnende Mensch, sondern das ehemals umjubelte Wunderkind, dessen Kunststücken, hoch oben in der Zirkuskuppel, Tausende mit angehaltenem Atem folgten. Ohnmacht wird in dieser Schilderung in Allmacht, Unbeachtetheit in grenzenlose Bewunderung, Insuffizienz in Grandiosität verkehrt.

Allerdings vermochte auch die pseudologische Darstellung die tiefe Einsamkeit dieses Menschen nicht ganz zu leugnen. Selbst in diesem Bericht präsentiert er sich noch als ein »Im-Stich-Gelassener«, der er (wenn auch nicht in so konkreter Weise wie in der pseudologischen Darstellung) tatsächlich innerlich war. Es scheint mir keine zu weitgehende Spekulation zu sein, wenn ich vermute, daß diese Art der biographischen Schilderung ihn vor einer Dekompensation – und damit wohl auch vor einem Suizid – bewahrte. Er hatte seine verzerrte Deutung wie einen Schutzschild zwischen sich und die bedrückende Realität geschoben, und sie erfüllte für ihn eine Art »Plombenfunktion« (Morgenthaler 1987).

Bisweilen sind bei dissozialen Menschen »narzißtische Restitutionsversuche« (Grunert 1977) auch in Träumen zu beobachten. Nach meiner Erfahrung treten solche Träume vor allem auf als Reaktion auf Gefühle der Angst, verlassen oder zurückgewiesen zu werden. Paradigmatisch für diese Dynamik ist der folgende Traum eines dissozialen Patienten:

»Ich war mit meinen Eltern an einem Fluß. Es war schönes Wetter. Ich hatte mit meiner Mutter Karten gespielt und wollte gerne mit dem Vater weiterspielen. Der aber wollte nur mit der Mutter spielen, nicht mit mir. Ich fand das sehr gemein und geriet in solche Wut, daß ich mit den Fäusten auf ihn losschlug. Ihm machte das aber gar nichts, sondern er lachte mich nur aus. Dann schwebte ich plötzlich hoch oben in der Luft. Das war wunderbar. Ich flog durch ein Fenster in ein Haus, in eine Halle. Dort lag mein Vater in einem goldenen Sarg. Ich schlug wieder, diesmal zwei Mal, mit der Faust auf ihn ein. Und wieder lachte er nur höhnisch. Ich klappte den Deckel des Sarges zu und schraubte noch ein Luftloch, das am Deckel war, fest zu. Der Vater lachte mich aber immer weiter aus. Da kamen plötzlich mehrere Männer und ein Polizist mit einem Hund. Die Männer zeigten auf mich und riefen: ›Dort ist er. Faßt ihn!‹ Da hatte ich keine Chance mehr und mußte mich ergeben.«

Der Patient versucht im Mittelteil dieses Traums offensichtlich die sich im ersten Traumabschnitt manifestierende narzißtische Wunde restitutiv zu bewältigen und zieht sich auf das Größen-Selbst (fliegen) zurück, um dann jedoch im letzten Traumabschnitt um so schmerzlicher mit der Tatsache der eigenen Ohnmacht konfrontiert zu werden. Abgesehen von der narzißtischen Problematik und dem Restitutionsversuch, zeigt sich in diesem Traum auch das bei dissozialen Männern häufig beobachtbare Phänomen, daß – aufgrund mangelhafter Abgrenzung und Individuation – die ödipale Phantasie einer Beseitigung des Vaters eng assoziiert ist mit der Vorstellung einer Bedrohung der eigenen Existenz (vgl. Singer 1979). Neben Insuffizienzgefühlen und Grandiositätsvorstellungen stellt die *Abhängigkeit von narzißtischer Gratifikation durch die Umwelt* ein weiteres zentrales Merkmal vieler dissozialer Menschen dar. In geradezu süchtiger Weise sind sie von der Zuwendung ihrer Umgebung abhängig. Selbst eine geringfügige Kritik oder auch nur eine vermeintliche Mißachtung ihrer Person lösen bei ihnen schwere Selbstwertkrisen und zum Teil Ausbrüche massiver Aggressivität aus. Die sich dabei manifestierende Frustrationsintoleranz führt dann zu vielfältigen sozialen Komplikationen wie Tätlichkeiten gegen den Urheber der Kränkung, Abbrechen einer Beziehung, Fortlaufen aus einer kränkenden Situation und so weiter.

Eindrücklich zeigte sich diese Abhängigkeit von narzißtischer Bestätigung durch die Umwelt und das Ausmaß der Kränkbarkeit bei einem dissozialen Mann, der berichtete, daß er durch das Verhalten eines ihm nur flüchtig bekannten Mannes völlig verunsichert worden sei. Er habe diesen Mann zum zweiten Mal in einer Wirtschaft getroffen. Bei ihrem ersten Zusammentreffen hätten sie mit anderen Gästen zusammen zufällig am gleichen Tisch gesessen und hätten sich eine kurze Zeit miteinander unterhalten. Heute sei dieser Mann nun wieder in die Kneipe gekomen, in der der Patient bereits gesessen habe. Er habe sich aber – entgegen der Erwartung des Patienten – nicht zu ihm an den Tisch gesetzt, sondern einen anderen Tisch gewählt. Der Patient geriet wegen dieses Vorfalls in eine schwere Selbstwertkrise, da er das Verhalten des anderen Gastes als Hinweis darauf interpretierte, dieser verachte ihn. Das Gefühl der Kränkung ließ im Patienten schwere narzißtische Wutgefühle auftauchen. Er erinnerte sich allerdings an unsere Gespräche über ähnliche Situationen und hatte mich in dieser Phase der Therapie bereits so weit als Hilfs-Ich und wohl auch als Verstärkung seines Selbst verinnerlicht, daß er auf eine unmittelbare Äußerung seiner Wutimpulse verzichten konnte. Die vermeintliche Versagung narzißtischer Gratifikation stürzte ihn durch einen ihm nur flüchtig bekannten Mann in erhebliche Selbstwertzweifel, hinter denen er erst nach gründlicher therapeutischer Durcharbeitung dieser Situation seine eigenen Selbstunwertgefühle und Selbstentwertungstendenzen erkennen konnte.

Die große Abhängigkeit des Dissozialen von narzißtischer Bestätigung durch die Umwelt zeigt sich auch in seinem Verhalten nahen Bezugspersonen gegenüber. Es fällt diesen Menschen häufig nicht schwer, Kontakte zu anderen anzuknüpfen. Die Beziehungen werden aber von Anfang an überladen mit Erwartungen hinsichtlich *narzißtischer Bestätigung* und *passiv-oralen Versorgtwerdens.* Fast stereotyp zieht sich durch die Lebensschilderungen dissozialer Menschen der Hinweis, sie seien immer wieder auf Partner gestoßen, von denen sie enttäuscht worden seien.

So berichtete ein Patient, daß er eine Zeitlang mit einer Prostituierten zusammengelebt habe, der er volles Vertrauen entgegengebracht habe. Sie hingegen habe sein Vertrauen mißbraucht und habe ihn hintergangen, indem sie während einer längeren Abwesenheit von ihm mit Hilfe seiner Checkkarte kostspielige Einkäufe getätigt habe, für die er später habe aufkommen müssen. Bei einem ausführlichen Gespräch über diese Beziehung ergab sich, daß der Patient von dieser Frau in völlig unrealistischer Weise mütterliche Umsorgung und ein empathisches Wahrnehmen seiner narzißtischen Bedürftigkeit erwartet hatte. Zugleich aber hatte er eine Partnerin gewählt, die eine Enttäuschung dieser Erwartungen geradezu »garantierte«. Auch in anderen Beziehungen ließ sich dieses Verhaltensmuster bei ihm immer wieder feststellen. So kam es stets von neuem zu der von ihm gefürchteten und doch gesuchten Situation, in der er sich in extremer Weise von seinen Bezugspersonen abhängig machte. Zugleich aber war ihm die von Anfang an in der Beziehung angelegte Enttäuschung auch Vorwand dafür, vor einer tiefergehenden Beziehung auszuweichen.

Der Konflikt zwischen großen Fusionswünschen einerseits und der Angst vor dem dabei drohenden Verlust jeglicher Eigenständigkeit andererseits kennzeichnet die Partnerschaften vieler dissozialer Menschen. Immer wieder führen sie die gleiche Situation herbei: Mit überhöhten, oft völlig unrealistischen Erwartungen gehen sie Beziehungen zu Partnerinnen und Partnern ein, die gar nicht in der Lage sind, die Forderungen des Patienten zu erfüllen. Zutiefst enttäuscht und gekränkt ziehen sie sich daraufhin zurück, um sich oft ganz unvermittelt einem neuen Partner mit wieder den gleichen illusionären Ansprüchen zuzuwenden. So entsteht eine verhängnisvolle Spirale von Anklammerungsversuchen und Enttäuschungen, in der immer wieder von neuem die traumatische frühkindliche Situation agierend durchlebt wird.

Auch die Beziehung zu Therapeutinnen und Therapeuten folgt

über weite Strecken diesem Übertragungsmuster. Ein Kernkonflikt solcher Menschen besteht häufig in der Ambivalenz zwischen dem Wunsch nach einer totalen Verschmelzung mit einem idealisierten Objekt und der Angst vor eben dieser Situation. Dementsprechend manifestieren sich in der Behandlung dissozialer Patienten die beiden von Rivière (1936) und Rosenfeld (1964) beschriebenen Übertragungsdispositionen: Diese Menschen sind wegen ihrer ausgeprägten Aggression und ihrer abgewehrten und doch stets gegenwärtigen unbewußten Schuldgefühle nicht imstande, eine Abhängigkeitsbeziehung zum Therapeuten auszuhalten. Zum anderen ertragen sie Abhängigkeiten nicht, weil sie sich von den Menschen (in der Übertragung: von den Therapeuten), deren Zuwendung sie in oral-sadistischer Weise suchen, verfolgt fühlen. Die Tragik des dissozialen Menschen liegt darin, daß er das, wonach er sich am meisten sehnt, nicht zu ertragen vermag.

Kennzeichnend für die narzißtische Problematik dieser Menschen ist ihre nur geringe Frustrationstoleranz, das heißt, ihre erhöhte Kränkbarkeit, und als Reaktion darauf Ausbrüche narzißtischer Wut. Mitunter bewegen sich die Patienten in solchen Situationen auf einem schmalen Grat zwischen Selbst- und Fremdtötung.

Eine solche psychodynamische Situation lag im Fall einer jungen dissozialen Frau vor. Sie hatte in einer symbiotischen Beziehung mit einem jungen Manne gelebt. Er hatte sich schon bald durch ihre große orale Anspruchlichkeit und ihre völlige Abhängigkeit von Gratifikationen seinerseits überfordert gefühlt und hatte sich von ihr zu trennen gewünscht. Diese Absicht hatte dazu geführt, daß sie sich um so mehr an ihn zu klammern versuchte. Sie, die sonst skrupulös war, war sogar soweit gegangen, in betrügerischer Absicht große Anschaffungen zu tätigen, nur um für den Freund eine Wohnung einzurichten, die seinen Wünschen ganz entspreche. Außerdem hatte sie mehrere Suizidversuche unternommen und hatte sich schließlich von ihm schwängern lassen, in der Hoffnung, ihn durch ein gemeinsames Kind zu einer dauerhaften Bindung veranlassen zu können. Als sich auch diese Versuche, den Freund zu halten, als erfolglos erwiesen hatten und er immer noch eine Trennung wünschte, tötete sie ihn mit mehreren Messerstichen.

Diese Tat hatte zumindest drei aus der narzißtischen Problematik dieser Frau resultierende Motive: Zum einen stellte der Trennungswunsch des Freundes für sie eine empfindliche narzißtische Kränkung dar, auf die sie mit einem Ausbruch chaotischer Wut reagierte, nachdem alle anderen Versuche fehlgeschlagen waren. Zum anderen konnte sie es nicht ertragen, den für ihr Selbstwertgefühl so wichtigen Mann getrennt von sich zu sehen. Der getötete Mann ermöglichte ihr immerhin noch eher als der Lebende und sich von ihr Abwendende die Illusion einer narzißtischen Fusion (wobei diese Gefühle durch die Schwangerschaft mit einem Kind von ihm noch verstärkt wurden). Zum dritten erlebte die Frau ihre extreme Abhängigkeit von ihrem Freund so quälend, daß sie schließlich nur noch die Möglichkeit sah, dieses Selbstobjekt durch den Mord gleichsam aus sich herauszureißen. Das ehemals Selbstwert und narzißtische Gratifikation spendende Objekt war für sie intrapsychisch zum bösen Verfolger geworden, aus dessen Umklammerung sie sich nur durch einen Akt hilfloser, verzweifelter Wut und Destruktion befreien zu können glaubte.

Es ist für solche Menschen charakteristisch, daß sie das Erkennen und Anerkennen einer Trennung von Selbst und Objekt durch archaische Mechanismen wie projektive und introjektive Identifikation unter allen Umständen abzuwehren suchen. Kann diese Abwehr aber nicht mehr aufrechterhalten werden, so erleben sie quälend ihre Abhängigkeit von den Bezugspersonen, und es tauchen heftige Neidgefühle den idealisierten Objekten gegenüber auf. »Aggressivität gegen Objekte erscheint daher unvermeidbar, wenn die narzißtische Position aufgegeben wird. Es scheint, daß die Stärke und das Weiterbestehen omnipotenter narzißtischer Objektbeziehungen in enger Beziehung zu der Stärke der neidisch-destruktiven Impulse stehen« (Rosenfeld 1971). Nach Schorsch und Becker (1977) kann es in Situationen, in denen die aus unintegrierten »bösen« Objekt-Imagines stammende destruktive Dynamik zu intensiv wird, zu einem Zusammenbruch der Abwehr und in deren Gefolge zu sadistischen Tötungshandlungen kommen.

Die aus den narzißtischen Quellen stammenden illusionären Erwartungen und die höchst ambivalent erlebten Fusionstendenzen dissozialer Menschen konstellieren sich besonders deutlich in therapeutischen Beziehungen. Bereits in der ablehnenden Haltung, die viele dissoziale Patienten einer Therapie gegenüber einnehmen, liegt – zumindest hintergründig – ein ungeheurer Anspruch, der sich etwa folgendermaßen formulieren läßt:»Ich bin so oft enttäuscht und gekränkt worden, daß ich es ablehne, eine Beziehung zu einem anderen Menschen aufzunehmen. Wenn der andere es wirklich ernst mit mir meinen sollte, dann kann ich auch von ihm erwarten, daß er mir dies beweist, indem er sich um mich bemüht, selbst wenn ich ihn immer wieder zurückstoße.«

Eine solche unbewußte psychodynamische Formel des Patienten (in der sich recht genau seine frühkindliche Situation widerspiegelt) konstelliert die Übertragungs- und Gegenübertragungsdynamik in einer Therapie in ganz spezifischer Weise: Lässt sich der dissoziale Patient auf eine therapeutische Beziehung ein, so kommt es häufig zunächst zur Ausbildung einer *idealisierenden Übertragung*. Das heißt: Es entwickelt sich in der Therapie ein Zustand,»in dem die Psyche, nachdem sie eine Störung des Gleichgewichts des primären Narzißmus erleiden mußte, einen Teil des verlorenen Erlebens der umfassenden narzißtischen Vollkommenheit dadurch zu retten versucht, daß sie diese einem archaischen, rudimentären (Übergangs-)Selbstobjekt zuschreibt, der idealisierten Eltern-Imago« (Kohut 1973). Alle Vollkommenheit und Stärke werden bei der idealisierenden Übertragung vom Patienten dem Therapeuten als dem idealisierten Objekt beigemessen, und der Patient fühlt sich leer und machtlos, wenn es ihm nicht gelingt, durch eine Fusion mit dem Therapeuten an der ihm zugeschriebenen Macht und Stärke teilzuhaben. Nur in der Beziehung zum idealisierten Objekt kann er ein »ozeanisches Gefühl«, das »Gefühl der unauflösbaren Verbundenheit, der Zusammengehörigkeit mit dem Ganzen der Außenwelt« (Argelander 1971) erleben.

Eine weitere, durch die narzißtische Störung vieler dissozialer Menschen bedingte Übertragungskonstellation besteht in der *Wiederbelebung des Größenselbst* (Kohut 1973). Die archaischste Form stellt die »Verschmelzung durch Erweiterung des Größenselbst« dar. Der Patient geht mit dem Therapeuten eine symbiotische Beziehung ein, wobei nach Kohut diese Übertragungsform vom Größenselbst herrührt,»das zuerst regressiv seine Grenzen verwischt, um den Analytiker miteinzuschließen, und das dann, wenn diese Erweiterung seiner Grenzen erreicht ist, die relative

Sicherheit dieser neuen, umfassenden Struktur für die Erfüllung gewisser therapeutischer Aufgaben benützt«. Von einem Patienten, der eine solche Beziehung zum Therapeuten entwickelt, wird der Behandelnde zwar in stärkerem Maß als bei der idealisierenden Übertragung als eine andere, vom Patienten getrennte Person erlebt. Der Therapeut ist aber für den Betreffenden nur insoweit von Bedeutung, als er Träger der Größenphantasien und des Exhibitionismus des Größenselbst des Patienten ist. Daraus resultieren die bei dissozialen Menschen oft ausgeprägten manipulativen, ausbeuterischen Tendenzen, die darauf hinweisen, daß wir es bei ihnen nicht mit objektalen, sondern mit narzißtisch-funktionalen Beziehungsmustern zu tun haben.

Bei einer anderen Form der Reaktivierung des Größenselbst, der »Alter-ego-« oder »Zwillingsübertragung«, wird der Therapeut als narzißtisch besetztes Objekt als dem Größenselbst gleich oder ähnlich erlebt. Eindrücklich zeigte sich eine solche Alter-ego-Beziehung in der Behandlung eines zwölfjährigen Knaben mit schwerwiegender Verhaltensstörung. Der Patient erfand in einer Therapiestunde folgende Geschichte:

»Asmvaun (ein dem Namen des Knaben ähnlich tönender Phantasiename) ist ein Forscher, der mit einem U-Boot, tief unter dem Meer, lange vor Kolumbus nach Amerika fährt und die braunen Menschen erforscht (während dieses Berichts malte der Patient einen Mann, wobei er mich immer wieder prüfend anschaute und ich ihm, wie die Zeichnung erkennen ließ, offensichtlich als Modell diente). Asmvaun hat noch einen Freund, Astvaun, den er mitnimmt (der Patient malte eine Kindergestalt). Die beiden fahren mit einem raketenschnellen U-Boot nach Amerika. Sie rauben viele Schätze von Piratenschiffen und bringen alles in ihr Haus. Dort leben sie glücklich zusammen.«

Viele der Verhaltensauffälligkeiten, die durch die narzißtische Störung der dissozialen Menschen bedingt sind, erweisen sich sozial als äußerst störend und wirken sich sehr belastend auf ihre Beziehungen aus. Auch therapeutisch stellen diese Patientinnen und Patienten uns vor große Probleme, vor allem wenn die narzißtische Störung zu einer Borderline-Organisation der Persönlichkeit mit tiefem Funktionsniveau hinzukommt. Wir haben es dann mit antisozialen Persönlichkeiten zu tun, deren Prognose von vielen Psychotherapeuten, nicht zuletzt auch von Kernberg (1989), als sehr schlecht eingeschätzt wird. Diese negative Einstellung reflektiert nach meiner Erfahrung indes nur teilweise die tatsächlichen Schwierigkeiten, vor die diese Patienten uns stellen. Zu einem erheblichen Teil stellt die ablehnende Haltung eine negative Gegenübertragungsreaktion auf die Persönlichkeitsausformung dar, wie wir sie bei dissozialen Menschen in spezifischer Weise als Ausdruck ihres pathologischen Größenselbst in Form eines grandiosen Gebarens, ausbeuterischer Beziehungen und mitunter extremer manipulativer Tendenzen finden.

Nach meiner Erfahrung läßt sich diese negative Gegenübertragung am ehesten dadurch auflösen, daß wir uns immer wieder vergegenwärtigen, daß selbst die störendsten, provokativsten und »skrupellos« wirkenden Verhaltensweisen für diese Menschen *Überlebensstrategien* darstellen, die es ihnen ermöglicht haben, in einer inneren und äußeren Welt zu überleben, an der sie ohne diese Strategien zerbrochen wären. Derartige theoretische Erwägungen schützen uns wenigstens zum Teil davor, diese Verhaltensweisen moralisierend zu beurteilen und damit in der Gegenübertragung in die Über-Ich-Position zu treten, in die der dissoziale Mensch uns immer wieder zu drängen versucht, indem er seine sadistischen Über-Ich-Strebungen auf uns projiziert, sich damit von ihnen entlastet und dann gegen uns als externalisiertes Über-Ich einen verzweifelten Kampf führt. Die Gefahr, in eine solche Übertragungs-Gegenübertragungs-Konstellation zu geraten, ist angesichts der narzißtischen Störung vieler dissozialer Patientinnen und Patienten sehr groß und bedarf deshalb der besonderen Beachtung (vgl. auch das Kapitel »Spezifische Übertragungs- und Gegenübertragungsprozesse«, S. 152 ff.).

Spezifische therapeutische Probleme

Im folgenden möchte ich auf einige Merkmale eingehen, die bei einer phänomenologischen Betrachtung von dissozialen Menschen und bei ihrer Interaktion mit Therapeutinnen und Therapeuten auffallen und wesentlich zu der von therapeutischer Seite oft geäußerten skeptischen Haltung beitragen. Dabei soll deutlich werden, daß es sich hierbei nicht nur um Patientenmerkmale handelt, sondern daß es auch Phänomene sind, die zum Teil stark durch die Interaktion zwischen Patienten und Therapeuten bestimmt werden.

Die Behandlungsmotivation

Unabhängig davon, ob der Psychotherapeut eine psychoanalytische, kognitiv-behaviorale, gesprächspsychotherapeutische oder eine andere Richtung vertritt, sieht er sich doch im allgemeinen Patientinnen und Patienten gegenüber, die eine Behandlungsmotivation besitzen und zum Ausdruck zu bringen vermögen. Völlig andersartige Bedingungen finden wir jedoch häufig beim Zusammentreffen mit dissozialen Menschen. Bei ihnen besteht eine Behandlungsmotivation der üblichen Art nur ausgesprochen selten. Entweder präsentieren sie eine von passiven Erwartungen getragene übergefügige Haltung, etwa im Sinne von »Machen Sie mit mir, was Sie wollen, ich bin mit allem einverstanden«, oder sie äußern unverhohlen ihre Ablehnung gegenüber jeglicher Art von Behandlung. Hinzu kommt häufig eine für Psychotherapien ungewöhnliche Rahmenbedingung, nämlich die Tatsache, daß die Behandlung nicht auf eigenen Wunsch der Patienten aufgenommen wird, sondern eine vom Gericht angeordnete Maßnahme darstellt. Im Hinblick auf das Kriterium der Behandlungsmotivation bedeutet dies, daß der Psychotherapeut mit einem Patienten konfrontiert ist, der gerade nicht die Voraussetzung mitbringt, die bei anderen Patienten einen wichtigen Motor für die Therapie darstellt.

Angesichts dieser Situation erscheint es wichtig, zwei Fragen genauer zu untersuchen: Zum einen gilt es, zu reflektieren, wie wir unter psychoanalytischem Aspekt die mangelnde Behandlungsmotivation *verstehen* können. Zum anderen muß geprüft werden, welche *Konsequenzen* sich aus dem Fehlen von Motivation für den therapeutischen Umgang mit diesen Patientinnen und Patienten ergeben. Hinter dem Phänomen »mangelnde Behandlungsmotivation« steht zumeist nicht ein einzelnes Motiv, sondern es ist mehrfach determiniert. Im folgenden soll auf die wichtigsten Aspekte eingegangen werden.

Bei dissozialen Menschen mit schweren Persönlichkeitsstörungen vom Borderline-Typ besteht (wie bei der Entwicklungstheorie weiter oben ausgeführt) oft eine ausgesprochene *Ambivalenz gegenüber intensiven Beziehungen*. Einerseits ruft eine Situation, in der Abhängigkeit erlebt wird, ungeheure Ängste hervor. Andererseits wird sie aber auch als symbiotische Beziehung ersehnt. Viele dieser Menschen leben im Hinblick auf soziale Beziehungen in einem »Sehnsucht-Angst-Dilemma« (Burnham 1969). Aufgrund dieser psychodynamischen Situation ist es verständlich, daß sie auch der mit einer Psychotherapie angebotenen intensiven Beziehung höchst ambivalent gegenüberstehen. Sie empfinden die hier entstehende Nähe nicht als positive, sie stützende Zuwendung, sondern als fundamentale Verunsicherung, die sie infolge des erwähnten Sehnsucht-Angst-Dilemmas in massive innere Konflikte stürzt.

Eine weitere psychodynamische Wurzel der mangelnden Behandlungsmotivation liegt in der Tatsache, daß die *Selbst- und Objektbilder* bei dissozialen Menschen häufig stark *aggressiv besetzt* sind. Wie Blanck und Blanck (1978) mit Recht betonen, fehlt dem »unmotivierten« Patienten nicht unbedingt der Wunsch, sich besser zu fühlen. Der Mangel an Motivation hat vielmehr mit negativen (aggressiven) Internalisierungen zu tun, die auf Verzerrungen und Versagungen in frühen Entwicklungsphasen basieren. Diese verhindern eine optimistische Antizipation und das Verständnis der therapeutischen Erfahrung als einer dyadischen Wechselbeziehung, die günstige Möglichkeiten versprechen könnte. Wegen der stark aggressiven Besetzung der Selbst- und Objektrepräsentanzen stehen solche Patienten unter der zum Teil massiven Angst vor Verletzungen ihrer selbst und des Therapeuten. Die dissozialen Menschen mit einer Borderline-Struktur sind insofern in einer besonders schwierigen Situation, als die aggressive Besetzung ihrer Selbst- und Objektrepräsentanzen nicht, wie bei den Neurosekranken, ein rein innerseelisches, sich lediglich im Phantasiebereich manifestierendes Problem ist, sondern sie haben in der sozialen Realität vielfach die verheerenden Folgen der Aggressivität als Opfer wie als Täter erlebt.

Diese Angst vor eigenem destruktivem Verhalten, das sich entweder gegen den Therapeuten oder gegen sich selbst richten könnte, zeigt sich beispielsweise in der folgenden Situation: In einer frühen Phase seiner Therapie erschien ein dissozialer Patient einmal nicht zu einer Sitzung. In der nächsten Stunde berichtete er mir dann, er sei an diesem Tag so gereizt und voller Aggressivität gewesen, daß er befürchtet habe, er könne durch eine geringfügige Äußerung meinerseits so gekränkt sein, daß er entweder tätlich gegen mich geworden oder voller Wut davongelaufen wäre. In jedem Fall wäre die Konsequenz eines solchen Verhaltens für ihn gewesen, nie mehr zur Therapie zu kommen. Um es nicht dazu kommen zu lassen, sei er der vergangenen Sitzung ferngeblieben.

Ein anderes psychodynamisches Motiv für die fehlende Motivation ist oft die Angst, daß in der Behandlung die *Wunden früherer traumatisch erlebter Beziehungserfahrungen* wieder aufgerissen werden. Außerdem besteht die Angst, ohne die »bösen Introjekte« dem Gefühl innerer Leere und der Dekompensation ausgeliefert zu sein. Von daher ist es auch zu verstehen, daß das Angebot einer besseren Beziehungserfahrung, wie eine Therapie sie bieten könnte, von diesen Patienten keineswegs als entlastend, sondern im Gegenteil als bedrohlich erlebt wird, da sie ihre negative Identität in Frage stellt und damit zu einer massiven Verunsicherung führt.

Aufgrund der erheblichen *narzißtischen Störungsanteile* dieser Patienten stellt ein Behandlungsangebot für sie eine schwere narzißtische Kränkung dar. Es ist ihnen oft unmöglich, auf ein solches Angebot einzugehen, da dies von ihnen als Eingeständnis ihrer Insuffizienz und Ohnmacht erlebt würde. In ihrer Kindheit befanden sich viele dieser Menschen – real – in traumatisierenden Situationen, denen sie hilflos ausgeliefert waren. Im späteren Leben ist es deshalb ihr Bestreben, derartige schmerzliche, ihr ohnehin gestörtes narzißtisches Gleichgewicht noch weiter unterhöhlende Erfahrungen um jeden Preis zu vermeiden. Hinzu kommt, daß diese meist narzißtisch gestörten Patienten ausgeprägte Manipulationstendenzen aufweisen, die sich unter anderem in ausbeuterischen, funktionalisierenden Beziehungen manifestieren. Aufgrund dieser aus ihrem pathologischen Größenselbst resultierenden Dynamik sind sie nur in begrenztem Maß fähig, sich auf eine therapeutische Beziehung einzulassen und damit eine gewisse Verbindlichkeit einzugehen.

Ferner ist zu berücksichtigen, daß hinter dem Fehlen einer Behandlungsmotivation und der mitunter sogar ausdrücklichen Ablehnung jeglicher Therapie völlig gegensätzliche Wünsche stehen können. Das diesen Patienten selbst oft unbewußte Ziel eines solchen Verhaltens ist etwa, den Therapeuten auf seine Verläßlichkeit und Tragfähigkeit zu prüfen. Die hinter der mangelnden Motivation stehende Frage lautet in diesem Fall: »Ist der Therapeut bereit, sich für mich zu engagieren, selbst wenn ich ihn permanent zurückstoße?« Neben dem *Mißtrauen*, das einer solchen Haltung zugrunde liegt, spielen hier auch *manipulative Tendenzen*, *Grandiositätsvorstellungen* und *ungeheure Ansprüche* der Patienten eine wesentliche Rolle (so etwa die Erwartung, der Therapeut müsse eine schier unendliche Geduld besitzen und auf jegliche Bedingung eingehen, die der Patient ihm diktiert).

Die sozialen Beziehungen von dissozialen Menschen mit schweren Persönlichkeitsstörungen zeichnen sich im allgemeinen durch eine große Instabilität und die beschriebene narzißtische Beziehungsqualität aus. Angesichts dieses Kommunikationsstils, der sich im Verlauf der Zeit immer mehr verfestigt, ist es nicht verwunderlich, daß auch die Beziehung zu einem Therapeuten einem solchen Muster folgt und der Kontakt zu ihm oft abrupt abgebrochen wird, sobald er nicht mehr die von ihm erwartete Funktion erfüllt. Das Eingehen einer verbindlichen, auf längere Zeit hin angelegten Beziehung zum Therapeuten widerspricht völlig der inneren Situation und dem bisherigen Lebensstil dieser Patienten.

Bei Behandlungen, die im Rahmen von Institutionen durchgeführt werden, sind auch gruppendynamische Prozesse zu berücksichtigen. Diese können beispielsweise dazu führen, daß der einzelne Patient fürchtet, ein allzu offenkundiges Interesse an einer Therapie könne von den Mitpatienten oder auch vom Personal als Zeichen der Schwäche interpretiert werden. Um des sozialen Prestiges willen und zum Schutz vor narzißtischen Kränkungen muß er sich deshalb allen Therapieangeboten gegenüber ablehnend verhalten.

Die genannten Ursachen einer Ablehnung der Behandlung lassen sich im Einzelfall sicher noch durch weitere Motive ergänzen. Es dürfte jedoch deutlich geworden sein, daß es eine unzulässige Vereinfachung wäre, bei dissozialen Patientinnen und Patienten in vordergründiger Weise lediglich das Fehlen von Motivation zur Kenntnis zu nehmen und sich nicht auch Gedanken über die Hintergründe zu machen. Erst bei Berücksichtigung der psychodynamischen Wurzeln ist es für den Psychotherapeuten möglich, in einer dem Patienten angemessenen Weise auf dessen ablehnendes Verhalten einzugehen und darauf in Form des *»fördernden Dialogs«* (Leber 1988) zu reagieren. Dies bedeutet nicht, daß der Patient auf eine besonders raffinierte Weise gegen seinen Willen in eine Behandlung »hineingezogen« würde. Eine solche Manipulation seitens des Therapeuten wäre nicht nur untherapeutisch, sondern auch unethisch, da die Autonomie und Entscheidungsfreiheit des Patienten nicht respektiert würden. Umgekehrt ist es aber ebenso fragwürdig, einem Menschen, der dringend psychotherapeutischer Hilfe bedarf, keine Behandlung zuteil werden zu lassen, nur weil er nicht in der Lage ist, in einer uns verständlichen Weise seinen Wunsch nach einer Psychotherapie zum Ausdruck zu bringen. Wir sollten als psychoanalytisch arbeitende Therapeutinnen und Therapeuten die Herausforderung annehmen, mit der uns gerade diese Patientengruppe konfrontiert, und das traditionelle Motivationskonzept kritisch hinterfragen.

Das Fazit aus der geschilderten Situation heißt für mich beim Zusammentreffen mit solchen Patientinnen und Patienten, bei ihnen keine eigene (zumindest keine sichtbare) Behandlungsmotivation zu erwarten, mich auf das jeweils vom Patienten gewählte »Eröffnungsmanöver« (Blanck et al. 1978) einzulassen, dabei meine Interaktion mit Hilfe des Lorenzerschen Konzepts des »szenischen Verstehens« (1973, 1983) zu untersuchen und die *Schaffung eines Arbeitsbündnisses* nicht als Voraussetzung, sondern als ein erstes – wichtiges – Teilziel der Therapie zu betrachten. Ein derartiger Ansatz wird der inneren Situation solcher Patienten meines Erachtens viel eher gerecht als hochgesteckte Erwartungen an eine primär bestehende Mitarbeitbereitschaft und führt zu einem entspannteren Klima in der Behandlung.

Unschwer läßt sich hier erkennen, daß es bei der Frage der Motivation nicht nur – vielleicht nicht einmal in erster Linie – um die Haltung des Patienten geht. Von ausschlaggebender Bedeutung ist vielmehr auch, ob wir uns als Therapeuten durch die Ablehnung von seiten des Patienten narzißtisch gekränkt fühlen und ihm eine Behandlung verweigern oder ob wir sein Verhalten als Ausdruck seiner inneren Konflikte verstehen und darauf in einer Art reagieren, die den Patienten spüren läßt, daß wir seine Not erkannt haben und ihm durch unsere »Antwort« (d. h. unsere verbalen Äußerungen ebenso wie durch unser Verhalten) neue Entwicklungsmöglichkeiten aufzeigen.

Inszenierung innerer Konflikte in der Außenwelt

Bei meinen entwicklungspsychologischen Ausführungen habe ich unter anderem bereits auf die mangelhafte Angst- und Spannungstoleranz vieler dissozialer Menschen und ihre daraus resultierende Neigung zu impulsivem und delinquentem Verhalten hingewiesen. Es ist charakteristisch für diese Patientinnen und Patienten, daß sie ihre inneren Konflikte in selbst- und fremddestruktiver Weise in der Außenwelt inszenieren und sich damit immer tiefer in soziale Konflikte verstricken. Außerdem wirkt gerade diese Neigung zum

Agieren auf Psychotherapeuten im allgemeinen ausgesprochen abschreckend. Dabei ist indes zu bedenken, daß derartige Beurteilungen zwar zweifellos die tatsächlich bestehenden Schwierigkeiten reflektieren, mit denen viele dissoziale Menschen uns durch ihre Neigung zur *Externalisierung* innerer Konflikte konfrontieren. Zugleich spricht aus solchen ablehnenden Stellungnahmen aber auch die negative Gegenübertragung, die diese Patienten häufig in den Therapeuten auslösen. Ein konstruktiver Umgang mit diesen Verhaltensweisen ist erst dann möglich, wenn wir die Externalisierungstendenzen, wie alle anderen Symptome auch, auf ihre hintergründige Dynamik untersuchen.

Grundsätzlich erscheint es mir wichtig, daß wir uns darüber klar sind, daß das Inszenieren innerer Konflikte in der Außenwelt nicht lediglich die Folge mangelnder Triebsteuerung und insuffizienter Kontrollfunktionen darstellt. Es sind vielmehr *Erhaltungsmechanismen* (M. Mahler 1972), die den Patienten in schwierigsten lebensgeschichtlichen Situationen als *Überlebensstrategien* gedient haben. Sie erfüllen vielfältige Schutz-, Ausdrucks- und Kompensationsfunktionen. Es gilt, sie trotz ihres zum Teil ausgesprochen provokativen Charakters im Sinne des szenischen Verstehens (Lorenzer 1983) als Mitteilung an uns zu dechiffrieren und im »fördernden Dialog« (Leber 1988) therapeutisch in konstruktiver Weise zu beantworten.

In Krisensituationen und bei emotional besonders instabilen Patientinnen und Patienten kann es notwendig sein, die Psychotherapie durch die Gabe von *Psychopharmaka* zu unterstützen (Dulz u. Schneider 1995). Wie bei jeder Einführung eines »Parameters« (Eissler 1953) in die psychoanalytische Behandlungstechnik muß der Therapeut auch bei der Verabreichung eines Pharmakons gründlich die Konsequenzen eines solchen Vorgehens reflektieren. Nach den bisherigen Erfahrungen mit Therapien dissozialer Menschen scheint bei ihnen, wie bei Borderline-Patienten und Psychotikern, eine Kombination von Psycho- und Pharmakotherapie mitunter durchaus indiziert zu sein. Das Ziel eines solchen Vorgehens ist, mit Hilfe des Medikaments die Impuls-, Angst- und Aggressionskontrolle zu stärken, damit das impulsive Handeln zu limitieren und dem Patienten einen Zuwachs an selbstbeobachtenden und verhaltenskontrollierenden Ich-Funktionen zu ermöglichen (Azima 1959). Hinzu kommt, daß ein vom Psychotherapeuten verabreichtes Pharmakon auch eine wichtige *symbolische Funktion* besitzt, etwa als ein vom Patienten dringend benötigtes gutes inneres Objekt oder als ein Übergangsobjekt im Sinne Winnicotts (1969). Bei schweren Beziehungsstörungen kann das Medikament die Herstellung einer »anaklitisch-diatrophischen Gleichung« (Gitelson 1962; Spitz 1961), einer »milden, unanstößigen und nicht-neurotischen Übertragung« (Loch 1965) fördern und auf diese Weise zu Gefühlen von Sicherheit und Vertrauen führen, die eine wichtige Voraussetzung für den Fortgang der Therapie darstellen.

Allerdings haben Neuroleptika nicht immer nur einen ich-stabilisierenden Effekt. Steiner und Mitarbeiter (1979) berichten von Borderline-Patienten, bei denen durch das Neuroleptikum im Gegenteil sogar psychotische Episoden ausgelöst worden seien. Die Autoren führen diese paradoxe Reaktion, die nicht als ein akuter exogener Reaktionstyp verstanden werden kann, darauf zurück, daß die betreffenden Patienten durch das Neuroleptikum ihrer bisherigen (pathologischen) Verarbeitungsmechanismen beraubt und damit in ihrem psychischen Gleichgewicht erheblich gestört worden seien. Hinzu kommt allerdings der Umstand, wie der Arbeit von Steiner und Mitarbeitern (1979) zu entnehmen ist, daß von diesen Patienten der Übergang von einer Psychotherapie zu einer ausschließlich pharmakologischen Behandlung traumatisierend erlebt werden kann. Die psychotische Episode kann unter diesem Aspekt als Reaktion auf das Erleben von Verlassenwerden durch den Psychotherapeuten verstanden werden. Als günstiger erweisen sich im allgemeinen Antidepressiva und gelegentliche Gaben von Tranquilizern. Bei den letzteren ist jedoch darauf zu achten, daß keine Medikamente mit starker Suchtgefährdung (vor allem keine Tranquilizer mit geringer Halbwertzeit) verordnet werden, da dissoziale Menschen mit schweren Persönlichkeitsstörungen in erheblichem Maß suchtgefährdet sind.

Es ist selbstverständlich nicht möglich, allgemeinverbindliche Empfehlungen für den Umgang mit den Externalisierungstendenzen dieser Patienten zu geben. Zwei Dinge sind jedoch wichtig: Zum einen ist jeweils zu eruieren, welches die psychodynamischen und persönlichkeitsstrukturellen Hintergründe des impulsiven, »agierenden« Verhaltens sind, wie ich sie im Kapitel über ich-strukturelle Besonderheiten (S. 60 ff.) dargestellt habe. Zum anderen kommt es aber auch darauf an, klare Grenzen zu setzen. Dabei bedeutet Grenzsetzung im Rahmen einer psychoanalytisch orientierten Psychotherapie für mich nicht, daß ich einschneidende Maßnahmen anordne und der Patient sich in der ohnmächtigen Position des zu einem bestimmten Verhalten gezwungenen Opfers fühlt. Ein solches Vorgehen erscheint mir gerade bei diesen in ihrer Autonomieentwicklung gestörten Patienten kontraindiziert, weil es ihre ohnehin brüchige Autonomie noch weiter unterhöhlte und eine neue narzißtische Verletzung bedeutete. Außerdem würden drastische »Strafmaßnahmen« die Gefahr einer sadomasochistischen Übertragungs-Gegenübertragungs-Konstellation massiv erhöhen und die negative Selbstidentität der Patienten noch verfestigen.

Aus diesen Überlegungen resultiert für mich, *Grenzsetzungen als strukturierende Maßnahmen* zu planen und durchzuführen, wobei ich besonderen Wert darauf lege, daß die Patienten diesen Aspekt der Struktur und Orientierung nachvollziehen können. Gewiß läßt sich auch auf diese Weise die Gefahr der negativen Konnotierung der Grenzsetzung nicht ganz vermeiden. Doch gelingt es in vielen Fällen durch konsequente Bearbeitung der negativen Übertragung, die nicht selten durch die Einführung solcher strukturierender Parameter ausgelöst wird, den Patienten zu vermitteln, daß die Grenzsetzung keine Strafe, sondern eine Hilfe ist, die ihnen Struktur gibt und den Therapieraum schützt. Auf diese Weise kann es auch gelingen, zu verhindern, daß wir Therapeutinnen und Therapeuten in solchen Situationen im Rahmen von Partialobjektübertragungen zu »nur bösen«, verfolgenden Objekten werden, durch die der Patient sich (unter Einsatz des Mechanismus der projektiven Identifizierung) beeinträchtigt fühlt und gegen die er sich dann agierend wehren zu müssen glaubt.

Wichtig ist dabei auch, stets die *aktuelle Angst- und Spannungstoleranz* der Patienten zu beachten, das heißt ihren Angstpegel und ihre narzißtische Verletzlichkeit. Ihr Aufbegehren gegen die von uns gesetzten Grenzen ist oft vor allem dadurch bedingt, daß wir die Patienten zwar zu unterstützen meinen, sie tatsächlich jedoch überfordern. Es ist nicht zuletzt dies der Grund für meinen Wunsch, die Patienten soweit wie eben möglich an der Entscheidung über die jeweils zu wählenden Strukturierungsmaßnahmen zu beteiligen. Dabei fordere ich sie auf, zu versuchen zu spüren, wie eng oder weit der zu setzende Rahmen sein darf, und die Situation als ein Experiment zu betrachten, das wir miteinander unternehmen. Mein – auch den Patienten gegenüber explizit formuliertes – Ziel ist es, mich an der oberen Grenze der derzeitigen Angst- und Spannungstoleranz der Patienten zu bewegen. Auf diese Weise lassen sich Unterforderungen und verwöhnende, regressive Prozesse einleitende Entwicklungen vermeiden, und mitunter zeigen sonst wenig kooperative Patienten plötzlich einen wahren Eifer im Erproben neuer Verhaltensweisen. Dies geschieht typischerweise vor allem dann, wenn sie durch die gemeinsame Arbeit an ganz konkreten Strategien der Grenzsetzung erlebt haben, in welch hohem Maß sie selbstverantwortlich daran beteiligt sind und wie hilfreich ihnen diese strukturgebenden Maßnahmen sind.

Dennoch kann es in Phasen exzessiven, vor allem selbst- und fremdgefährlichen Agierens nötig sein, daß wir als Therapeutinnen und Therapeuten Grenzen setzen, die bei den Patienten auf heftige Ablehnung stoßen. Ich gehe in solchen Situationen in der gleichen Art vor wie oben beschrieben, indem ich den Patienten den strukturierenden Sinn der Maßnahme erkläre sowie durch sorgfältige Beachtung und Bearbeitung negativer Übertragungsentwicklungen das Arbeitsbündnis zu stärken versuche. Trotzdem kann es in solchen Phasen zu heftigen aggressiven Konfrontationen kommen, die jedoch keineswegs immer kontraproduktiv sind. Zum einen zeigen wir den Patienten durch unsere unerschütterliche Haltung, daß Abmachungen Verbindlichkeit besitzen und wir alles in unserer Macht Stehende tun, um den Fortgang der Therapie zu gewährleisten. Zum anderen stellen gerade heftige Konfrontationen insofern eine wichtige Erfahrung für die Patienten dar, als sie durch unsere starke emotionale Beteiligung spüren, daß wir bereit sind, uns mit großem Engagement auf sie einzulassen und mit ihren destruktiven Seiten zu ringen. Wir externalisieren und dualisieren damit den im Inneren der Patienten tobenden Kampf zwischen Liebe und Haß, zwischen »guten« und »bösen« Introjekten, und schlagen uns dezidiert auf die Seite der konstruktiven Kräfte. Auf diese Weise werden selbst Grenzsetzungen, die die Patienten als empfindliche Einschränkungen erleben, für sie zu einer wichtigen Erfahrung.

In der Psychotherapie dissozialer Menschen erscheint es mir wichtig, so viel Flexibilität (die aber niemals Konzeptlosigkeit bedeuten darf) aufzubringen, wie die Patienten benötigen, um überhaupt im therapeutischen Rahmen mitarbeiten zu können. Dabei bewegt sich der Psychotherapeut bei diesen Patienten oft auf einem schmalen Grat zwischen Verwöhnung und Härte. Er muß bei aller Bereitschaft, auch ungewöhnliche und provokative Verhaltensweisen der Patienten zu akzeptieren, Konstanz und klare Grenzsetzung garantieren, ohne rigid zu sein, und muß sich in seinen Interventionen und in seinem Verhalten an der momentanen Toleranzgrenze der Patienten orientieren.

Psychotherapeutische Arbeit an und mit der sozialen Realität

Dissoziale Menschen sehen sich einer Fülle von *sozialen Schwierigkeiten* gegenüber: Arbeits- und Wohnprobleme, finanzielle Verschuldung, Beziehungskonflikte, Stigmatisierungen als Delinquenten und so weiter. Da die soziale Dimension sowohl in der bisherigen Entwicklung und in der Gegenwart als auch im Hinblick auf die Prognose von zentraler Bedeutung ist, gilt es, diesen Bereich besonders ernst zu nehmen. Hinzu kommt, daß es aufgrund der beschriebenen Psychodynamik und der ich-strukturellen Störungen dieser Menschen indiziert ist, ein Behandlungssetting zu wählen, das von der »Oberfläche« her vorgeht und zumindest in einer ersten Phase der Therapie die konflikthaften emotionalen Bereiche der Patientinnen und Patienten möglichst nicht direkt anspricht. Dies bedeutet keineswegs, daß sich der Psychotherapeut als ein »social manager« verstehen sollte, der – gar noch in verwöhnender Weise – lediglich dafür besorgt wäre, daß das soziale

Leben der Patienten einigermaßen konfliktfrei verläuft. Nach meinem *bifokalen Behandlungskonzept* (Rauchfleisch 1996a) muß der Therapeut von den vielfältigen sozialen Problemen ausgehen, vor die sich der Patient tagtäglich gestellt sieht, und mitunter auch aktiv in das soziale Leben des Patienten eingreifen und zugleich anhand dieses Materials in klassisch-psychoanalytischer Weise an Widerstand, Abwehr und (negativer) Übertragung arbeiten.

Man könnte dem von mir gewählten Vorgehen zwei kritische Argumente entgegenhalten: Eine erste Schwierigkeit liegt darin, daß die Objektbeziehungen der hier geschilderten Patienten nicht objektaler, ganzheitlicher Art sind, sondern Partialobjektbeziehungen darstellen, wobei jeweils nur Teilrepräsentanzen mit den daran gebundenen libidinösen und aggressiven Triebimpulsen erlebt werden. Aufgrund dieser Situation kann in der Behandlung keine konsistente Übertragung entstehen, sondern es kommt zu Partialobjektübertragungen, bei denen der Therapeut einmal als nur freundliches, unterstützendes, einmal als nur böses, versagendes Objekt erlebt wird. Aufgrund dieser Verhältnisse könnte man befürchten, daß bei Umgebungsinterventionen, speziell beim manifesten Eingreifen der Therapeuten in das soziale Leben, die Patienten diese Unterstützung nicht wirklich »verwerten« könnten, sondern sie entsprechend der jeweiligen *Partialobjektübertragung* als narzißtische Gratifikation oder als bösartige Versagung und Einschränkung erlebten, nie aber so, wie sie vom Therapeuten intendiert sind.

Damit hängt eine zweite Schwierigkeit zusammen. Man könnte einwenden, durch das Eintreten des Therapeuten in eine konkrete soziale Rolle werde gerade angesichts der beschriebenen Übertragungsdispositionen die *Bearbeitung der Übertragung* verhindert. Der Patient könne sich darauf berufen, daß der Therapeut ja tatsächlich in einer Situation hart und versagend, in einer anderen unterstützend und wohlwollend reagiert habe.

Tatsächlich sind wir, sobald wir als Psychotherapeuten die soziale Realität unserer Patienten stärker in die Behandlung einbeziehen, mit den beschriebenen Schwierigkeiten konfrontiert. Es sind jedoch keineswegs unlösbare Probleme, sondern sie lassen sich gerade durch das von mir gewählte bifokale Vorgehen entschärfen. Dadurch wird es möglich, die angesichts der desolaten sozialen Situation dieser Patienten dringend notwendige Hilfe in der äußeren Realität zu bieten und zugleich mit der klassischen psychoanalytischen Technik an Abwehr, Widerstand und Übertragung zu arbeiten. Dieses Vorgehen erfordert allerdings eine besonders intensive Reflexion der Übertragung und Gegenübertragung und setzt voraus, daß alle Interventionen im sozialen Bereich begleitet werden von der Bearbeitung der jeweils aktuellen Partialobjektbeziehung, insbesondere wenn sie sich als negative Übertragung oder – als Abwehr aggressiver Impulse – in idealisierender Form präsentiert.

Das aktive Eingreifen in das soziale Leben dissozialer Patienten kann ganz verschiedene Bereiche betreffen: Kontakte und Konflikte mit Arbeitgebern und Ämtern, gemeinsame Sitzungen mit Betreuerinnen und Betreuern anderer Berufsgruppen, Einbezug von Angehörigen, bis hin zur Hilfe bei der Arbeits- und Wohnungssuche und Schuldensanierungen. Wenn Psychotherapeutinnen und -therapeuten überhaupt bereit sind, sich in diese Bereiche des sozialen Lebens ihrer Patienten involvieren zu lassen, plädieren sie mehrheitlich für eine Verteilung der Aufgaben auf verschiedene Personen und betonen insbesondere die Notwendigkeit, daß der Psychotherapeut sich strikt auf die therapeutische Situation beschränken müsse und nicht in die Lösung äußerer Probleme einbezogen werden dürfe. Für diese seien Sozialarbeiterinnen und Sozialarbeiter sowie Fachleute anderer sozialer Disziplinen zuständig.

Ich stimme einer solchen eindeutigen Rollenverteilung zu. Die Voraussetzung dafür ist jedoch, daß ein therapeutisches Team mit psychodynamisch gut ausgebildeten Fachleuten der verschiedenen Richtungen zur Verfügung steht. Ist dies nicht der Fall, zum Beispiel wenn die Betreuenden nicht in der gleichen Institution zusammenarbeiten, sondern in verschiedenen Ämtern und Praxen tätig sind und gar noch von ganz unterschiedlichen Behandlungskonzepten und -zielen ausgehen, so können dissoziale Patientinnen und Patienten von einem solchen Setting mit verteilten Rollen nicht profitieren. Im Gegenteil, die Gefahr von Spaltungen (etwa die »nur gute Psychotherapeutin« versus die »nur böse Sozialarbeiterin«) vergrößert sich, und es werden durch das Setting die den

Realitätsbezug schwächenden archaischen Abwehrformationen wie Spaltung, Verleugnung, Projektion, Idealisierung und Entwertung nicht abgebaut, sondern im Gegenteil geradezu zementiert.

In solchen Situationen – und sie sind für dissoziale Menschen, die oft von vielen Institutionen betreut werden, gerade typisch – erscheint es mir dringend notwendig, daß wir als Psychotherapeuten das Wagnis eingehen, eine weitgehende Modifikation unserer psychotherapeutischen Methode vorzunehmen, und die Bearbeitung sozialer Themen, bis zum aktiven Eingreifen in die soziale Realität unserer Patienten, in die Psychotherapie einzubeziehen. Allerdings sollte sich der Therapeut, der solche erhebliche Modifikationen der psychoanalytischen Technik vornimmt, insbesondere im Hinblick auf die Abstinenzregel, unbedingt der Gefahren bewußt sein, die sein Vorgehen mit sich bringen kann. Er begibt sich gleichsam in eine *therapeutische Grenzsituation*, die ihm einerseits zwar neue Möglichkeiten erschließt, andererseits aber zum Ausgangspunkt unheilvoller Entwicklungen werden kann.

Eine der Hauptschwierigkeiten liegt darin, daß die Aktionen des Therapeuten zu einem *Mitagieren* werden und die spezifisch psychoanalytischen Möglichkeiten, nämlich die Erhellung und das Durcharbeiten der unbewußten Dynamik und der pathologischen Mechanismen, verspielt werden. Es besteht dann die Gefahr, daß sich die Therapie auf eine vordergründige Lösung aktueller äußerer Probleme beschränkt und die Behandlung für den Patienten zu einer *Ersatzbefriedigung* wird. In verwöhnender Weise garantierte bei einer solchen Konstellation der Therapeut dem dissozialen Menschen – scheinbar – die Lösung »aller« seiner Probleme. Er träte jeweils als Deus ex machina in einer vielleicht seinem therapeutischen Narzißmus schmeichelnden Rolle auf, die aber für den Patienten unheilvoll wäre, da sie seine ohnehin brüchige Autonomie noch mehr unterhöhlte und zu einer weiteren Schwächung seiner bereits in Mitleidenschaft gezogenen Ich-Funktionen führte. Zudem birgt eine in die äußeren Lebensvollzüge des dissozialen Menschen eingreifende Therapieform die Gefahr einer *Manipulation der Übertragung* durch den Therapeuten in sich. Das Hauptproblem liegt darin, daß auf diese Weise die Konstellation einer der »Spaltungsübertragung« ähnlichen Übertragungsbeziehung

(Heising u. Möhlen 1980) begünstigt wird, in der der Therapeut zum »nur guten« Teilobjekt wird und die negativen Übertragungsanteile weitgehend ausgeklammert bleiben.

Die Konsequenz aus dieser Überlegung ist, daß der Therapeut bei einem aktiv eingreifenden Vorgehen um so sorgfältiger die negativen Übertragungsanteile beachten, deuten und mit dem Patienten durcharbeiten muß. Bei einem reflektierten, selbstkritischen Vorgehen des Therapeuten ist es indes möglich, die Behandlung nicht zu einer die Autonomie des Patienten beeinträchtigenden Ersatzbefriedigung werden zu lasen. Dieses Ziel ist um so eher zu erreichen, wenn der Therapeut bifokal vorgeht, indem er zwar einerseits bereit ist, dem Patienten bei der Lösung äußerer Probleme behilflich zu sein, andererseits aber durch seine Interventionen immer wieder die dynamischen Hintergründe der Konflikte erhellt und den Patienten zur Selbstexploration anregt. Ein gewichtiges Argument dafür, daß der Therapeut selbst scheinbar banale, ganz alltägliche Probleme des Patienten sehr ernst nehmen und, falls notwendig, auch konkret mit ihm zusammen Lösungen suchen sollte, scheint mir im Umstand zu liegen, daß die dissozialen Menschen erhebliche Defekte in ihren Ich-Funktionen aufweisen (vgl. Kapitel »Ich-strukturelle Besonderheiten«). Diese Defizite haben äußerst weitreichende Folgen in bezug auf eine Fülle sozialer Techniken. Die daraus entstehenden verhängnisvollen Folgeerscheinungen für die Lebensbewältigung dissozialer Menschen bedürfen ebenso der Bearbeitung wie die zugrundeliegende psychopathologische Dynamik.

Die angeführten Überlegungen lassen erkennen, daß bei einem reflektierten Einsatz aktiven Eingreifens von seiten des Therapeuten zwar die genannten Gefahren durchaus vermeidbar sind. Es fragt sich aber, welche Argumente *für* eine so weitreichende Modifikation der psychoanalytischen Technik sprechen und ob diese das Risiko aufwiegen, das der Therapeut zweifellos eingeht, wenn er Funktionen übernimmt, die ihm als Psychoanalytiker in der Regel fremd sind. Meiner Ansicht nach ist eine solche Modifikation bei dissozialen Menschen unbedingt indiziert und bisweilen – zumindest in einer ersten Behandlungsphase – sogar das Mittel der Wahl.

Nach meiner Erfahrung sprechen vor allem zwei Argumente für die Übernahme ganz verschiedener Funktionen durch *einen* Therapeuten, auch wenn damit die oben erwähnten Risiken verbunden sind und eine solche Behandlung unter Umständen eine große Belastung für den Psychotherapeuten darstellt. Verteilte man die therapeutischen Aktivitäten an verschiedene Personen, so würde ein solches Vorgehen die Gefahr in sich bergen, daß der dissoziale Patient – entsprechend seiner bisherigen Lebenserfahrung – sehr bald versuchte, die einzelnen Beteiligten gegeneinander auszuspielen. Dadurch würde seine Neigung zum handelnden Inszenieren intrapsychischer Konflikte in der Außenwelt in verhängnisvoller Weise verstärkt. Außerdem sähe sich der dissoziale Patientin seiner bisherigen Erfahrung bestätigt, daß sich im Grunde niemand voll für ihn verantwortlich fühle.

Damit hängt eng eine zweite Gefahr zusammen, die mir in der Aufteilung therapeutischer Aktivitäten auf verschiedene Beteiligte zu liegen scheint: Der Patient hätte bei einem solchen Vorgehen nicht nur die Möglichkeit, an seiner pathogenen sozialen Erfahrung festzuhalten, sondern es würden eben auch seine Spaltungs- und Dissoziationsmechanismen durch die Ausbildung einer »Spaltungsübertragung« noch verstärkt. Die Tatsache, daß die verschiedenen Problembereiche ihre je »eigenen« Therapeuten hätten, könnte dazu führen, daß es dem Patienten nicht gelänge, die verschiedenen Teilaspekte seiner Persönlichkeit zu einer Ganzheit zusammenwachsen zu lassen. Das Ziel der Behandlung ist aber gerade bei den stark zu Spaltungen neigenden dissozialen Patienten, über eine *mehrdimensionale Übertragung* (Winkler 1971) eine *Integration der verschiedenen Persönlichkeitsanteile* im Rahmen einer auf die Ganzheit der Person ausgerichteten therapeutischen Symbiose zu erreichen, die sich durch spezifische, zwischen Therapeut und Patient stattfindende Identifikations- und Gegenidentifikationsprozesse (Benedetti 1979) auszeichnet. In einer solchen therapeutischen Beziehung geht es, ähnlich wie in der Psychosentherapie, weniger darum, daß der Therapeut seinem Patienten etwas reduzierend aufzeigt, als vielmehr um das empathisch von beiden Beteiligten wahrgenommene Erleben des Therapeuten als einer gesunderen Variante des Kranken (Benedetti 1979).

Eine solche tiefgreifende Erfahrung scheint mir indes nur in einer therapeutischen Beziehung möglich zu sein, in der sich der Therapeut nicht scheut, an allen Lebens- und Erlebensbereichen des Patienten Anteil zu nehmen – wenn nötig auch in Form aktiven Eingreifens. Ein wesentliches Movens einer derartigen therapeutischen Beziehung liegt in der Hoffnung, die im Therapeuten lebendig ist und empathisch vom Patienten erlebt wird, auch wenn er selbst oft jegliche Hoffnung auf eine bessere Zukunft verloren hat.

Bei dem von mir vorgeschlagenen bifokalen Behandlungsmodell stellt sich immer wieder auch die Frage, ob und in welcher Form wir als Psychotherapeutinnen und -therapeuten mit Professionellen anderer Fächer und mit privaten Bezugspersonen unserer Patienten zusammenarbeiten sollen. Es ist geradezu regelhaft für viele dissoziale Menschen, daß sie mit etlichen Institutionen und Personen im sozialen Feld in Kontakt stehen. Häufig sind sie in quantitativer Hinsicht überbetreut, lassen sich dabei aber auf keine der professionellen Bezugspersonen intensiver ein. Nicht selten laufen die Betreuungen nebeneinander her, mitunter wissen die Vertreterinnen und Vertreter der verschiedenen Institutionen nicht einmal voneinander (vgl. dazu die Schilderung des Patienten im letzten Kapitel, S. 174 ff.). Gewiß kommt es vor, daß die Patientinnen und Patienten ihren Betreuerinnen und Betreuern bewußt ihre Kontakte mit anderen Institutionen verschweigen. Oft interessieren wir uns aber auch nicht für die Arbeit anderer Disziplinen und wissen aus diesem Grund wenig bis gar nichts von dem, was die anderen tun. Dies führt nicht nur zu Doppelspurigkeiten in der Betreuung, sondern kann für die Patienten auch ausgesprochen verwirrend werden, etwa wenn die Vertreter zweier Institutionen gegensätzliche Ziele verfolgen oder in der Betreuung völlig unterschiedlich vorgehen.

Noch in einer anderen Hinsicht kann das Nebeneinanderherarbeiten verhängnisvolle Folgen für die Patientinnen und Patienten haben. Bei Menschen wie ihnen, die von Kindheit an zu überleben gelernt haben, indem sie sich im Netz der miteinander in Konflikt stehenden Interaktionspartner »hindurchschlängeln« und sie gegeneinander ausspielen, besteht beim Nebeneinanderherarbeiten der verschiedenen an der Betreuung Beteiligten die große Gefahr, daß diese Verhaltensweisen der Patienten nicht abgebaut, sondern im Gegenteil noch verstärkt und geradezu zementiert werden. Gerade weil es nahezu automatisierte Überlebensstrategien sind, bedarf es oft großer Anstrengungen, diese trotz aller Schutzfunktionen, die sie für die Patienten erfüllen, sich letztlich selbstdestruktiv auswirkenden Verhaltensweisen durch konstruktive Interaktionsformen zu ersetzen. Aus diesem Grund ist es von großer Bedeutung, alles zu vermeiden, was zur Unterstützung dieser unheilvollen Verhaltensmuster beitragen könnte. In dieser Hinsicht liegen in der Zusammenarbeit mit Vertreterinnen und Vertretern anderer Berufskategorien Gefahren, die es zu vermeiden gilt, aber auch große Chancen, die uns die bei diesen Patienten charakteristischen Rahmenbedingungen bieten.

Außerdem ist zu berücksichtigen, daß es neben den professionellen Bezugspersonen der Patientinnen und Patienten stets auch andere Menschen im sozialen Umfeld gibt, die für sie von Bedeutung sind: Eltern, Geschwister oder andere Familienangehörige, Partnerinnen und Partner, Vermieter, Arbeitgeber, Nachbarn und andere. Wir nähmen also nur einen sehr beschränkten Ausschnitt aus dem sozialen Leben unserer Patienten wahr, wenn wir ausschließlich unsere eigenen Kontakte zu ihnen und allenfalls noch die Aktivitäten einiger Kolleginnen und Kollegen berücksichtigten. Häufig werden wir uns der Existenz anderer Bezugspersonen erst in dem Moment bewußt, in dem sie für die Patienten ein Problem darzustellen beginnen (z. B. durch Konflikte am Arbeitsplatz oder mit den Professionellen anderer Institutionen) oder wenn wir den Eindruck bekommen, diese Bezugspersonen störten unsere therapeutischen Maßnahmen (wenn sie sich beispielsweise negativ über unsere Interventionen äußern, die Patienten gar zum Abbruch der Behandlung drängen oder Strategien verfolgen, die im Gegensatz zu unseren Konzepten stehen).

Es wäre allerdings eine verzerrte Wahrnehmung, wenn wir der Ansicht wären, diese Drittpersonen privater wie professioneller Art stellten immer nur eine Behinderung dar oder verhielten sich bestenfalls »still«, so daß sie uns nicht weiter störten. Sie wirken sich vielmehr oft stützend für unsere Patienten aus und leisten einen wichtigen Beitrag zu ihrer sozialen und emotionalen Stabilisierung, den wir nicht selten erheblich unterschätzen, dies nicht zuletzt deshalb, weil wir gar nicht wissen, wer diese Bezugspersonen sind und welche Rolle sie im Leben der Patienten spielen. Wie oft wirken sich einfühlsame und den beruflichen Alltag doch klar strukturierende Arbeitgeber, warmherzige Nachbarn, Hilfs-Ich-Funktionen übernehmende Angehörige und die Patienten im Räderwerk der sozialen Institutionen tatkräftig unterstützende Ärzte, Rechtsanwältinnen, Pfarrer und die Mitarbeiter der verschiedenen anderen Institutionen segensreich für unsere Patientinnen und Patienten aus. Häufig überschätzen wir unseren Einfluß enorm, weil wir die Bedeutung der anderen Bezugspersonen nicht wahrnehmen.

Gerade weil die anderen Bezugspersonen der Patienten oft eine wichtige Rolle spielen, betrachte ich es bei dissozialen Menschen als ein verhängnisvolles Versäumnis, wenn wir uns nicht dafür interessieren, wer sie sind und welche Bedeutung ihnen im Leben unserer Patienten zukommt. Dazu gehört für mich auch, daß ich die Hauptbezugspersonen nach Möglichkeit persönlich kennenlerne. Das hat vor allem vier Vorteile:

- Die persönliche Begegnung ermöglicht es mir, etwas besser einschätzen zu können, welche *Rolle* diese Menschen im Leben der Patienten spielen, welche *Unterstützung* ich von ihnen erwarten kann und mit welchen *Widerständen* ich von ihrer Seite allenfalls rechnen muß. Das wirft beispielsweise Fragen auf wie: Wie schätzen sie die Therapie des Patienten bei mir ein? Welche Strategien verfolgen sie mit dem Patienten? Welche Erwartungen hegen sie dem Patienten wie mir gegenüber? Wie belastbar sind sie? Inwiefern könnten sie aufgrund eigener Probleme in Konflikt mit dem Patienten oder mir geraten? Wenn ich ihre Rolle im Leben des Patienten auch nur annähernd einschätzen kann, ist es mir viel eher möglich, manche Schwierigkeiten und Konflikte zu vermeiden oder auch ihre Hilfe dort in Anspruch zu nehmen, wo der Patient und ich ihrer dringend bedürfen.
- Gerade wenn ich die wichtigsten Bezugspersonen der Patientinnen und Patienten persönlich kennengelernt habe, kann ich bei Konflikten der Patienten mit ihnen besser *abschätzen*, ob

der Bericht der *äußeren Realität* entspricht oder ob bei der Darstellung der Patienten in starkem Maß projektive Wahrnehmungsverzerrungen, Realitätsverleugnungen, Idealisierungen, Entwertungen und andere pathologische Verarbeitungsmechanismen eine Rolle spielen. Dadurch vermag ich den Patienten auch eher gerecht zu werden und kann therapeutisch viel gezielter intervenieren, als wenn ich in der brisanten Konfliktsituation erst damit beginne, mir ein genaueres Bild von der entsprechenden Bezugsperson zu verschaffen.
- Das persönliche Kennen stellt ferner einen wirksamen (wenn auch keinen absoluten) *Schutz vor dem eigenen Mitagieren* bei den starken Spaltungstendenzen der Patientinnen und Patienten dar. Auch wenn wir noch so selbstkritisch unsere Gegenübertragung reflektieren, können wir von den Patienten unversehens in eine Position gedrängt werden – und aus dieser heraus in einer unter Umständen für die weitere Therapie verhängnisvollen Art handeln –, die nicht zur Auflösung der Spaltungstendenzen beiträgt, sondern sie sogar noch verfestigt. Es reicht oft bereits völlig aus, wenn die Patientinnen und Patienten uns in subtiler Weise vermitteln, die Mitarbeiter einer anderen sozialen Institution gingen »so hart« mit ihnen um oder Angehörige seien »so uneinfühlsam«, und schon entsteht in uns der – von den Patienten im Rahmen ihrer Idealisierungen intendierte – Eindruck, wir selbst seien doch »so viel« einfühlsamer und rücksichtsvoller. Die »anderen« hingegen verhielten sich »unmöglich« (in dieser Einschätzung zeigt sich unter dem Einfluß der Spaltung deutlich die Entwertung als Pendant zur Idealisierung). Gerade dissoziale Menschen, die nur mit derartigen Interaktionsmustern haben überleben können, besitzen oft eine unglaubliche Fähigkeit, auch uns Professionelle in ein solches Schwarzweißdenken hineinzuziehen und uns dahingehend zu manipulieren, daß wir »Guten« mit den Patienten zusammen die Aggression gegen die »Bösen« richten. In solchen Situationen stellt nach meiner Erfahrung das persönliche Kennenlernen der anderen Bezugspersonen einen nicht unerheblichen Schutz für uns dar.
- Das persönliche Zusammentreffen mit den für die Patientinnen und Patienten wichtigen Bezugspersonen ermöglicht, *gemein-*

same Betreuungs- und Behandlungsstrategien zu erarbeiten und festzulegen. Gerade wenn wie bei ihnen mitunter etliche Vertreterinnen und Vertreter verschiedener Institutionen an der Betreuung beteiligt sind und Arbeitgeber, Vermieter und Angehörige oft von großer Bedeutung für die Patienten sind, erscheint es mir notwendig, daß diese Personen einander kennen und mit den Patienten zusammen überlegen, welche Rollen mit welchen Funktionen sie einnehmen werden, welche Ziele sie je einzeln und alle zusammen verfolgen wollen und wie die Zusammenarbeit sich gestalten soll. Dabei ist es mir sehr wichtig, die Patientinnen und Patienten selbst in den ganzen Prozeß einzubeziehen. Wir müssen mit ihnen zusammen die gemeinsame Sitzung sorgfältig vorbesprechen (auch mit den daran sich knüpfenden Erwartungen und Ängsten), unsere Rollen dabei festlegen und die in der gemeinsamen Sitzung zu besprechenden Themen miteinander abstimmen.

Einen Vorteil solcher Sitzungen sehe ich auch darin, daß ein Stück gemeinsamen Lernens stattfinden kann. Die Patienten erleben, daß wir uns von Fachleuten anderer Disziplinen beraten lassen müssen (wobei diese Erfahrung in der konkreten sozialen Situation den zum Teil starken Idealisierungstendenzen der Patienten entgegenwirkt). Außerdem wird den Patienten deutlich, daß im Zusammenleben mit anderen Menschen immer wieder Kompromisse gesucht werden müssen – und sich auch finden lassen – und daß ihr Welt- und Menschenbild, das vielfach vom »Alles-oder-Nichts«-Prinzip geprägt ist und in dem es nur die beiden Kategorien »Freunde« und »Feinde« gibt, revidiert und differenziert werden muß.

Die genannten Vorgehensweisen und Problembereiche haben nicht nur eine sachliche Seite, sondern sind auch stark von den Ängsten, Erwartungen, Selbsteinschätzungen und anderen Gefühlen der Patientinnen und Patienten bestimmt und geben deshalb vielfältige Anregungen für die psychotherapeutische Arbeit im engeren Sinn. Schon das Vorgehen an sich, gemeinsame Sitzungen mit starker Beteiligung der Patienten durchzuführen, hat nicht nur einen organisatorischen Aspekt. Dahinter steht vielmehr das psychotherapeutische Ziel der *Autonomieförderung* und der möglichst weitgehenden *Übernahme von Selbstverantwortung*. So erlebe ich häufig, wie schon das Vorgespräch über unsere Rollen bei der anzuberaumenden Sitzung vielfältige Übertragungsdispositionen sichtbar werden läßt. Es können idealisierende, von großen Erwartungen an mich bestimmte Übertragungskonstellationen sein, ebenso aber auch aggressiv-getönte, mit Entwertungen operierende Versuche, jedes Hilfsangebot zurückzuweisen. Wieder andere Patienten möchten sich in eine ausgesprochen passive Rolle zurückziehen und alle Verantwortung an mich delegieren – mit der Konsequenz, sich hinterher, wenn ihnen eine bei der gemeinsamen Sitzung getroffene Entscheidung in einer bestimmten Situation aus irgendeinem Grunde nicht behagt, darauf zu berufen, sie selbst seien ja »wieder einmal« nicht gefragt worden; sie fühlten sich deshalb an keine Abmachung gebunden.

Bei Diskussionen im Kreis von Psychotherapeutinnen und -therapeuten taucht bei einem solchen Vorgehen häufig das Argument auf, sie lehnten derartige Sitzungen mit Drittpersonen ab, da sie sich an die Schweigepflicht gebunden fühlten und den Raum der Therapie im Interesse der Patientinnen und Patienten »schützen« müßten. So sehr ich die strikte Einhaltung der Schweigepflicht auch befürworte, so skeptisch bin ich jedoch, wenn die Schweigepflicht als Argument gegen den Kontakt mit Drittpersonen angeführt wird. Es scheint mir zumeist eine Rationalisierung des Wunsches zu sein, sich mit einer gewissen Überheblichkeit anderen Berufsgruppen gegenüber in den intimen Raum der Einzeltherapie zurückzuziehen, in der (nach meiner Ansicht allerdings irrigen) Annahme, die wichtigste Arbeit für die Patientinnen und Patienten geschehe dort; alles, was die Vertreter anderer Disziplinen täten, könne zwar durchaus geschehen, man greife »bei Bedarf« ja auch gern auf sie »zurück«; doch habe das nichts mit der Psychotherapie zu tun und müsse sorgsam von ihr getrennt werden. Zugegebenermaßen ist das von mir geschilderte bifokale Vorgehen unter starkem Einbezug der sozialen Realität mitunter schwierig und erfordert viel an selbstkritischer Reflexion der Gegenübertragung. Doch können wir uns bei der Betreuung und Behandlung dissozialer Menschen nicht darauf beschränken, nur die soziale *oder* die psychische Dimension ins Auge zu fassen, sondern müssen beide Problembereiche gleichermaßen beachten.

Aus diesen Überlegungen ergibt sich für mich geradezu zwingend der Einbezug der anderen an der Betreuung beteiligten Professionellen und mitunter auch der Kontakt zu den wichtigsten Personen aus dem privaten und beruflichen Umfeld der Patientinnen und Patienten. Wir können dabei sehr wohl die Schweigepflicht respektieren, nicht zuletzt dadurch, daß wir jeden Schritt in diesem Prozeß sorgfältig mit den Patienten besprechen. Dazu kann beispielsweise auch gehören, daß ich bei einem derartigen Vorgespräch das Pro und Kontra des Kontakts zu bestimmten Personen in dieser spezifischen Situation abwäge und auf die unter Umständen großen Nachteile hinweise, die ein solcher Kontakt für die Patienten haben könnte. Auch bei solchen Fragen geht es mir nicht lediglich um eine vordergründige Beratung der Patienten. Ich verstehe unser gemeinsames Abwägen vielmehr in einem psychotherapeutischen Sinn als *Übung und Differenzierung von Ich-Funktionen* (wie Denken, Wahrnehmen, antizipierende Funktionen etc.) und als eine Art der psychotherapeutischen Auseinandersetzung mit den Problemen des sinnvollen, konstruktiven Mißtrauens, der gefährlichen Vertrauensseligkeit, der Anlehnungs- und Distanzierungsbedürfnisse und anderer Gefühle und Konfliktbereiche, die bei solchen Entscheidungen eine Rolle spielen.

Das Problem einer nach einem bifokalen Konzept durchgeführten Behandlung scheint mir indes weniger bei den Patientinnen und Patienten als vielmehr vor allem bei uns Therapeutinnen und Therapeuten zu liegen. Wir haben weder in unserer persönlichen Analyse oder in anderweitigen Selbsterfahrungen einen solchen Behandlungsstil erlebt noch haben wir im allgemeinen in der theoretischen psychotherapeutischen Weiterbildung ein so stark die soziale Realität einbeziehendes Therapiekonzept kennengelernt. Ja, nicht selten wird (wie etwa von Kernberg 1989) direkt davor gewarnt, dissoziale Patienten mit einer psychoanalytisch orientierten Psychotherapie zu behandeln, beziehungsweise es wird auf die schlechte Prognose solcher Therapien hingewiesen, was eine gleichermaßen deprimierende wie abschreckende Wirkung gerade auf noch wenig erfahrene Therapeutinnen und Therapeuten hat.

Für den Psychotherapeuten ergeben sich auch deshalb Schwierigkeiten, weil er bei einem solchen therapeutischen Vorgehen leicht in das oben geschilderte Gegenübertragungs-Agieren geraten kann und das bifokale Vorgehen sich oft als ausgesprochen schwierig erweist. Doch erscheint mir eine Behandlung von dissozialen Menschen kaum möglich, wenn wir nicht bereit sind, das sonst übliche Behandlungssetting ein wenig zu modifizieren und der Arbeit an und mit der sozialen Realität ein wesentlich größeres Gewicht beizumessen, als wir es in anderen Behandlungen üblicherweise tun.

Zum therapeutischen Vorgehen

Interventionsformen

Im Hinblick auf die bei dissozialen Patientinnen und Patienten zu wählenden Interventionsformen gilt – wie bei anderen Patienten mit schweren Persönlichkeitsstörungen –, daß die negativen Übertragungsanteile frühzeitig und konsequent gedeutet werden müssen, hingegen keine Deutung der unbewußten Triebimpulse vorgenommen werden soll. Die wichtigsten Interventionsformen bei ihnen sind Konfrontation und Klärung, um den Realitätsbezug zu verbessern.

Die *Klärung* stellt einen kognitiven Schritt dar, mit dem Unklares, Verwirrendes, Widersprüchliches und Unvollständiges erforscht wird, zumeist indem wir uns einen bestimmten Sachverhalt oder ein Gefühl beziehungsweise eine Befindlichkeit genau beschreiben lassen. Mit der *Konfrontation* zeigen wir den Patienten auf, was an ihren verbalen oder averbalen Mitteilungen uns widersprüchlich und inkongruent erscheint, wobei diese Widersprüche in der Regel durch die widersprüchlichen Selbst- und Objektvorstellungen der Patienten bedingt sind. Im Verlauf der Therapie werden wir dann zunehmend auch die zugrundeliegenden Ängste und vor allem die projektiven Mechanismen *interpretieren* können.

Im Hinblick auf die *Aktivität* des Therapeuten scheint mir eine Kombination aus einem aktiven Vorgehen einerseits und einer weitgehenden Zurückhaltung »Tiefendeutungen« gegenüber andererseits indiziert. Wie bei allen Patienten mit gravierenden ich-strukturellen Störungen verbietet sich bei dissozialen Patienten die für die Behandlung von Neurosekranken geforderte weitgehende – schweigende – Zurückhaltung. Durch ein solches Vorgehen würde die ohnehin ausgeprägte Regressionsneigung solcher Patienten noch verstärkt und damit ihre Angst vor einer Auflösung ihrer oft wenig gefestigten Ich-Grenzen intensiviert. Auch wären dissoziale Patientinnen und Patienten wegen ihrer geringen Fähigkeit, Spannung zu ertragen, mit einem solchen sie frustrierenden Verhalten der Therapeuten überfordert.

Über eine längere Zeit hin muß der Therapeut bereit sein, für den dissozialen Patienten *Hilfs-Ich-Funktionen zu übernehmen* und mitunter auch aktiv in die äußeren Lebensvollzüge des Patienten einzugreifen. Insbesondere ist es wichtig, dem dissozialen Patienten immer wieder von neuem aufzuzeigen, was »auch hier« und »hier wieder einmal« (Racker 1997) geschieht, um auf diese Weise seinem nur auf den Augenblick ausgerichteten, punktförmen Leben und Erleben entgegenzuwirken. Auf diese Weise kann ein solcher Patient allmählich ein Gefühl für sein historisches Gewordensein entwickeln und damit zu einer Stabilisierung seines Identitätsgefühls kommen.

Die *Deutungen* müssen bei dissozialen Menschen, mehr noch als bei anderen Patienten, unbedingt bei *bewußtseinsnahen Inhalten* ansetzen. Ein wesentlicher Teil der therapeutischen Arbeit muß sich auf das Ich und seine mangelhaften respektive pathologisch verzerrten Adaptationsmechanismen richten. Gerade bei diesen Patienten ist die Warnung Rackers sehr ernst zu nehmen, daß durch eine zu große Aktivität bei der Deutung von Impulsen die archaischen Spaltungsmechanismen nicht abgebaut, sondern eher noch verstärkt werden. Insofern ist in dieser Hinsicht große therapeutische Zurückhaltung notwendig. Ähnlich wie bei anderen Patienten mit ich-strukturellen Störungen sollte der Therapeut auch bei dissozialen Patienten die progressiven, der Persönlichkeit Stabilität verleihenden Abwehrformationen unbedingt unangetastet lassen und nur die regressiven, die Spaltung fördernden Mechanismen bearbeiten. Auch die Deutung der negativen Übertragung sollte sich, wie es Kernberg allgemein bei Borderline-Patienten empfiehlt, auf das Hier und Jetzt beschränken und auf genetische Rekonstruktionen verzichten.

Für die Entscheidung, welches die *richtige Zeit für eine therapeutische Intervention* ist, gilt für die Behandlung dissozialer Patientinnen und Patienten Freuds (1913) Empfehlung, nur dann etwas zu deuten, wenn der Patient aufgrund einer positiven Übertragungsbeziehung überhaupt in der Lage ist, den ihm mitgeteilten Sachverhalt aufzunehmen. Gerade hier liegt in der Behandlung dissozialer Patienten eine besondere Schwierigkeit: Die Tatsache, daß diese Menschen in ihrem Erleben und ihren Reaktionen starken Schwankungen unterworfen sind und kaum konstante, ganzheitliche Objektbeziehungen aufrechtzuerhalten vermögen, macht es extrem schwierig, den »richtigen Augenblick« für eine Intervention zu finden. Entweder überschwemmen solche Patienten den Therapeuten mit aktuellen Konflikten und zwingen damit auch ihn in ein punktiformes Erleben hinein, mit der Konsequenz, daß dadurch kaum Zeit für ein deutendes Aufzeigen von größeren Erlebenszusammenhängen bleibt. Oder sie vereiteln Interventionen dadurch, daß sie agierend nicht zu abgemachten Therapiestunden erscheinen beziehungsweise in einer solchen affektiven Spannung und dysphorisch-gereizten Verstimmung zur Sitzung kommen, daß jede Intervention wirkungslos an ihnen »abprallt«.

Ich halte es für außerordentlich wichtig, mit dem dissozialen Patienten – soweit möglich – in einer solchen Situation sofort ausführlich über diesen Zustand zu sprechen. Insbesondere gilt es, mit dem Patienten die hinter den Verstimmungen stehende Dynamik zu bearbeiten, und es sollte ihm das sich wiederholende Moment in seinem Verhalten aufgezeigt werden. Oft ist es auch hilfreich, im Anschluß an eine solche Periode schwerster dysphorischer Verstimmung zusammen mit dem Patienten ganz konkret zu überlegen, wie sich Patient und Therapeut in einer ähnlichen Situation in Zukunft am besten verhalten könnten. Auf diese Weise kann der Tendenz des dissozialen Menschen, »blindlings« zu handeln, entgegengewirkt sowie seine Autonomie und das Erleben eines zeitlichen Kontinuums verstärkt werden.

Von großem Vorteil können dabei Träume sein, in denen sich

bildhaft die Situation des Patienten widerspiegelt. In Behandlungsphasen, in denen die vom Therapeuten formulierten Deutungen den Patienten nicht mehr erreichen, kann es dann unter Umständen über die Dynamik solcher Traumbilder möglich sein, doch noch einen Zugang zum Patienten zu finden. Das folgende kasuistische Beispiel möge dies verdeutlichen.

Infolge meines Urlaubs mußten während einer Woche die Therapiestunden eines Patienten ausfallen. In der ersten Sitzung nach meiner Rückkehr berichtete er mir, es sei ihm während meiner Abwesenheit sehr gut gegangen. In den folgenden Tagen aber rief er mich – zum Teil mehrmals täglich – an, bat mich um Extratermine und erschien auch wiederholt unangemeldet bei mir. Er war sehr gespannt, gereizt und verstimmt, verwickelte sich in Auseinandersetzungen mit den verschiedensten Menschen seiner Umgebung und war, wie schon früher in solchen Phasen, in keiner Weise einem therapeutischen Gespräch zugänglich. Meine Versuche, ihm die Verbindung zwischen meiner Abwesenheit und seinem jetzigen Zustand aufzuzeigen und die dadurch in ihm aktualisierten Konflikte anzusprechen, führten schließlich zu einer gewissen Beruhigung. Der Patient hatte daraufhin folgenden Traum:

»Ich war in der Gegend, in der ich früher aufgewachsen bin. Es hieß, ein wilder Elefant bedrohe die Stadt. Alle Leute gerieten in furchtbare Angst, ich auch. Es hieß, der Elefant werde jeden Moment durch diese Straße kommen, wo ich war. Alle gerieten in Panik und flüchteten, ich auch. Der Elefant kam aber nicht. Ich war dann plötzlich in einem Spital. Dort waren zwei Ärzte. Der eine sprach nur englisch. Er sagte deshalb alles, was er mir sagen lassen wollte, dem anderen Arzt, und dieser übersetzte es mir. Plötzlich war auch der Elefant im gleichen Zimmer wie ich. Ich hatte ein kleines Instrument, etwas, das aussah wie mein Feuerzeug, und benutzte es als Waffe. Ich richtete einen Feuerstrahl gegen den Elefanten und betäubte ihn damit. Er war aber immer noch sehr wild. Daraufhin schoß ich ein zweites Mal einen Feuerstrahl, diesmal länger als vorher, gegen ihn ab. Er war immer noch nicht tot, aber wie mit Eis überzogen, unbeweglich.«

Ich möchte hier nicht im einzelnen auf diesen – vor allem auch hinsichtlich der Übertragungsdynamik – interessanten Traum eingehen, sondern nur auf einen Einfall, den der Patient dazu hatte. Und zwar sagte er, er fühle sich in Phasen, in denen er so gereizt und verstimmt sei wie in den vergangenen Tagen, manchmal tatsächlich wie ein »rasender Elefant«. Dieses sehr zutreffende Bild erwies sich als außerordentlich hilfreich, indem ich den Patienten bei einer nächsten ähnlichen Gelegenheit an diesen Traum erinnern und ihn mit Hilfe dieses von seinem eigenen Unbewußten geschaffenen Bildes in einem Zustand erreichen konnte, in dem er anderen Interventionen gegenüber völlig unzugänglich war.

Hinsichtlich der deutenden Aktivität muß der Therapeut nach meiner Erfahrung die beiden folgenden Aspekte berücksichtigen: Zum einen sollte er den Patienten selbst das Tempo bestimmen lassen und zum anderen, wann immer sich eine Gelegenheit dazu bietet, in einer Intervention die Ereignisse der zurückliegenden Zeit in einen Gesamtzusammenhang bringen. Dabei ist es wichtig, daß der Therapeut sehr genau die Toleranzgrenze, die Belastungsgrenze des Patienten gegenüber Interpretationen (Heigl 1965), beachtet.

Der Therapeut muß sich stets fragen, wie groß die Belastung sein *darf*, die er dem Patienten äußerstenfalls zumuten kann, und wie groß die Belastung sein *muß*, damit ein therapeutischer Fortschritt erzielt wird. Gerade dissoziale Patientinnen und Patientinnen mit ihrer geringen Frustrationstoleranz können durch ein allzu dezidiertes Vorgehen des Therapeuten leicht überfordert werden. Immer wieder bedarf es bei ihnen gewisser »Verschnaufpausen«, Zeiten, die der Konsolidierung des bisher Erarbeiteten dienen. Es ist wichtig, daß der Therapeut die diesbezüglichen Signale sorgfältig registriert und sich in seinem Vorgehen an den Reaktionen der Patienten orientiert. Dies erfordert vom Therapeuten eine »empathische, aber kontrollierte Regression auf eine präverbale Kommunikationsebene« (Leuner 1978), womit dem Patienten die Möglichkeit einer *therapeutischen Regression* im Sinne Balints (1970) ermöglicht wird.

Manche wie ein Agieren anmutende Verhaltensweisen dissozialer Patienten, wie etwa die Bitte, eine Sitzung einmal früher abzubrechen, oder ein »Plaudern« über ganz alltägliche Vorkommnisse, die keine besondere Bedeutung für den Patienten besitzen, können unter diesem Aspekt verstanden werden. Es artikuliert sich in solchen Situationen weniger ein Widerstand als ein Ausweichen vor einer Konfliktbearbeitung als vielmehr der Wunsch, in dem eben erst erreichten Gleichgewicht nicht gestört zu werden. Ich bin der Ansicht, daß man solchen Wünschen in den beschriebenen Phasen der Therapie entsprechen sollte, ohne den Patienten allzu nachdrücklich auf einen – sich vielleicht außerdem dahinter noch verbergenden – Widerstand hinzuweisen. Auf Überschreitungen der Toleranzgrenze reagieren die dissozialen Patientinnen und Patienten aufgrund ihrer schizoid-narzißtischen Störungsanteile vornehmlich mit Fluchtreaktionen und aggressiven Äußerungen. Heigl (1965) rät, in einem solchen Fall weitere aufdeckende Interventionen unbedingt zu unterlassen und mit »auffangenden (interceptive) Interpretationen« (Rado 1956) das Selbstwertgefühl der Patienten auf einer realistischen Grundlage zu stützen.

Die ausgesprochene oder auch mimisch oder gestisch ausgedrückte Weigerung eines Patienten, eine Intervention aufzunehmen, sollte in jedem Fall respektiert werden. Eine solche Ablehnung kann sich in vielfältiger Weise manifestieren: bei Kindern und Jugendlichen, aber auch gelegentlich bei Erwachsenen, in diffuser motorischer Aktivität (zum Beispiel Umherlaufen im Zimmer, Klopfen mit Händen und Füßen), in einem abrupten Springen auf ein anderes Thema, in dysphorisch-getöntem Vor-sich-hin-Brüten, bis hin zu Derealisations- und Depersonalisationsgefühlen.

Im Hinblick auf eine zunehmende Stärkung der Frustrations- und Spannungstoleranz solcher Patienten ist es mitunter aber auch wichtig, sich als Therapeut nicht zu schnell abweisen zu lassen. Nicht selten steht hinter solchen Zurückweisungen nämlich nicht nur die Angst vor beunruhigenden Einsichten und vor einer Konfrontation mit gefürchteten Impulsen, sondern auch der versteckte Wunsch des Patienten, der Therapeut möge – trotz des schroffen Verhaltens des Patienten – weiterhin zu ihm stehen und ihm, beispielsweise in Form einer Intervention, sein Interesse an ihm zeigen.

So malte ein verhaltensgestörter Knabe mit erheblichen Verwahrlosungstendenzen in einer Sitzung ein Bild, auf dem zwei voneinander abgewandte Gesichter zu erkennen waren. Er kommentierte diese Zeichnung mit dem Hinweis, der eine sei ein Professor, der »Mist« erzähle: Er habe gesagt, man könne einen Fisch in einen Hund verwandeln (der Patient hatte Hunde sehr gern, vor allem liebte er das weiche, warme Fell der Tiere). Der Knabe berichtete weiter, er habe den anderen Menschen vom Professor abgewendet gezeichnet, weil dieser das, was der Professor sage, nicht hören wolle. Wenn man sich nicht ansehe, könne man nämlich auch nichts hören (dieser Patient hielt sich tatsächlich auch, wenn er eine Äußerung von mir nicht aufnehmen wollte, demonstrativ Augen und Ohren zu). Es sei etwas Unmögliches, einen Fisch in einen Hund zu verwandeln. Auf meine fragende Intervention hin, der andere höre es vielleicht doch, auch wenn sich die beiden nicht ansähen, malte der Patient mit dicken Strichen eine Mauer zwischen die beiden Gesichter. Meinen nochmaligen Interventionsversuch (ich fände es schade, wenn gar keine Verbindung zwischen ihnen zustande kommen könnte; vielleicht gebe es doch eine Tür in dieser Mauer?) kommentierte der Patient mit folgenden Worten: »Er will schon, daß der Professor durch die Tür kommt. Aber trotzdem läuft er dann weg.« Ich habe dem Patienten daraufhin gesagt, daß der Professor es sicher respektieren werde, wenn der andere es gar nicht aushalte dazubleiben. Zugleich würde ich aber darauf vertrauen, daß die Worte den anderen doch noch erreichten.

Wenn ein dissozialer Patient in einer Sitzung Interventionen überhaupt nicht zugänglich erscheint, sage ich ihm, um sowohl der Angst als auch dem latenten Kontaktwunsch und der Stärkung der Frustrationstoleranz Rechnung zu tragen, beispielsweise, daß ich jetzt bemerkte, daß ihm das von mir erwähnte Thema offensichtlich unangenehm sei. Ich sei durchaus bereit, nicht mehr weiter davon zu sprechen, wenn es ihm ganz unerträglich sei. Wir könnten in diesem Fall in einer späteren Sitzung, wenn er sich besser fühle, noch einmal darauf zurückkommen (ein solcher prospektiver Hinweis soll dem Patienten dazu verhelfen, das Erleben eines zeitlichen Kontinuums in seinem Leben zu festigen und seine antizipierenden Ich-Funktionen zu stärken). Vielleicht könne er es jetzt aber doch ertragen, mit mir das Problem noch weiter zu besprechen und meine Worte aufzunehmen. Ich selber sei froh, wenn wir es einmal auf diese Weise versuchten. Er könne mir aber jederzeit sagen, wenn er doch lieber abbrechen möchte.

Oft gelingt es auf diese Weise, sich mit den gesunden Ich-Anteilen des Patienten zu verbünden und sie dadurch zu stärken, daß man einerseits das Vertrauen in ihre Tragfähigkeit setzt (d. h. eine narzißtische Gratifikation gibt) und der Patient andererseits in solchen Situationen eigene positive Erfahrungen macht. Ein solches Vorgehen ist vor allem für die Anfangsphase der Therapie indiziert. Sobald es die Tragfähigkeit des Patienten zuläßt, sollte der Therapeut hingegen durchaus darauf bestehen, daß ein dem Patienten unangenehmes Thema möglichst sofort besprochen wird. Dadurch wird zum einen die Frustrationstoleranz des dissozialen Patienten gestärkt. Zum anderen kommen durch eine solche Haltung des Therapeuten und entsprechende Reaktionen des Patienten darauf manchmal auch negative Übertragungsanteile deutlicher zum Vorschein und können dann im Hier und Jetzt bearbeitet werden.

Dem *Durcharbeiten* stellen sich in der Behandlung dissozialer Patientinnen und Patienten häufig große Widerstände entgegen. Es ist bezeichnend für solche Menschen, daß sie in ihrer Neigung, handelnd innere Konflikte auszuleben, oft über längere Zeit hin einem konsequenten Durcharbeiten ausweichen. Ein für sie typisches Verhalten liegt darin, daß sie in den Sitzungen immer wieder über brennend aktuelle Konflikte und über neue Schwierigkeiten berichten, in die sie sich gebracht haben, so daß oftmals die ganze Stunde von der Besprechung dieser Themen in Anspruch genommen wird. Sie verleiten auf diese Weise den Therapeuten zu einem ähnlich punktiformen Erleben, wie es für sie selber charakteristisch ist. Die Schwierigkeit bei diesen Patienten besteht darin, daß der Therapeut nicht ohne weiteres über die sozialen Konflikte (z. B. mit dem Arbeitgeber, mit Amtsstellen, mit dem Partner) hinweggehen kann, weil die dahinterliegenden Probleme durchgearbeitet werden müssen. Häufig bringt sich der dissoziale Patient in schwierige Situationen, die eine reale Gefahr für ihn selbst und andere darstellen, so daß die Besprechung dieser Konflikte und mitunter sogar ein Eingreifen des Therapeuten Vorrang vor jeder anderen Intervention haben.

Es ist allerdings wichtig, daß sich der Therapeut auch in einer solchen Phase der Behandlung nicht völlig auf die Besprechung aktueller Konflikte beschränkt, sondern daneben auch konsequent die Hintergründe dieser Probleme mit dem Patienten durcharbeitet. Ich sage in solchen Situationen dem Patienten beispielsweise, daß wir zunächst besprechen könnten, wie er mit einem bestimmten Problem (einem an ein Amt zu richtenden Antrag, einem Kündigungsschreiben, einem Konflikt mit dem Arbeitgeber o. ä.) am besten umgehen könne. Anschließend würde ich aber gerne noch etwas besprechen, was mir nach unserer letzten Stunde ebenfalls wichtig zu sein scheine. Auf diese Weise kann sowohl den Konflikten mit der äußeren Realität als auch den inneren Konflikten des dissozialen Patienten Rechnung getragen werden. Mitunter gelingt es sogar, beide Aspekte miteinander zu verknüpfen und dem Patienten aufzuzeigen, wie er die aktuellen sozialen Probleme zu einem wesentlichen Teil selbst konstelliert hat, und zwar aus der Angst heraus, sich mit eben dem Thema, das ich jetzt zur Sprache gebracht habe, weiter auseinanderzusetzen. Durch derartige Interventionen werden einerseits die tatsächlich oft schwerwiegenden sozialen Konflikte ernst genommen und, soweit es geht, einer Lösung zugeführt. Andererseits können dem dissozialen Patienten aber auch seine Neigung zu agierendem Ausweichen gedeutet, das Repetitive in seinem Fehlverhalten aufgezeigt und die Hintergründe seiner Angst vor der Konfrontation mit einem bestimmten Thema erlebbar gemacht werden.

Es sei noch auf eine Beobachtung hingewiesen, die ich wiederholt in Behandlungen mit dissozialen Patientinnen und Patienten machen konnte, nämlich daß es ihnen wesentlich leichter fällt, eine Intervention in *nicht-verbaler, symbolisch-bildhafter* und vor allem in *zeichnerischer* Form aufzunehmen, während ihnen abstrakt-verbale Formulierungen oft große Mühe bereiten. Offensichtlich kommt dem bildhaft-konkreten Denken bei ihnen eine große Bedeutung zu, und sie sind deshalb eher in der Lage, anschauliche Hinweise dieser Art zu assimilieren.

Während vieler Stunden bemühte ich mich bei einem dissozialen Patienten, ihm mit Hilfe verbaler Interventionen den bei ihm wirksamen Mechanismus vom Wechselspiel zwischen Insuffizienz- und Grandiositätsvorstellungen zu deuten. Alle diese Versuche blieben mehr oder weniger erfolglos. Der Patient war nicht in der Lage, auf meine Hinweise reflektierend einzugehen. Entweder behauptete er (was nach meiner Beobachtung allerdings nur zum Teil stimmte), meine Interventionen nicht zu verstehen, oder er weigerte sich zum Teil vehement dagegen, die Deutungen überhaupt anzuhören. Eine frappante Änderung seines Verhaltens zeigte sich aber in dem Augenblick, als ich ihm anhand eines einfachen graphischen Schemas anschaulich darstellte, daß er sich mitunter wie einen »Punkt«, ein »Nichts«, den Partner hingegen wie einen riesigen Kreis empfinde, dann aber plötzlich sich selbst zu einem Kreis aufblähe und den anderen zu einem »Punkt« werden lasse, mit dem er nun rücksichtslos umgehe. Während ich die Zeichnung anfertigte und kommentierte, schaute mir der Patient interessiert zu, stellte nun auch Fragen zu einzelnen Details und ihrer Bedeutung und schwieg daraufhin längere Zeit nachdenklich. Auch in späteren Stunden verwendete ich bei Interventionen, deren Inhalt dem Patienten offensichtlich (nicht nur vom Abstraktionsgrad her, sondern vor allem emotional) große Mühe bereitete, eine einfache graphische Darstellung.

Eine solche über die visuelle Ebene verlaufende Interventionsform bewährte sich auch bei anderen dissozialen Patientinnen und Patienten. Hilfreich kann nach meiner Erfahrung mitunter auch sein, dissoziale Menschen auf symbolisch-anschauliche Weise mit ihren Gefühlen oder mit bestimmten Vorstellungen vertraut zu machen. Beispielhaft ist die folgende Episode aus der Behandlung eines solchen Patienten:

Ich hatte anläßlich verschiedener Ereignisse bereits mehrmals mit ihm über seine Spaltungstendenzen gesprochen, aufgrund derer es für ihn nur entweder »ganz gute« oder »ganz böse« Mitmenschen gab. Auch in der Übertragung hatte sich diese Dynamik entfaltet: Er wollte gern mit mir sprechen und versuchte dann auch jeweils, das Stundenende hinauszuschieben, wenn er eine narzißtische Fusion mit mir eingehen konnte und unter dem Eindruck einer vollkommenen Harmonie stand. Hingegen lehnte er brüsk jegliche Kontaktnahme ab, lief aus Sitzungen voller Wut fort oder kam überhaupt nicht, wenn er mich nicht als »ganz gutes«, ihm narzißtische Gratifikation spendendes Objekt erleben konnte. In einer solchen Situation, als er wieder einmal wütend mein Zimmer verlassen wollte, zeigte ich ihm noch einmal diesen sich im Hier und Jetzt manifestierenden Mechanismus auf und gebrauchte dabei folgendes Bild: Es gehe ihm offenbar, wie auch jetzt in der Beziehung zu mir, häufig so, daß er entweder nur einen ganz klaren, blauen Himmel mit strahlendem Sonnenschein oder finstere Nacht akzeptieren könne. Die vielfältigen Zwischentöne hingegen, das Wechselspiel von Licht und Schatten, die verschiedenen Abstufungen der Dämmerung, nehme er gar nicht wahr. Gerade jetzt bei unserem Gespräch herrsche bei mir hier im Zimmer (es war eine Therapiestunde im Herbst, am späten Nachmittag) ja weder hellste Sonne noch tiefste Dunkelheit. Auch wenn er den Himmel betrachte (dabei wies ich auf die Wolkenformationen am Himmel), sehe er dort nicht dieses strikte Entweder-Oder, sondern etwas viel Differenzierteres. Der Patient, der bereits aufgesprungen war, schaute mich zunächst irritiert an, betrachtete dann nachdenklich den Himmel und blickte sich im Zimmer um. Er lehnte sich schließlich an einen in meinem Zimmer stehenden Schrank und setzte in dieser Position das Gespräch mit mir bis zum regulären Ende der Stunde fort. In der folgenden Sitzung berichtete er mir dann, er habe im Verlauf der vergangenen Tage immer wieder den Himmel angeschaut. Es habe ihm sehr geholfen, daß ich ihm ein so anschauliches Bild gegeben hätte, an das er sich immer wieder leicht erinnern könne.

Die Dominanz des konkret-anschaulichen Denkens bei dissozialen Patientinnen und Patienten und die Tatsache, daß ein therapeutischer Zugang zu ihnen oft leichter auf dieser Ebene möglich ist, können zum einen durch einen Mangel an Konzeptualisierungsfähigkeit, das heißt durch eine Beeinträchtigung ihrer Ich-Funktionen, interpretiert werden. Zum anderen ermöglicht eine zeichnerische Intervention dem dissozialen Patienten, der oft tief in seine Gefühle und Vorstellungen verstrickt ist, ohne diesen reflektierend gegenübertreten zu können, auch eine gewisse Distanzierung und stellt damit einen ersten Schritt auf dem Weg zu einer »therapeutischen Ich-Spaltung« (Sterba 1934) dar, das heißt auch zu einem stabileren Arbeitsbündnis. In diesem Zusammenhang ist an einen Hinweis Greenacres (1950) zu erinnern. Der Autorin ist bei stark agierenden Persönlichkeiten, zu denen auch die dissozialen Menschen gehören, eine besondere Ausprägung der »visuellen Sensibilisierung« aufgefallen. Dissoziale Menschen befinden sich offenbar in der schwierigen Lage, sich auf ihre eigenen Gefühle nicht verlassen zu können und ihnen mehr oder weniger ausgeliefert zu sein, und ihnen steht eine Konzeptualisierungsfähigkeit häufig, zumindest am Beginn der Therapie, nicht zur Verfügung. Hier bietet es sich an, auf die visuelle Ebene der Patienten einzutreten und sowohl sie ihre Einfälle zeichnerisch darstellen zu lassen als auch als Therapeut Interventionen in zeichnerisch-anschaulicher Form zu geben.

Stationäre Behandlung und Krisenintervention

Hinsichtlich der Frage, ob für die Behandlung dissozialer Patientinnen und Patienten eher ein *stationäres* oder ein *ambulantes* Setting zu wählen sei, bestehen verschiedene Auffassungen. Eine stationäre Behandlung ist selbstverständlich dann notwendig, wenn sie für sich selbst oder andere Menschen eine Gefahr darstellen. In diesem Fall ist der Maßregelvollzug oder eine sozialtherapeutische Institution indiziert (zu den Besonderheiten dieses Settings siehe Pecher 1998). In diesen Behandlungseinheiten muß unbedingt therapeutisch gut ausgebildetes und erfahrenes Personal eingesetzt werden. Geschieht dies nicht, so kann es in Anbetracht der Spaltungstendenzen und der Neigung dissozialer Patienten zum impulsiven Handeln zu gefährlichen Entwicklungen und geradezu zu einer Zementierung ihrer Sozio- und Psychopathologie kommen. Auch wenn es in der Praxis oft anders aussieht, ist zu fordern, daß diese schwerstgestörten Patientinnen und Patienten von den erfahrensten Therapeutinnen und Therapeuten behandelt werden sollen.

Wird die stationäre Psychotherapie von einem fachlich kompetenten Team durchgeführt, so kann dieses Setting eine sehr sinnvolle Maßnahme sein (zur stationären Behandlung von Borderline-Patienten siehe Lohmer 1988; Dulz u. Schneider 1995). Arfsten und Hoffmann (1978) haben ein Modell entwickelt, das von der Station als einer dynamischen Einheit ausgeht, in der sich bifokal die Gruppe der Patienten und die Gruppe der Therapeuten gegenüberstehen. Nach den Erfahrungen der Autoren ist diese Behandlungsform vor allem bei ich-strukturell gestörten Patienten mit ihrer Neigung zu Übertragungsaufspaltungen indiziert, da das Therapeutenteam die multiplen Übertragungsangebote aufnehmen und dadurch das wieder »zusammenfügen« kann, was der Patient selbst spaltet. Bei diesem Konzept liegt das therapeutische Agens in erster Linie bei der Therapeutengruppe, die durch ihre Wirksamkeit eine Integration der bisher dissoziierten Persönlichkeitsanteile des Patienten anstrebt. Außerdem kann eine solche Therapiestation auch als eine modifizierte Reproduktion der Makrostruktur der Gesellschaft, als »sozialer Mikrokosmos« (Beese 1975), wirken und dem Patienten die Auseinandersetzung damit in einem relativ geschützten Rahmen ermöglichen.

Nicht selten ist auch in Krisensituationen ein – zumeist kurzer – stationärer Aufenthalt notwendig. Hier gilt es wie bei anderen Kriseninterventionen, die Patienten wenigstens für eine gewisse Zeit aus dem Konfliktfeld herauszunehmen und der akuten Suizidalität, den psychischen Dekompensationen und anderen fremd-

wie selbstgefährlichen Manifestationen mit einem strukturierten Therapieangebot zu begegnen.

Als sinnvoll erweist sich eine stationäre Behandlung oft auch bei dissozialen Kindern und Jugendlichen. In diesem Fall ist der Einbezug der Eltern und eine Konfrontation von Kindern und Eltern in einer therapeutischen Familiengruppe außerordentlich wichtig. Auf diese Weise kann bei verhaltensgestörten Jugendlichen einem Phänomen begegnet werden, das ich auch bei dissozialen Erwachsenen wiederholt beobachte: Es findet häufig eine starke Idealisierung der Eltern, insbesondere der Mutter, statt, während alle negativen Beziehungsaspekte auf die Vertreter der verschiedenen öffentlichen Instanzen (bei Jugendlichen oft auf Erzieher) projiziert werden. Diesem Spaltungsphänomen beim Patienten entspricht nach Berger (1974, 1976) auf seiten der Eltern eine Idealisierung des Kindes und eine Projektion des negativen Gefühlsanteils auf die Institutionen, die sich therapeutisch des Kindes annehmen. Eine solche Aufsplitterung des Ambivalenzkonflikts erweist sich bei der Behandlung erwachsener dissozialer Patienten als ebenso schwer angehbar wie bei der Therapie von Kindern und Jugendlichen.

Hinter den Idealisierungstendenzen dissozialer Menschen verbirgt sich nach meiner Beobachtung häufig wohl vor allem die Angst vor einer Zerstörung des fragilen guten Teilobjekts. Ein solcher Patient befürchtet, das mütterliche Introjekt – und damit sich selbst im Kern – zu zerstören, wenn er den Schutz aufgäbe, den ihm die Idealisierung vor dem Überschwemmtwerden mit aggressiven Impulsen bietet. Ferner dient die Idealisierung mitunter auch der Distanzierung von einer Mutter, die der dissoziale Patient im Grunde, wie es Searles (1974) beschrieben hat, über alles liebt, wobei er aber gerade diese Liebe voller Angst abwehrt. Es kann deshalb als Zeichen eines wichtigen therapeutischen Schrittes angesehen werden, wenn sich der dissoziale Patient erstmals auch kritisch mit einer bis anhin nur idealisierten Mutter auseinanderzusetzen und ihre realen Begrenztheiten anzuerkennen vermag. Nach meiner Beobachtung erfolgt dieser Schritt häufig zunächst in der Übertragung an der Person der Therapeutin oder des Therapeuten und kann erst hinterher in bezug auf die Mutter getan werden.

Arbeit am Über-Ich

In der Psychotherapie dissozialer Patientinnen und Patienten ergeben sich einige spezifische Probleme durch die Über-Ich-Pathologie (vgl. Kapitel »Zur Entwicklung und Struktur des Über-Ich«). So ist der Umgang mit der für dissoziale Menschen typischen *Wendung (der Aggression) gegen die eigene Person* insofern schwierig, als dieser Mechanismus nach Lampl-de Groot (1965) zwei Aspekte umfaßt: Er besitzt einerseits eine regulative, konstruktive Seite, welche die Konsolidierung der sozialen Normen und der ethischen Werte fördert. Andererseits kann diese Abwehrfunktion aber auch destruktiv wirken und zu schweren pathologischen Schuldgefühlen und Selbstschädigungen führen. Die therapeutische Schwierigkeit bei dissozialen Menschen liegt darin, daß die destruktive Seite dieses Mechanismus oft überstark, die konstruktive Seite hingegen nur wenig ausgeprägt ist. Der dissoziale Mensch neigt zwar häufig zu einer totalen Selbstentwertung, ist aber unfähig, sich partiell wirklich selbstkritisch in Frage zu stellen. Er unterliegt dem Diktat eines »autoritären Gewissens« (Häfner 1960) und bleibt dem Stadium einer »heteronomen Moral« im Sinne Piagets (1973) verhaftet (siehe auch Colby et al. 1977; Kohlberg 1964). Der Schritt zum Aufbau eines »personalen Gewissens« (Häfner 1960) und einer »autonomen Moral« gelingt ihm häufig nicht.

Für das therapeutische Vorgehen bedeutet das, daß bei den dissozialen Patientinnen und Patienten die Wendung der Aggression gegen die eigene Person nicht total abzubauen ist. Vielmehr gilt es, zwar den destruktiven Anteil abzuschwächen, die regulative, konstruktive Seite dieses Mechanismus aber zu stärken. Insbesondere scheint es mir wichtig zu sein, mit den Patienten die hinter der Selbstentwertung liegenden Grandiositätsphantasien und ihre Ansprüche auf willkürliches, omnipotentes Handeln durchzuarbeiten. Immer wieder muß dem dissozialen Menschen anhand der von ihm berichteten Erlebnisse außerhalb der Behandlung und auch anhand seiner Beziehung zum Therapeuten die enge Verknüpfung zwischen Insuffizienzgefühlen und Selbstentwertung einerseits und dem von Grandiositätsphantasien getragenen dissozialen Handeln andererseits aufgezeigt werden.

So berichtete ein Patient in einer Therapiestunde, er habe sich von einem Autofahrer zutiefst gekränkt gefühlt, weil dieser ihm den »Vogel« gezeigt habe. Beim Abbiegen von einer Hauptstraße habe er, der Patient, frühzeitig seine Richtungsänderung angezeigt und sei völlig im Recht gewesen. Durch die beleidigenden Gesten des Autofahrers habe er sich zutiefst in Frage gestellt gefühlt und sei daraufhin in eine solche Wut geraten, daß er dem Autofahrer gefolgt sei, um ihn zur Rechenschaft zu ziehen. Er erlaube niemandem, sich ihm gegenüber so unverschämt zu verhalten. »Ich bin mein Leben lang genug verletzt und beleidigt worden. Ich lasse jetzt keinen mehr mit mir Schlitten fahren.« Zu einer tätlichen Auseinandersetzung kam es lediglich deshalb nicht, weil der Autofahrer so schnell fuhr, daß der Patient ihm schließlich nicht mehr folgen konnte.

Im Gespräch über dieses Ereignis kristallisierten sich deutlich die beiden Seiten des Konflikts heraus: Einerseits erlebte der Patient den Autofahrer als mächtige, ihn kritisierende Instanz, die ihn selbst in einer Situation, in der er objektiv im Recht war, durch eine einzige Geste völlig in Frage stellen konnte. Andererseits sprach er sich dann aber in einem grandiosen Machtrausch die Berechtigung zu, handgreiflich gegen diesen Autofahrer vorzugehen und ihn in einer der Situation völlig inadäquaten Weise zur Rechenschaft zu ziehen. Es wurde deutlich, daß für den Patienten das Ziel einer solchen Racheaktion vor allem darin bestand, das ihm so unerträgliche Gefühl eigener Ohnmacht abzuwehren. Bereits in früheren Stunden hatten wir über seine panische Angst vor Situationen gesprochen, in denen er sich als abhängig und seiner Umgebung passiv ausgeliefert erlebte (beispielsweise anläßlich eines Spitalaufenthalts), und seine Reaktion darin bestand, sich durch Flucht solchen Situationen zu entziehen. Im Gespräch über den erwähnten Vorfall mit dem Autofahrer war es jetzt möglich, eine Verbindung zwischen seiner Angst vor passivem Ausgeliefertsein sowie vor einer Infragestellung der eigenen Person einerseits und seinen aggressiven Aktionen andererseits herzustellen.

Bei dissozialen Menschen finden wir charakteristischerweise Spaltungstendenzen auch in ihrer Über-Ich-Instanz. Auf der einen Seite besteht ein zum Teil extrem hochgestecktes Ich-Ideal mit Ansprüchen, die weit von den realen Möglichkeiten des Patienten entfernt sind. Auf der anderen Seite wendet sich das aus sadistischen Kernen bestehende Über-Ich im engeren Sinn mit aller Heftigkeit gegen den Patienten und führt zu massiven Insuffizienz- und Schuldgefühlen, die häufig an Über-Ich-Repräsentanten in der Außenwelt bekämpft werden. Therapeutisch befinden wir uns bei einer solchen Über-Ich-Problematik in einem zweifachen Dilemma:

Zum einen führt die Hypertrophie des Über-Ich zu einer Hemmung der Ich-Entwicklung (Cremerius 1977; Danneberg 1968; Lincke 1970) und damit zu einer für die Integration der Persönlichkeit verhängnisvollen Beeinträchtigung in ihrer Fähigkeit, aggressive Energie, derer sich auch das Über-Ich bedient, zu neutralisieren. »Wir gelangen so zu einer Persönlichkeitsform, die nur aus Es und Über-Ich besteht, der also die Fähigkeit, sich selbst auch in der Unlust zu behaupten, abgeht« (Ferenczi 1933/1972) – eine Formulierung, die recht genau auf die dissozialen Menschen zutrifft.

Mit diesem Sachverhalt hängt eine weitere Schwierigkeit bei der Behandlung solcher Menschen zusammen. Einerseits muß der Therapeut dem unter seinen sadistischen Über-Ich-Kernen leidenden Patienten in der Behandlung ein »mildes Hilfs-Über-Ich« (Cremerius 1977) anbieten. Andererseits fehlt es diesen Patienten aber zugleich an flexiblen, an der sozialen Realität orientierten Normvorstellungen und konstruktiven hemmenden Funktionen. Der Therapeut muß also seinen Weg gleichsam zwischen der Skylla des sadistischen Über-Ich und der Charybdis dissozialer Normlosigkeit suchen. Er muß *zugleich aufbauen und in Frage stellen*. Dabei sieht er sich vor eine ähnliche Aufgabe gestellt wie der Kindertherapeut, dessen »Arbeit am kindlichen Über-Ich eine doppelte (ist): analytisch in der historischen Zerlegung von innen her, soweit das Über-Ich schon Selbständigkeit erlangt hat, aber außerdem erzieherisch beeinflussend von außen her durch Veränderungen im Verhältnis zu den Erzieherpersonen, durch die Schaffung neuer Eindrücke und durch die Revision der Anforderungen, die von der Außenwelt an das Kind gestellt werden« (Anna Freud 1929/1966). Dieser therapeutisch schwierige Schritt gelingt wohl nur, wenn sich der Therapeut für eine gewisse Zeit dem Patienten als externes »mildes Hilfs-Über-Ich« zur Verfügung stellt. Auf der Basis einer tragenden therapeutischen Beziehung kann es dann zu einer Internalisierung neuer, flexibler Über-Ich-Komponenten und damit zu einer Umstrukturierung und Differenzierung dieser Instanz kommen.

Eindrücklich war für mich in dieser Hinsicht folgende Situation mit einem Patienten: Er hatte mir wiederholt davon berichtet, daß er sich »nicht von der Straße verdrängen lasse«, womit er meinte, daß er auf dem Bürgersteig nicht ausweiche, wenn ihm andere Menschen begegneten. Er habe ein

Recht darauf, sich wie jeder andere auf der Straße zu bewegen, und habe es nicht nötig, anderen auszuweichen. Als er mir wieder einmal von einer solchen Episode berichtete, fiel mir eine kleine Gasse ein, in der ich selber mehrfach erlebt hatte, daß unmöglich zwei Menschen zugleich auf dem schmalen Bürgersteig laufen konnten. Eine Person mußte jeweils auf die Fahrbahn treten. Ich bestätigte dem Patienten nach seinem Bericht, daß ich bei mir selbst eine gewisse Irritation erlebt hatte, wenn mir Menschen auf diesem schmalen Bürgersteig begegnet waren. Es falle einem jedoch »kein Stein aus der Krone«, wenn man in einem solchen Fall auf die Fahrbahn ausweiche und anderen den Bürgersteig überlasse. Der Patient reagierte ablehnend auf meine Intervention und beharrte darauf, daß er sich »nicht verdrängen« lasse. Einige Wochen später berichtete er mir jedoch – schmunzelnd –, er sei einige Male durch die von mir erwähnte Gasse gelaufen und habe dort genau die Situation erlebt, die ich von mir selbst geschildert hätte. Sein erster Impuls sei, wie üblich, gewesen, den Bürgersteig für sich zu beanspruchen. Dann sei ich ihm aber eingefallen, und er habe gefunden, wenn *ich* auf die Fahrbahn ausweiche, könne *er* das eigentlich auch tun. Tatsächlich habe er dabei erlebt, wie ich es geschildert hätte, daß ihm dabei »kein Stein aus der Krone falle«. Es sei für ihn wichtig gewesen, in einer solchen Situation an mich denken zu können und sich zu vergegenwärtigen, wie ich mich dabei verhielte.

Bearbeitung der narzißtischen Störung

Schwierig gestaltet sich die therapeutische Situation auch angesichts der oft erheblichen narzißtischen Störung der dissozialen Patientinnen und Patienten. Diese zum Teil extrem kränkbaren, frustrationsintoleranten Menschen mit hochgeschraubten Ich-Ideal-Ansprüchen besitzen in der sozialen Realität oft nur äußerst geringe Kompensationsmöglichkeiten. Gerade sie, die so sehr auf narzißtische Gratifikation angewiesen sind, haben kaum reale Erfolgserlebnisse zu verzeichnen. Der für sie charakteristische Ausweg aus diesem Dilemma liegt darin, der Konfrontation mit der Realität immer weiter auszuweichen. Der dadurch entstehende Teufelskreis ist schwer zu durchbrechen, da jede auch noch so vorsichtige Konfrontation mit der Realität von ihnen als schwere Kränkung erlebt wird und nicht selten zu heftigen Ausbrüchen narzißtischer Wut oder zu einem noch weitergehenderen Rückzug in Omnipotenz- und Grandiositätsvorstellungen führt.

Angesichts dieser Situation befinden wir uns als Therapeutinnen und Therapeuten in einer schwierigen Lage, da einerseits die Konfrontation mit der Realität unumgänglich ist, stellt sie doch die Voraussetzung für einen adäquaten Umgang mit den vielfältigen sozialen Problemen der dissozialen Menschen dar. Andererseits aber ist es ebenso wichtig, weitere narzißtische Verletzungen der Patienten zu vermeiden, dies nicht zuletzt deshalb, weil sie sonst die Behandlung abbrechen, die ihnen soviel neuerliche Schmerzen zufügt, indem wir die ihr psychisches Gleichgewicht aufrechterhaltenden narzißtischen Kompensationsstrategien radikal in Frage stellen. Wichtig ist hier, die dem Patienten erträgliche Dosierung zu finden, wobei das Ausmaß der Kränkbarkeit und die Stabilität respektive Labilität des narzißtischen Systems zur Beurteilung des Vorgehens herangezogen werden müssen. Je labiler die narzißtische Homöostase und je höher die Kränkbarkeit eines Patienten sind, desto vorsichtiger sollte man mit entsprechenden Deutungen sein, die für ihn sonst eine schwerwiegende Erschütterung seines sich gerade erst konsolidierenden narzißtischen Gleichgewichts bedeuten. Bei der hohen Empfindsamkeit dieser Menschen reichen oft schon sehr fein dosierte Interventionen aus, mit denen der Therapeut gleichsam »en passant« beispielsweise gewisse Enttäuschungen formuliert, die der Patient vermutlich beim Therapeuten erlebt.

So berichtete ein Patient in den Wochen vor einer einwöchigen Abwesenheit meinerseits immer wieder von verschiedenen Menschen, von denen er enttäuscht sei. Es war deutlich, daß sich diese Vorwürfe im Grunde gegen mich richteten, da ich ihm durch meine Abwesenheit narzißtische Bestätigung zu entziehen drohte und ihn mit einer von ihm sehr gefürchteten Trennungssituation konfrontierte. Als er sich wieder einmal über einen Arzt beklagte, der bei einer internmedizinischen Untersuchung die Beschwerden des Patienten nicht ernst genug genommen habe und ihm nicht gerecht geworden sei, äußerte ich im Verlauf des Gesprächs über diese Begebenheit (vor allem über seine Gefühle, seine Erwartungen in dieser Situation usw.) die Vermutung, daß er auch in der Beziehung zu mir manchmal wohl ein solches Gefühl habe. Dies erscheine mir aus zwei Gründen auch durchaus berechtigt: Zum einen sei ein vollkommenes Verstehen und Eingehen auf einen anderen Menschen trotz allen Bemühens letztlich nicht möglich, und zum anderen tauche ein solches Gefühl vielleicht auch deshalb im Patienten auf, weil er manche meiner Interventionen sicher als Kränkungen erlebe.

Mit dieser Intervention wollte ich verschiedene Konfliktbereiche des Patienten ansprechen: Zunächst wurde damit – wenn auch noch relativ indirekt – die negative Übertragung verbalisiert, wobei mir angesichts der hohen Kränkbarkeit des Patienten der Hinweis auf die Berechtigung dieser Gefühle wichtig war (s. hierzu auch Winnicott 1973, der betont, daß der Haß schwer gestörter Patienten sowohl vom Therapeuten als auch vom Patienten als Ausdruck »realer Kränkungen« verstanden werden sollte). Indem ich diesen Aspekt ausdrücklich hervorhob, konnte der Patient einerseits von Schuldgefühlen entlastet werden, die bei seiner archaischen, von nicht-neutralisierten aggressiven Energien weitgehend beherrschten Über-Ich-Instanz zu massiven Selbstentwertungen und chaotischer Wut geführt hätten. Andererseits konnte er aus meiner Deutung aber auch entnehmen, daß man gut miteinander auskommen und doch – partielle – Kritik am Partner äußern kann, ohne daß die Beziehung dadurch völlig zerstört würde. Dieser Hinweis und das Erleben einer entsprechenden Situation in der Beziehung zu mir waren vor allem in Anbetracht der starken Spaltungstendenzen dieses Patienten von Bedeutung.

Ferner sollte ihm mit meiner Intervention signalisiert werden, daß narzißtische Kränkungen nicht vermeidbar, sondern sogar notwendige Bestandteile der Therapie sind. In einer späteren Sitzung konnte ich dem Patienten dann zeigen, daß die therapeutischen Interventionen *dosierte* Kränkungen sind, während er selbst sich mit seinen massiven Selbstentwertungstendenzen jeweils *total* in Frage stellte. Der Hinweis auf die Unmöglichkeit, sich völlig in einen anderen Menschen einfühlen zu können, diente einer Entidealisierung meiner Person und einer – bei der Störung dieses Patienten in seinen Realitätsbezügen wichtigen – Stärkung seiner Ich-Funktionen. Außerdem bedeutete eine solche Einsicht für ihn nicht nur eine Enttäuschung seiner Erwartungen, sondern auch eine Erleichterung in Anbetracht seiner Ambivalenz einer symbiotischen Verschmelzung gegenüber. Schließlich wollte ich mit meiner Intervention auch die oral-narzißtischen Riesenerwartungen des Patienten verbalisieren sowie seine Enttäuschung darüber, daß diese Ansprüche von mir nicht erfüllt wurden. Am Beispiel anderer Bezugspersonen hatten wir bereits in früheren Stunden über seine Reaktionen auf eine Versagung solcher Wünsche gesprochen.

Beim Durcharbeiten der narzißtischen Position erscheint es mir wichtig, den dissozialen Patientinnen und Patienten aufzuzeigen, wie sich diese narzißtischen Persönlichkeitsanteile in allen ihren sozialen Beziehungen, etwa in ihren Kontakten zu Freunden und Freundinnen, zu Arbeitgebern, zu Behörden und so weiter, ebenso wie in der Beziehung zum Therapeuten auswirken. In der Regel liefern die Patienten uns in der Behandlung eine Fülle von Beispielen, die wir dann im Detail mit ihnen durchsprechen können.

So äußerte sich ein Patient, der bisher seinen Chef immer als einen sehr freundlichen Mann geschildert hatte, in einer Sitzung plötzlich mit ausfallenden Schimpftiraden über die Unverschämtheit des Arbeitgebers, über seine Rücksichtslosigkeit Angestellten gegenüber, über seine Unhöflichkeit und so weiter. Der Versuch, den Patienten anzuregen, sich über die Ursache seines Ärgers Rechenschaft abzulegen, mißlang völlig. Er beharrte darauf, der Chef sei von jeher ein »Mistkerl« gewesen, und negierte, jemals positive Gefühle diesem Mann gegenüber gehabt zu haben. Die Intensität dieser Wut, die den Patienten blind für jegliche therapeutische Reflexion machte, ließ mich an eine narzißtische Kränkung durch den Chef denken. Ich teilte deshalb dem Patienten meine Vermutung mit, daß er vielleicht von seinem Arbeitgeber enttäuscht sei und daraufhin nun so wütend reagiere. Diese Intervention beantwortete der Patient mit einem Ausbruch von Haß: Er könne den Chef umbringen, es sei von Anfang an alles »Theater« und Lüge gewesen, als sich der Arbeitgeber den Anschein gegeben habe, am Patienten und seinem Ergehen Anteil zu nehmen. Der Chef habe immer den Eindruck erweckt, als sei er »besser als andere Menschen«, geduldiger und rücksichtsvoller. Nun aber habe er sein »wahres Gesicht« gezeigt: Er besitze keine dieser positiven Eigenschaften, »im Gegenteil, er ist der größte Mistkerl, den es auf der Welt gibt«. Im Verlauf des weiteren Gesprächs stellte sich heraus, daß die Ursache der Kränkungsaggression darin lag, daß der Arbeitgeber die Idealisierungswünsche des Patienten enttäuscht hatte, indem er in den vergangen Tagen in sich gekehrter als sonst war und sich weniger als vorher um den Patienten gekümmert hatte. Er hatte sich, wie es der Patient selbst formulierte, »nur als ganz gewöhnlicher Mann« erwiesen, als Mensch mit eigenen Begrenztheiten, der durch sein Verhalten die Idealisierungen des Patienten in Frage gestellt hatte. Da der Patient aber in extremem Maß von einem solchen idealisierten Partner und von der von ihm gespendeten narzißtischen Bestätigung abhängig war, kam es zu der beschriebenen heftigen Enttäuschungsreaktion, mit der das ehemals »gute« Objekt nun zu einem absolut »bösen«, hassenswerten wurde.

Nicht nur zu anderen Menschen, sondern auch zu Tieren können solche narzißtischen Beziehungen unterhalten werden und müssen dann in der Therapie sorgfältig durchgearbeitet werden.

So berichtete ein dissozialer Patient, er habe vor einigen Jahren einen Zwerghasen besessen, den er über alles geliebt habe. Er habe ihn oft mit sich herumgetragen, und es sei ein beglückendes Gefühl gewesen, wenn das Tier mit seinem schönen, weichen Pelz auf seinem Schoß gesessen sei und er es gestreichelt habe. Eines Tages sei der Hase aber während der Abwesenheit des Patienten auf dessen Bett gesprungen und habe dort seinen Kot abgesetzt. Der Patient berichtete, er sei über dieses Verhalten des Hasen so enttäuscht gewesen, daß er in einer furchtbaren Wut das Tier mehrmals zu Boden geschmettert und auf diese Weise getötet habe. Hinterher habe er sich leer und selbst wie tot gefühlt und sein Verhalten zutiefst bedauert. Im Moment der Enttäuschung aber sei seine Wut so groß gewesen, daß er unfähig gewesen sei, sein Handeln zu kontrollieren. Auch in diesem Fall hatte sich das idealisierte, narzißtische Gratifikation spendende Objekt nicht den Erwartungen des Patienten entsprechend verhalten und wurde damit zum Repräsentanten des abgespaltenen bösen Teilobjekts, gegen das sich die Aggression nun mit aller Heftigkeit richtete. Das Gefühl des Patienten, nach der Tötung des Tieres wie leer und tot zu sein, zeigt, wie groß die Abhängigkeit solcher Menschen von Selbst-Objekten ist.

Die narzißtische Störungskomponente in der Persönlichkeit dissozialer Patientinnen und Patienten führt, wenn sie sich auf eine Behandlung einlassen, häufig zu einer stark *idealisierenden Übertragung*, in deren Rahmen sie an die Therapeutinnen und Therapeuten Erwartungen und Forderungen richten, die diese letztlich nicht erfüllen können. Hinter solchen Idealisierungen stehen negative Übertragungsanteile von Haß und Wut (vgl. Kapitel »Spezifische Übertragungs- und Gegenübertragungsprozesse«, S. 152 ff.), die jedoch abgewehrt werden.

Die Reaktionen der Therapeutinnen und Therapeuten auf die in der Idealisierung an sie gerichteten Überforderung hängen von ihrer eigenen Persönlichkeit, vor allem von ihrer *eigenen* narzißtischen Kränkbarkeit ab. Eine Möglichkeit besteht darin, daß wir als Therapeuten die Ansprüche der Patienten als eine solche Zumutung empfinden, daß wir uns nun unsererseits brüsk abwenden beziehungsweise die Notwendigkeit einschränkender, strafender Maßnahmen betonen. Ein solches Verhalten entspräche aber genau den Erwartungen des dissozialen Menschen, der Beziehungen oft so konstelliert, daß er von anderen zurückgewiesen und enttäuscht wird.

Eine andere Reaktionsmöglichkeit des Therapeuten auf die idealisierende Übertragung des Patienten und seine daraus erwachsenden Erwartungen kann darin liegen, daß er sich zu besonders großer Aktivität aufgerufen fühlt. Er bietet sich vielleicht als ein »nur gutes«, die Bedürfnisse seines Patienten empathisch wahrnehmendes Objekt im Sinne der symbiotischen Mutter an. Ein solches Angebot hat verschiedene Konsequenzen. Auf der einen Seite liegt darin sicher ein außerordentlich wichtiger Zugang zu dissozialen Patienten. Ohne eine solche Bereitschaft, sich als Therapeut mit großem eigenem Engagement in die Therapie einzulassen, sich in der Übertragung als »Satellit« (Göltz 1977), als *Garant für die Aufrechterhaltung des narzißtischen Gleichgewichts* anzubieten und, wenn nötig, sich auch im Sinne des von mir geschilderten bifokalen Behandlungskonzepts in der Außenwelt aktiv für den Patienten einzusetzen, scheint mir die Therapie eines dissozialen Menschen unmöglich zu sein. Insofern spielen bei der Behandlung dissozialer Patienten, ähnlich wie bei der von psychotischen Patienten (Benedetti 1975, 1979, 1987), die spontanen Gefühle des Therapeuten und empathische Prozesse zwischen Therapeut und Patient eine wesentlich größere Rolle als in der Behandlung von Neurotikern.

Obschon eine idealisierende, von großen Erwartungen an den Therapeuten bestimmte Übertragungs- und eine entsprechende Gegenübertragungskonstellation zu Beginn der Therapie mitunter hilfreich sein kann, birgt sie doch einige Gefahren für die weitere Behandlung in sich. Eine erste Gefahr besteht darin, daß Patient und Therapeut sich gegenseitig in Omnipotenz- und Größenphantasien bestätigen und in einer »nur guten« Dyade leben, während die ganze übrige Welt Träger der abgespaltenen bösen Teilobjekte ist. Der Patient würde in einer solchen »Therapie« weiterhin in seiner illusionären narzißtischen Welt festgehalten, und es würde insbesondere die Spaltung in gute und böse Objekte und Selbstrepräsentanzen aufrechterhalten respektive noch fester etabliert.

Eine weitere Komplikation ergibt sich aus dem Umstand, daß ein Therapeut nie in der Lage ist, alle Bedürfnisse seines Patienten empathisch zu erfassen und die Wünsche des Patienten umfänglich zu erfüllen, was der Patient aufgrund seiner Ambivalenz diesen Wünschen gegenüber letztlich auch nicht möchte. So würde es schließlich doch zu einer Enttäuschung des Patienten kommen müssen, auf die dieser nun aber in keiner Weise vorbereitet wäre. Er würde sich deshalb, um so tiefer narzißtisch gekränkt, vom enttäuschenden Therapeuten abwenden und die Behandlung vermutlich abbrechen.

Der Versuch des Therapeuten, alle Bedürfnisse seines Patienten empathisch wahrzunehmen und darauf einzugehen, müßte zur zwar realistischen, den Therapeuten aber doch vielleicht selbst kränkenden Einsicht führen, daß er diesem eigenen überhöhten Ich-Ideal-Anspruch nicht gewachsen ist. Die Erkenntnis seiner Unzulänglichkeit könnte sich dann entweder in Gefühlen der Resignation und Hilflosigkeit niederschlagen oder zu narzißtischer Wut über den Patienten führen, der ihn in diese Situation des therapeutischen Versagens gebracht hat, richtiger: ihn motiviert hat, seine therapeutischen Omnipotenzvorstellungen zu agieren.

Aus der narzißtischen Problematik dissozialer Patientinnen und Patienten rühren nicht nur im engeren therapeutischen Bereich viele Fehlschläge und Fehlkonzeptionen her. Auch bei ehrenamtlichen Mitarbeiterinnen und Mitarbeitern, die im Rahmen verschiedener Organisationen bei der Betreuung Straffälliger mitwirken, ist mir immer wieder zu Beginn ihrer Tätigkeit ihr ungeheures Engagement, ihre Bereitschaft zu einem bewundernswerten Einsatz aufgefallen. Ihre Klientinnen und Klienten reagierten auf dieses Angebot schnell mit einer Kette immer größer werdender Ansprüche, im Sinne der von Balint (1970) beschriebenen malignen Regression mit ihrer endlosen Spirale von Forderungen und einem geradezu suchtartigen Sich-Anklammern. Die Reaktionen der Betreuenden auf diese malignen Regressionen bestanden dann häufig entweder in Erschöpfung, Resignation und im Eingeständnis der eigenen Hilflosigkeit vor solchen Forderungen oder (aufgrund der narzißtischen Kränkung ihrer therapeutischen Omnipotenzvorstellungen) in zum Teil massiven Aggressionen ihren Patientinnen und Patienten gegenüber und einem abrupten Rückzug respektive Abbrechen der Beziehung. In Supervisionsgesprächen war es oft schwierig, diese Prozesse aufzuarbeiten, wenn sie bereits allzu weit fortgeschritten waren.

Wichtig scheint mir, daß die Betreuenden vor Beginn einer wie auch immer gearteten therapeutischen Kontaktnahme mit dissozialen Patientinnen und Patienten um die aus der narzißtischen Problematik dieser Menschen resultierenden Gefahren wissen und daß ihnen in regelmäßigen Supervisionsgesprächen die Möglichkeit geboten wird, eigene Erwartungen und Enttäuschungen rechtzeitig durchzuarbeiten.

Die Schwierigkeit in der Behandlung dissozialer Menschen liegt wohl vor allem darin, daß der Therapeut sich hüten muß, Opfer der beiden von diesen Patienten konstellierten »Verführungen« zu werden: Er darf weder unrealistische Erwartungen an die Möglichkeiten einer solchen Behandlung hegen, noch darf er einem therapeutischen Pessimismus verfallen und sich von den Patienten vollkommen in das Gefühl der Sinnentleertheit und Hilflosigkeit hineinziehen lassen.

Spezifische Übertragungs- und Gegenübertragungsprozesse

Aufgrund der *Partialobjektbeziehungen* (Spaltung in »ganz gute« und »ganz böse« Repräsentanzen) und deren projektiver Verarbeitung kommt es in der Psychotherapie mit dissozialen Patienten zu charakteristischen Übertragungs-Gegenübertragungskonstellationen.

Die *Übertragung* ist oft beherrscht von stark *idealisierenden* oder heftigen *negativen (aggressiven)* Manifestationen. Wenn sich die Patienten auf einen therapeutischen Prozeß einlassen, stehen meist idealisierende Elemente im Vordergrund, und zwar speziell dann, wenn wir mit dem geschilderten bifokalen Behandlungskonzept relativ aktiv in das Leben unserer Patienten eingreifen. Die idealisierende Übertragung darf jedoch nicht darüber hinwegtäuschen, daß sie der Abwehr heftiger, aggressiv getönter negativer Übertragungsanteile dient.

Als Faustregel für den therapeutischen Umgang kann gelten: Die gemäßigte positive Übertragung sollte ungedeutet akzeptiert werden, unterstützt sie doch das im allgemeinen außerordentlich fragile Arbeitsbündnis und dient der narzißtischen Stabilisierung der Patienten. Bei stark idealisierenden Übertragungen sollten jedoch die dahinterliegenden negativen (aggressiven) Übertragungsaspekte frühzeitig und konsequent gedeutet werden, da die letzteren eine konstruktive therapeutische Arbeit erheblich behindern. Wird die negative Übertragung nicht bearbeitet, besteht ferner die Gefahr, daß die Patienten wegen eines Anwachsens der Schuldgefühle (im Sinne von: »Wenn der Therapeut wüßte, wie es wirklich in mir aussieht, würde er mich zurückweisen«) unter Umständen von sich aus die Behandlung abbrechen. Im Gegensatz zur psychoanalytischen Neurosentherapie, in der wir die Übertragung über längere Zeit nicht deuten, sondern zu einer konsistenten Übertragung anwachsen lassen und erst dann bearbeiten, ist es bei der Behandlung dissozialer Menschen wichtig, die Übertragung in der beschriebenen Weise sofort zu deuten, da es wegen der Partialobjektbeziehungen dieser Patientinnen und Patienten bei ihnen nicht zur Ausbildung einer ganzheitlichen Übertragung kommt, sondern immer nur Partialobjektübertragungen (einmal aggressiver, ein anderes Mal libidinöser oder vor allem auch narzißtischer Art) stattfinden und deshalb eine konsistente »Übertragungsneurose« im Sinne Freuds, an der wir psychoanalytisch arbeiten könnten, nicht entsteht.

Gegen das Anwachsenlassen der (gespaltenen) Partialobjektübertragungen spricht auch die Tatsache, daß dissoziale Menschen im allgemeinen nicht über die Fähigkeit der »therapeutischen Ich-Spaltung« im Sinne Sterbas (1934) verfügen und damit eine oft nur geringe Introspektionsfähigkeit besitzen. Sie können typischerweise ihre Gefühle und Vorstellungen (und dazu gehören auch die Übertragungsphänomene) sowie ihr Handeln nicht der therapeutischen Reflexion zugänglich machen, sondern sind weitgehend von ihren Affekten beherrscht und vermögen den Als-ob-Charakter der Übertragung nicht wahrzunehmen. Je nachdem welche Teilrepräsentanzen mit den daran gebundenen libidinösen, aggressiven oder narzißtischen Aspekten die Übertragung beherrschen, sind die Therapeutinnen und Therapeuten für sie entweder die nur unterstützenden, liebevollen und sie narzißtisch stabilisierenden »guten Objekte« oder die Repräsentanten der ausschließlich »bösen«, verfolgenden Introjekte. Damit die hier wirksamen Spaltungsmechanismen sich nicht weiter verfestigen und um die Patienten überhaupt mit unseren Interventionen erreichen zu können, müssen diese Partialobjektübertragungen, vor allem die negativen Übertragungsanteile, im Hier und Jetzt sofort und konsequent gedeutet werden.

Mitunter kann es bei diesen Patienten sogar zu einer *psychotischen Übertragung* kommen. In dieser Situation müssen wir die Patienten, wie ich es am Beispiel des jungen Mannes mit einem Traum von einer schönen Blume und anschließender psychotischer Übertragungsreaktion geschildert habe (s. S. 57 f.), sofort und konsequent mit der äußeren Realität konfrontieren, damit der Realitätsbezug wiederhergestellt wird.

Die *Gegenübertragung* wird wesentlich von der Übertragungsdynamik bestimmt, und es kommt auch hier häufig zu einem schnellen Wechsel positiver und negativer Gefühle. Charakteristischerweise lassen dissoziale Patientinnen und Patienten ihr Gegenüber niemals »kalt«. Sie zwingen ihre Therapeutinnen und Therapeuten, affektiv zu ihnen Stellung zu nehmen, wobei es im allgemeinen keine in einem »temperierten« Mittelbereich liegende affektive Reaktionen, sondern ganz konträre, heftige Affekte sind. In Teams kommt es bei der Diskussion über solche Patientinnen und Patienten häufig zu ausgesprochenen Polarisierungen, wobei sich die Spaltungstendenzen der Patienten im Erleben der Teammitglieder abbilden.

Bei der Behandlung dissozialer Menschen sind vor allem die folgenden Gegenübertragungsprobleme zu beachten: Wir haben es bei kaum einer anderen Patientengruppe mit einem so ausgeprägten *Machtgefälle* zwischen Patienten und Therapeuten zu tun. Nicht nur die Lebenswelten der beiden am therapeutischen Prozeß beteiligten Personen unterscheiden sich erheblich, und es bestehen nicht nur, wie bei der Behandlung anderer Patienten, Kompetenzunterschiede bezüglich des Wissens um Form, Inhalt und Verlauf der Psychotherapie, sondern die Therapeutinnen und Therapeuten besitzen eine ungleich größere reale Macht. Ganz offenkundig ist dies im Fall einer vom Gericht auferlegten ambulanten Behandlung oder im Maßregelvollzug. Diese gegenüber der Behandlung anderer Patienten verschärfte Asymmetrie darf nicht verschleiert werden, sondern muß im therapeutischen Prozeß transparent gemacht und offen besprochen werden. Außerdem bedarf diese für die Arbeit mit dissozialen Menschen spezifische Konstellation der sorgfältigen Gegenübertragungsreflexion, da es sonst aus den noch auszuführenden Gründen dazu kommen kann, daß wir als Therapeutinnen und Therapeuten die uns zugewiesene Macht zur Legitimierung unserer Versuche, die Patienten sadistisch zu kontrollieren, mißbrauchen und unser Vorgehen dann rationalisierend als »notwendige Strukturierung« oder »Grenzsetzung« legitimieren.

Jede intensive Psychotherapie führt zu einer engen emotionalen Verschränkung zwischen Patienten und Behandelnden. Dissoziale Menschen haben charakteristischerweise häufig die Tendenz (die man durchaus auch als eine besondere Fähigkeit ansehen kann, die es allerdings in der Therapie in konstruktive Bahnen zu lenken gilt), andere Menschen, so auch ihre Therapeutinnen und Therapeuten, in ihre Welt hineinzuziehen. Gerade im engen emotionalen Austausch, wie er in einer intensiven Psychotherapie stattfindet, üben sie nicht selten geradezu einen Sog auf uns aus und reißen uns in den Strudel ihrer chaotischen inneren und äußeren Welt. Psychodynamisch geht es hier um folgendes: Durch unsere empathische Einstimmung auf die Patienten und daraus folgender Regression kommt es in uns zu einer *Reaktivierung alter konflikthafter Konstellationen* und daraus resultierender *Wiederbelebung archaischer Ängste* vor »bösen«, verfolgenden Partialobjekten in uns, zu deren Repräsentanten (per Projektion) dann unsere Patienten werden. Die Konsequenz einer solchen Konstellation kann darin bestehen, daß wir uns entweder ängstlich-hilflos den Patienten unterwerfen und ihren Manipulationsversuchen nichts entgegenzusetzen wagen oder die Patienten sadistisch zu kontrollieren versuchen, wobei es hier zu einer unheilvollen Kontamination der psychodynamischen und der sozialen Aspekte (großes Machtgefälle zwischen Patienten und Therapeuten) kommen kann. Die Wiederbelebung archaischer Ängste in uns kann auch zu großer Unsicherheit und Angst gegenüber Drittpersonen und Instanzen führen, zum Beispiel Angst vor Kritik und Vorwürfen, die von Gerichten, Vorgesetzten oder Supervisorinnen und Supervisoren gegen uns gerichtet werden. Im Extremfall können dissoziale Patienten selbst bei sehr erfahrenen Therapeutinnen und Therapeuten sogar das Gefühl auslösen, völlig unfähig zu sein.

Aus den geschilderten Gegenübertragungsgefühlen heraus kann es zu einer für die Behandlung dissozialer Menschen fast typischen sado-masochistischen Übertragungs-Gegenübertragungs-Konstellation kommen, bei der Patient und Therapeut wechselweise die Rollen des sadistisch Kontrollierenden und Strafenden einerseits und des hilflos Ausgelieferten, vor Angst und Unsicherheit fast Erstarrten andererseits übernehmen und agieren.

Bei dissozialen Patientinnen und Patienten mit einer stark ausgeprägten narzißtischen Störung finden sich in der Gegenübertragung vor allem zwei therapeutisch gleichermaßen problematische Reaktionen: Auf der einen Seite erleben wir bei solchen Patienten nicht selten einen *emotionalen Rückzug* der Therapeuten, die sich von der Macht des pathologischen Größenselbst der Patienten total gelähmt fühlen und sich nur noch dadurch zu »retten« vermögen, daß sie sich aus der narzißtisch-funktionalisierten Beziehung zum Patienten ausklinken. Auf der anderen Seite kann es dazu kommen, daß die Therapeutinnen und Therapeuten *in das narzißtische Universum ihrer Patienten mit eintauchen* und sich damit weitgehend von der äußeren Realität abkoppeln. In diesem Fall besteht die große Gefahr, daß wir Therapeuten blind werden für die reale Gefährlichkeit unserer Patienten, unheilvolle Entwicklungen der Patienten nicht wahrnehmen, uns extrem manipulieren lassen und selbst den Realitätsbezug weitgehend verlieren, was zum Stillstand des therapeutischen Prozesses und unter Umständen zu höchst gefährlichen Eskalationen führen kann.

Auch wenn die geschilderten Gegenübertragungskonstellationen zum Teil brisante Probleme aufwerfen, kann man nicht davon sprechen, sie seien eo ipso verhängnisvoll. Sie sind gerade bei der Arbeit mit dissozialen Patientinnen und Patienten häufig gar nicht zu vermeiden. Außerdem kann uns die Gegenübertragung auf wichtige Persönlichkeitszüge und psychodynamische Zusammenhänge unserer Patienten aufmerksam machen und ist aus diesem Grund äußerst nützlich. Unheilvoll werden die beschriebenen Gegenübertragungskonstellationen erst dann, wenn wir sie nicht kritisch reflektieren und analysieren. Dabei gilt, daß die Reflexion der Gegenübertragung um so sorgfältiger und kritischer erfolgen muß, je mehr Modifikationen wir am therapeutischen Setting vornehmen und je weiter wir von der Leitlinie der technischen Neutralität abweichen. Gewiß wird bei der Verwendung eines bifokalen Behandlungskonzepts, wie ich es in diesem Buch schildere und für die Arbeit mit dissozialen Patientinnen und Patienten für indiziert halte, die Übertragungs-Gegenübertragungssituation mitunter schwierig. Dennoch spricht dies für mich keineswegs gegen die vorgeschlagenen Modifikationen bezüglich des Settings und des Vorgehens, stellt doch gerade die Gegenübertragung ein äußerst nützliches Instrument zur Erfassung der zentralen Konflikte unserer Patienten dar.

Herunterschrauben der therapeutischen Ansprüche

Dissoziale Menschen erfahren nicht nur wegen der Schwierigkeiten, mit denen sie uns in Behandlungen konfrontieren, oft Ablehnung von seiten der Therapeutinnen und Therapeuten, sondern auch, weil sie uns zwingen, uns kritisch mit unseren eigenen therapeutischen Ambitionen auseinanderzusetzen. Derartige Behandlungen verlaufen von der ersten Kontaktnahme an im Spannungsfeld zwischen Resignation und Hoffnung, zwischen realitätsgerechter Wahrnehmung der *Grenzen*, welche Patient und Therapeut trotz aller Anstrengungen nicht überschreiten können, und ebenso realitätsgerechter Wahrnehmung der dennoch bestehenden *Ent-*

wicklungsmöglichkeiten. Diese im Grunde sich bei allen Behandlungen zeigende Spannung tritt in der Arbeit mit dissozialen Patientinnen und Patienten besonders kraß hervor. Aus diesem Grund erscheint es mir besonders wichtig, daß wir uns als Therapeutinnen und Therapeuten schon vor Beginn der Behandlung darüber klar werden, welche Erwartungen wir an unsere Patienten richten und wie wir reagieren, wenn wir uns in diesen Erwartungen enttäuscht sehen. Wir haben es hier mit dem Problem des »patient ideal« (Adler et al. 1996; Beres u. Arlow 1974; Kotin 1986; Loewald 1960; Thomas 1986) zu tun, das heißt mit der Frage, wie die Idealbilder aussehen, die wir – zumeist völlig unreflektiert – von unseren Patientinnen und Patienten in uns tragen. Oft divergieren die Ätiologie- und Behandlungskonzepte sowie die Zielvorstellungen erheblich, von denen Patienten und Psychotherapeuten ausgehen, und sowohl zu »hoch« wie zu »tief« gesteckte Ziele wirken sich nachteilig auf die Entwicklung der Patienten aus.

Für die Arbeit mit dissozialen Menschen bedeutet dies, daß wir die gravierenden innerseelischen Konflikte, die ich- und über-ich-strukturellen Störungen und die schwerwiegenden sozialen Beeinträchtigungen, unter denen sie leiden, in ihrer Bedeutung ernst nehmen und erkennen, daß Stabilisierungen, die aus unserer Perspektive geringfügig erscheinen mögen, für die Patienten selbst wichtige Fortschritte bedeuten. Obwohl sich bei ihnen durchaus auch deutlich sichtbare Erfolge wie eine verbesserte Legalbewährung und soziale Stabilisierungen nachweisen lassen (Lösel et al. 1987; Perrez u. Rauchfleisch 1985), wäre es völlig unrealistisch – und auch unmenschlich –, von ihnen zu erwarten, daß sie schnell erreichbare und durchschlagende »Erfolge« erkennen ließen, wie sie heute unter anderem von Grawe und Mitarbeiterinnen (1994) immer wieder propagiert werden. »Erfolg« oder »Mißerfolg« der Psychotherapie müssen wir bei diesen Patientinnen und Patienten mit anderen Maßen messen als bei den üblichen Psychotherapiepatienten (zur Langzeitentwicklung dissozialer Menschen s. Robins 1966; Moffitt 1993; K. Hartmann 1996).

Eine in dieser Hinsicht für mich sehr eindrückliche Situation erlebte ich mit einem 50jährigen dissozialen Patienten, der wegen diverser, zum Teil auch gewalttätiger Delikte viele Jahre seines Lebens in Strafanstalten verbracht hatte. Unter dem Druck einer vom Gericht angeordneten Psychotherapie hatte er eine Behandlung bei mir aufgenommen. Von Anfang an vermittelte er mir aber verbal und nonverbal, daß er in keiner Weise für eine Psychotherapie motiviert sei und sich auch nicht das Geringste davon verspreche. Diese Ansicht vermittelte er indes nicht in provokativer Weise, sondern sie war Ausdruck einer tiefen Resignation. Er sah für sich im Leben keinerlei Perspektiven, weder im Beziehungsbereich noch in beruflicher Hinsicht. Er war der Überzeugung, wie er immer wieder äußerte, »daß ich ja doch wieder im Knast lande«. Unsere Gespräche verliefen außerordentlich zähflüssig, stockend, und in mir entstand in den Stunden oft das Gefühl, mich wie in einem Nebelmeer und in völliger Leere zu bewegen. Welche Themen aus dem beruflichen oder privaten Bereich ich auch ansprach, der Patient antwortete lediglich mit einigen wenigen Worten, selten überhaupt mit einem vollständigen Satz, und verstummte sofort wieder. Eine Klärung unserer Interaktion war mit ihm nicht möglich. In dieser Situation beschloß ich, von allen meinen Ambitionen, »Psychotherapie« mit dem Patienten durchführen zu wollen, Abschied zu nehmen und meine Rolle in Zukunft nur noch darin zu sehen, ihm ein konstanter Begleiter zu sein. Dabei war ich davon überzeugt, daß er im Grunde ausgesprochen ungern komme, angesichts der sonst drohenden Einweisung in eine Strafanstalt aber das »kleinere Übel« Therapie mehr oder weniger geduldig in Kauf nehme.

Diese Auffassung erwies sich indes als völlig unzutreffend, wie mir eine Episode zeigte, die sich nach etwa einjähriger Therapiedauer ereignete: Ich teilte in einer Sitzung dem Patienten mit, wir könnten die nächste Stunde leider nicht abhalten, da ich eine auswärtige Verpflichtung wahrnehmen müsse. Die Reaktion dies Patienten war eine völlig andere, als ich je vermutet hätte. Er schaute mich irritiert an und brachte ein enttäuschtes »Oh« heraus. Als ich den Patienten daraufhin fragte, ob er denn, wie wir ja ursprünglich einmal vereinbart hatten, für die ausfallende Sitzung eine Ersatzstunde haben wolle, antwortete er zu meinem Erstaunen lebhaft: »Ja, ja!« Er fügte hinzu, er habe in zwei Wochen Ferien, dann wolle er auf jeden Fall auch kommen. Er sei dann nicht, wie während seiner Berufstätigkeit, auf die Abendstunden angewiesen, sondern könne gern auch vormittags kommen, wenn mir das besser passe.

Diese Reaktionen waren für mich nach allem, was ich mit dem Patienten zuvor erlebt hatte, völlig unerwartet. Nie hätte ich angenommen, er werde den Ausfall einer Therapiesitzung bedauern, ja er würde sogar eine Ersatzstunde in Anspruch nehmen. Es wäre jedoch ein Irrtum anzunehmen, dieses Ereignis sei ein Wendepunkt in der Therapie gewesen und der Patient hätte von nun an sein Verhalten wesentlich geändert. Nach wie vor waren die Therapiestunden von Resignation und Leere geprägt, und nach wie vor sprach der Patient einsilbig und zögernd. Auf mich jedoch hatte die Äußerung des spontanen bedauernden »Oh« und der Wunsch nach einer Ersatzstunde eine starke Wirkung, zeigte mir diese Episode doch, daß unser Beisammensein doch in irgendeiner (mir allerdings nicht erkennbaren) Weise für den Patienten von Bedeutung sein mußte. Diese Einsicht bestärkte mich noch mehr in meiner Bereitschaft, den Patienten weiterhin ganz regelmäßig zu sehen, ohne daß ich auch nur die geringste Wirkung dieser ungewöhnlichen »Therapie« feststellen konnte. Ich sah meine Rolle vor allem darin, ihm eine konstante Begleitung anzubieten, die er in dieser Form bisher in seinem Leben niemals erfahren hatte.

Die Herausforderung, die dissoziale Patientinnen und Patienten für uns Professionelle darstellen, liegt wohl vor allem darin, daß wir uns darauf besinnen müssen, daß das Ziel unserer Behandlungen mitunter nicht in einer wie auch immer gearteten »Heilung« zu sehen ist, sondern daß wir die den Patienten und uns gesetzten Grenzen anerkennen müssen und dennoch psychotherapeutisch arbeiten können. Dahinter steht eine Haltung, die Manfred Bleuler mit den Worten beschrieben hat:

»Es ist unrealistisch, alle Not und alles Leid, mit denen wir zu tun haben, der einen oder anderen Krankheit zuzuschreiben, die wir zu heilen hätten. Gar oft haben wir schlichtere Aufgaben: einem, der leidet, eine Zeitlang nahezusein und ihn, wo wir es vermögen, etwas zu stützen.... Wir möchten ihn bescheiden ein stückweit auf seinem Schicksalsweg begleiten, solange ihm unsere Nähe guttut, und wir können bestrebt sein, ihm da und dort ein wenig zu raten und zu helfen, und zwar in der persönlichen Art, die nur dem einzelnen angepaßt ist« (1980).

Charakteristika dissozialer Menschen

Wie in den vorangehenden Kapiteln ausgeführt, lassen sich bei vielen dissozialen Menschen mit schweren Persönlichkeitsstörungen vom Borderline-Typ bestimmte Persönlichkeitszüge und Verhaltensweisen identifizieren, die als charakteristisch für sie angesehen werden können und in der Psychotherapie zu beachten sind. Im folgenden sollen die wichtigsten dieser Merkmale als zusammenfassenden Übersicht dargestellt werden.

Frustrationsintoleranz

Ein die dissozialen Menschen in besonderer Weise kennzeichnendes Merkmal liegt in ihrer nur geringen Frustrationstoleranz. Auf dieses Phänomen ist mit besonderem Nachdruck von nahezu allen Autoren psychiatrischer und psychoanalytischer Provenienz hingewiesen worden, und zwar sowohl bei der Beobachtung von Kindern und Jugendlichen als auch bei der Schilderung dissozialer Erwachsener. Immer wieder ist bei diesen Menschen zu beobachten, daß schon – äußerlich gesehen – geringfügige Belastungen zu unverhältnismäßigen Reaktionen mit Impulskontrollverlust führen. Belastende Umwelteinwirkungen, die andere Menschen durchaus zu ertragen vermögen, reichen bei dissozialen Patienten aus, um die vielfach beschriebenen Fehlverhaltensweisen wie Fortlaufen, Kurzschlußhandlungen selbst- und fremdgefährlicher Art, Alkoholexzesse, abruptes Abbrechen von Beziehungen auszulösen. Es besteht bei ihnen, auch im Rahmen therapeutischer Beziehungen, eine ausgesprochene Neigung zum impulsiven Handeln. Der dissoziale Mensch *handelt*, um dem Erleben von Angst, Unlust und anderen ihm unangenehmen Affekten zu entgehen. Er »lebt«, statt zu *er*leben.

Dabei ist für viele dieser Menschen kennzeichnend, daß sie letztlich *außengeleitete* Menschen sind, die nicht aktiv, konstruktiv ihre Umwelt zu gestalten vermögen, sondern deren Handeln vor allem ein *Re*agieren auf das Verhalten der Umgebung darstellt. So starr ihre Muster repetitiven Fehlverhaltens sind, so wenig strukturiert sind auch ihre Fähigkeiten, einen Kompromiß zwischen ihren eigenen Bedürfnissen und den Ansprüchen der Gesellschaft herzustellen. So sind sie chronisch Frustrierte, die mehr oder weniger hilflos zwischen einer Unterwerfung unter äußere Normen und einer Durchsetzung eigener Bedürfnisse hin- und herschwanken. Dabei ist bemerkenswert, daß sie ihre eigenen Impulse nicht gezielt und nicht in einer für sie befriedigenden Weise realisieren können, sondern auch diesem inneren Geschehen mehr oder weniger passiv ausgeliefert sind. Sie haben somit einen Kampf an zwei Fronten zu führen, einer innerseelischen und einer sozialen. Psychodynamisch steht hinter der geringen Frustrationstoleranz vor allem die schwere narzißtische Störung, die wir bei vielen dissozialen Menschen finden. In struktureller Hinsicht haben wir es mit den Folgen der defizitären Ich-Funktionen und der starren archaischen Abwehrformationen zu tun.

Störungen im Realitätsbezug

Ein weiteres zentrales, dissoziale Menschen kennzeichnendes Merkmal ist ihr geringer Realitätsbezug. Schon in der klassisch-psychiatrischen Literatur findet man eine Fülle von Hinweisen darauf, daß »psychopathische« Persönlichkeiten häufig kaum in der Lage seien, sich selbst und andere Personen realitätsgerecht einzuschätzen. Ferner wurde insbesondere ihre Unfähigkeit, aus Erfahrungen zu lernen, hervorgehoben, ebenfalls Ausdruck ihres geringen Realitätsbezugs (siehe auch die Charakterisierung von dissozialen respektive antisozialen Persönlichkeiten in den neuen

Diagnosesystemen der ICD-10 und des DSM-IV). Tatsächlich fallen jedem, der mit dissozialen Menschen in Kontakt tritt, ihre zum Teil massiven Realitätsverkennungen und -umdeutungen auf, die sich in Fehleinschätzungen sowohl ihrer Umwelt als auch hinsichtlich ihrer eigenen Person und ihrer Möglichkeiten manifestieren. Solche Einschränkungen der Wahrnehmungsfunktionen haben eine Fülle sozialer Konflikte zur Folge.

Auch die Beeinträchtigungen im Realitätsbezug sind mehrfach determiniert: Neben dem aus dem pathologischen Größenselbst herrührenden narzißtischen Störungsanteil sind die beschriebenen Ich-Störungen ursächlich an den zum Teil massiven Realitätsumdeutungen und -verzerrungen dissozialer Menschen beteiligt. Außerdem ist ihre soziale Desintegration wesentlich durch die Beeinträchtigungen im Realitätsbezug bedingt.

Kontaktstörung

Mehr noch als bei vielen anderen Patienten spielt bei dissozialen Menschen die Kontaktstörung eine hervorragende Rolle. Sie wird deshalb in nahezu allen Arbeiten zum Thema der Dissozialität wie auch in den diagnostischen Systemen der ICD-10 und des DSM-IV ausdrücklich erwähnt. Es sind Probleme, die den Betroffenen selbst in den meisten Fällen durchaus als Konfliktbereich bewußt sind und unter denen sie leiden. Häufig spielt der Alkohol als »Selbstheilungsversuch«, als Stimulans für kriminelle Aktivitäten und vor allem als »Kontaktstifter« eine große Rolle.

Eindrücklich schildern Krausslach und Mitarbeiter (1978) anhand ihrer Beobachtungen von dissozialen Jugendlichen, daß beispielsweise die Einladung eines Jugendlichen, mit ihm ein Bier zu trinken, je nach dem sozialen Kontext und der Befindlichkeit des Jugendlichen Ausdruck ganz verschiedener Mitteilungen sein könne: Das eine Mal stehe dahinter etwa die Bitte »Komm, hör auf zu reden, sauf lieber einen.« Ein anderes Mal sei es der Versuch auszudrücken: »Du bist mir sympathisch, ich habe dich ganz gern. Ich kann dir das zwar nicht sagen, darum gebe ich dir ein Bier aus.«

In wieder einer anderen Situation könne die Aufforderung des Jugendlichen, mit ihm Alkohol zu trinken, aber auch bedeuten: »Ich möchte Kontakt mit dir haben, weil ich dir etwas sagen möchte oder ein Problem mit dir besprechen will. Ich finde es blöde, zu sagen, komm, ich muß mal fünf Minuten mit dir alleine reden. Hoffentlich merkst du, was ich will.« Oder der Jugendliche artikuliert – nach den Erfahrungen von Krausslach und Mitarbeitern – mitunter auf diese Weise die Mitteilung: »Mein Problem kann ich erst einbringen, wenn ich sicher bin, daß du mit mir auch vernünftig redest. Die Flasche Bier brauche ich, weil ich sonst nicht richtig weiß, wo ich mit den Händen hin soll.« So spielt der Alkohol im Kontaktverhalten dissozialer Menschen oft eine große, vielfach determinierte Rolle.

Auch exhibitionistische Handlungen können als verzweifelte Versuche verstanden werden, Beziehungen zur Umwelt aufzunehmen. Nach Boss (1947) steht bei diesen Menschen die Scham im Dienst der Liebe. Von ihnen wird Nähe und Hingabe als so gefährlich erlebt (Riemann 1968), daß sie Kontakt nur in Form einer solchen »exhibitionistischen Blickkommunion« (Boss) aufzunehmen wagen. Treffend formulierte diesen Sachverhalt einer meiner Patienten mit den Worten: »Es ist viel einfacher, sein Ding herzuzeigen, als mit Worten mit einer Frau in Kontakt zu kommen.« Zugleich wird im exhibitionistischen Akt, der werbende und abschreckende Impulse enthält, auch die große Ambivalenz solcher Männer in bezug auf Nähe und Distanz sichtbar.

Die sozialen Beziehungen dissozialer Menschen entfalten sich oft zu einem nur geringen Teil auf der Ebene einer auf die äußere Realität bezogenen Kommunikation, sondern werden weitgehend von unbewußten Determinanten bestimmt. Wegen dieser Neigung, ihre intrapsychischen Konflikte in allen ihren sozialen Bezügen zu leben, muß der Therapeut während der Behandlung seine besondere Aufmerksamkeit nicht nur dem in der therapeutischen Situation sich entfaltenden Übertragungsgeschehen widmen, sondern auch die »extratherapeutischen« Übertragungsmanifestationen (Haas 1965) im Auge behalten und mit dem Patienten durcharbeiten.

Das die dissozialen Menschen kennzeichnende Kontaktverhalten ist weniger die Unfähigkeit, überhaupt soziale Beziehungen aufzunehmen, wie wir es beispielsweise bei vielen Neurosekranken finden. Charakteristisch für sie ist vielmehr der *flüchtige Charakter* ihrer Kontakte, das oft *abrupte Abbrechen* von Beziehungen, das – scheinbar! – geringe affektive Engagement in Partnerschaften. Die Lebensgeschichten solcher Menschen lassen im allgemeinen auf den ersten Blick, zumindest was die Quantität von Partnern angeht, keinen Mangel an Bezugspersonen erkennen. Untersucht man jedoch genauer die Qualität dieser Beziehungen, so fällt eine große *Instabilität* auf. Es finden sich immer wieder wechselnde Partnerschaften, und die Kontakte bleiben *oberflächlich*. Oft kennen die Betreffenden beispielsweise ihre »Freunde« nur beim Vornamen, sind kaum über deren Lebenssituation informiert, und die Kontakte beschränken sich häufig auf ein mehr oder weniger zufälliges Zusammentreffen in einer Wirtschaft.

Gehen dissoziale Menschen zu einzelnen Partnerinnen und Partnern doch einmal eine intensivere Beziehung ein, so manifestiert sich deutlich ihre große *Ambivalenz* mitmenschlicher Nähe gegenüber. In fast unverhüllter Form treten dann ungeheure Ansprüche an einen solchen Partner hervor, Ansprüche, die letztlich unerfüllbar sind und die häufig ihren ambivalenten Charakter erkennen lassen: Besteht einerseits das unstillbare, fast süchtige Verlangen nach Zuwendung und Bestätigung, so taucht andererseits intensiveren Beziehungen gegenüber, vor allem auch solchen therapeutischer Art, zugleich eine massive Angst auf, von der sich der dissoziale Mensch in seiner ohnehin schon labilen Integration bedroht fühlt.

Ferner fallen im Kontaktverhalten dissozialer Menschen, neben einer ausgesprochenen Anspruchshaltung, starke *Idealisierungstendenzen* einzelnen, als »ganz gut« erlebten Beziehungspersonen gegenüber auf, während andere Personen als »abgrundtief böse« empfunden werden. Die Aufrechterhaltung einer solchen *Aufspaltung der Umwelt* in »ganz gute«, das heißt vor allem nährende, grenzenlos bestätigende, dem dissozialen Menschen in einer Fusion als Verstärkung seines instabilen Selbst dienende, und in »ganz böse«, das heißt ausschließlich versagende Objekte, erfordert ein hohes Maß an Realitätsverleugnung. Denn niemals entspricht eine reale Person tatsächlich einer dieser beiden – sich im

Erleben von dissozialen Menschen gegenseitig ausschließenden – Kategorien. Zeigt ein zunächst idealisierter, ganz »guter« Partner auch nur die geringste »Schwäche«, kommt es auch nur zur geringsten Versagung, so bricht der dissoziale Mensch lieber – mit dem Erleben einer tiefen narzißtischen Kränkung – diese Beziehung ab, als erleben zu müssen, daß die gleiche Person sowohl »böse« als auch »gute« Seiten besitzt.

Wir können mit Parin (1961) und Reicher (1976) annehmen, daß die Objektbeziehungen dieser Patienten vor allem einem archaischen narzißtischen Muster folgen und deshalb das nicht mehr die eigenen Bedürfnisse befriedigende Objekt sofort aufgegeben wird. Der Partner muß solchen Menschen zur *Aufrechterhaltung des narzißtischen Gleichgewichts* dienen. Diese Dynamik läßt leicht den Eindruck entstehen, der dissoziale Mensch nutze seine Bezugspersonen rücksichtslos aus. Tatsächlich aber liefert er sich selbst seinen Objekten vollkommen aus und klammert sich geradezu verzweifelt an sie, wie Nacht und Racamier (1960/1961) es für depressive Menschen beschrieben haben.

Der Persönlichkeit des Partners gegenüber ist ein solcher Mensch weitgehend »blind«. Entscheidend für die Beziehung ist allein die Frage, ob der Partner Gratifikation spendet und damit ein »gutes« Objekt ist. Erfüllt er nicht die an ihn gerichteten Wünsche, so wird er zum »bösen«, gehaßten Objekt. Durch ein solches Kontaktverhalten kann es niemals zu korrigierenden Erfahrungen kommen, da der dissoziale Mensch jeweils durch den Abbruch der Beziehung verhindert, daß er am gleichen Partner gute und böse Seiten wahrnehmen könnte. So bleibt es bei einer in »gut« und »böse« aufgespaltenen äußeren Welt, der im Innern des Patienten eine ebenso scharfe Trennung entspricht zwischen »positiven« Gefühlen (vor allem in der Suche nach Anlehnung, nach Bestätigung, nach oralem Versorgtwerden) und »negativen« Affekten (sich manifestierend in Form massiver aggressiver Reaktionen). Außerdem bestehen solche Spaltungen in gut und böse auch hinsichtlich des Selbstbildes beziehungsweise verschiedener Selbstbildanteile des Patienten. Die Beziehungen dissozialer Menschen besitzen kaum objektalen Charakter, sondern sind stark *funktionalisierte*, einem narzißtischen Muster folgende Beziehungen, bei denen Partnerinnen und Partner, aber auch Therapeutinnen und Therapeuten, als »Mittel zum Zweck« »benutzt« werden, wobei die Beziehungen mitunter eine geradezu »ausbeuterische« Qualität annehmen. Diese Charakterisierung darf jedoch nicht, wie mitunter im psychotherapeutischen Schrifttum und in den Diagnosensystemen, in einem moralisierenden Sinn verstanden werden. Die narzißtischen Beziehungsformen sind vielmehr Strategien, die diesen meist von Kindheit an unter schwierigsten inneren wie äußeren Bedingungen lebenden Menschen das Überleben ermöglicht haben und auf die sie erst im Rahmen einer intensiven Psychotherapie nach und nach verzichten können.

Depressivität

Dieses Phänomen wird von fast allen Autoren erwähnt, die sich mit dissozialen Menschen beschäftigen. Zum Teil finden wir in den klassischen Psychopathiekonzepten in der Benennung einzelner Typen sogar einen unmittelbaren Hinweis auf die Bedeutung der Depressivität, zum Beispiel in der Bezeichnung »depressive Psychopathen«, »zykloide Psychopathen« oder »Depressive und Stimmungslabile«. Gehen wir von den psychoanalytischen Depressionskonzepten aus, wie sie unter anderem von Sigmund Freud (1917), Karl Abraham (1912), Melanie Klein (1960/61), Margaret Mahler (1966), Edith Jacobson (1977) und Elisabeth Zetzel (1961) formuliert worden sind, so können wir mit Fischer (1976) und Eicke-Spengler (1977) festhalten: Den Kern der depressiven Störung bildet das *herabgesetzte Selbstwertgefühl*, dessen Ursache ein *aggressiver Konflikt* ist. Die resultierende Depression ist ein weitgehend mißlungener Kompensationsversuch, zu dessen Unterstützung archaische Abwehrmechanismen wie Introjektion, Projektion und Spaltung herangezogen werden. Die depressive Erkrankung wird (abgesehen von möglichen genetischen Determinanten) durch *frühe Traumatisierungen* bedingt, durch Beeinträchtigungen zu einer Zeit, in der das Kind noch nicht trauern sowie seine Ambivalenz und die narzißtischen Konflikte noch nicht lösen kann. So kommt es im Laufe der Entwicklung nicht zu einer ausreichenden Neutralisierung libidinöser und aggressiver Triebenergien. Der depressive Mensch bleibt in extremem Maß abhängig von narzißtischer Gratifikation durch die Umwelt und ist stets auf der – vergeblichen – Suche nach einem *Idealobjekt*, mit dem er eine Fusion eingehen könnte. Ein solcher idealisierter Partner darf aber unter keinen Umständen enttäuschende, versagende Züge erkennen lassen, da sich sonst die abgespaltene Aggression des Depressiven gegen seinen Partner und – aufgrund der Identifikation mit ihm – zugleich gegen die eigene Person richten würde. So sind die Objektbeziehungen einerseits mit riesigen Erwartungen beladen. Andererseits bergen sie aber auch die Gefahr in sich, daß es zu einer Aggressionsentladung kommen kann, wenn die ersehnte, für den depressiven Menschen existentiell notwendige narzißtische Zufuhr von seiten eines idealisierten Partners ausbleibt.

Die wichtigsten *Gemeinsamkeiten* zwischen depressiven und dissozialen Menschen scheinen mir in der extremen Abhängigkeit beider von narzißtischer Gratifikation durch die Umwelt sowie in ihrer oralen Abhängigkeit (im Sinne der »love addicts« Fenichels 1945) zu liegen. Ferner besteht bei dissozialen Menschen ebenfalls die von Rado (1928) für die depressiven beschriebene narzißtische Intoleranz, die hochgradige Verletzbarkeit und die von den meisten psychoanalytischen Autoren angeführte Selbstwertproblematik mit den Gefühlen von Hilflosigkeit, Minderwertigkeit und Unfähigkeit (Battegay 1991). Auch hinsichtlich des Einsatzes archaischer Abwehrmechanismen wie Introjektion, Projektion und Spaltung sowie deren Hilfsmechanismen gleichen depressive und dissoziale Menschen einander weitgehend. Ferner zeigen sich Gemeinsamkeiten in der Entwicklung beider Persönlichkeiten (s. Kapitel »Entwicklungspsychologische Aspekte«).

Der fundamentale *Unterschied* liegt hingegen darin, daß der dissoziale Mensch nicht nur durch Spaltungsmechanismen, sondern vor allem durch Externalisierung und handlungsmäßiges Inszenieren seiner Konflikte in der Außenwelt dem ihm unerträglichen Gefühl der Depression auszuweichen sucht. Für sein psychisches Gleichgewicht ist deshalb von größter Bedeutung, daß er durch Projektion seine eigene Unvollkommenheit und Aggression in die Umwelt verlegen und sich als deren Opfer empfinden kann. Daraus leitet er für sich dann das Recht ab, nun seinerseits aggressiv zu werden (Mechanismus der projektiven Identifizierung). Auf diese Weise vermag er sich vor der – sich sonst gegen ihn selbst richtenden – Aggressivität zu schützen. Die Selbst- und Objektrepräsentanzen des dissozialen Menschen können in gute und böse aufgespalten bleiben. Er muß seine Ambivalenz und vor allem seine Trauer über den Verlust der »erhebenden Erhabenheit« (Grunberger 1976) nicht erleben, sondern kann sein inneres Drama auf der Bühne seiner Umwelt handelnd inszenieren. Die beim depressiven Menschen in Selbstanklagen bis in die somatischen Vollzüge hinein wirksame Autoaggression findet bei dissozialen Menschen zum Teil ihren Abfluß im antisozialen Akt. Zum Teil aber richtet sie sich auch gegen ihn selbst in Form der für ihn charakteristischen permanenten Selbstsabotagen und Autodestruktionen. Wo der depressive Mensch sich als hilflos erlebt und sich seiner Unfähigkeit bezichtigt, kann der dissoziale Mensch diesen auch bei ihm bestehenden intrapsychischen Konflikt externalisieren, die Über-Ich-Träger in der Außenwelt anklagen und sich gegen sie zur Wehr setzen. Auch hier handelt er, um die ihm unerträglichen inneren Konflikte und die damit verbundenen Gefühle zu vermeiden.

Über-Ich-Pathologie

Ein weiteres, bereits in der klassisch-psychiatrischen Literatur wie auch in den modernen Diagnosensystemen immer wieder hervorgehobenes Merkmal dissozialer Menschen ist ihre Über-Ich-Pathologie. Ich spreche hier von einer Über-Ich-Pathologie und nicht von einer mangelnden Ausbildung der Gewissensinstanz, da eine solche defizitäre Entwicklung nur in einzelnen – seltenen – Fällen vorliegt. Bei einer phänomenologischen Betrachtung imponieren oftmals die geringe Orientierung dieser Menschen an sozialen Normen, ihr zum Teil ausgeprägtes anti- und asoziales Verhalten, die ihnen häufig vorgeworfene Rücksichtslosigkeit und Egozentrizität sowie ihre geringe Fähigkeit, aus sozialen Erfahrungen zu lernen. Bei einer strukturellen Analyse stellt sich jedoch heraus, daß wir es hier nicht in erster Linie mit einem Defizit an Über-Ich-Entwicklung zu tun haben, sondern mit einer mangelnden Integration des Über-Ich in die Gesamtpersönlichkeit und mit einer Dissoziation einzelner Über-Ich-Anteile (zum Teil extrem hochgeschraubtes Ich-Ideal und sadistische Kerne im Über-Ich im engeren Sinne, vgl. S. 82 ff.).

Desintegration der Persönlichkeit

Bei dissozialen Menschen mit schweren Persönlichkeitsstörungen kann man von einer zentralen Desintegration der Persönlichkeit sprechen, bei der die »normale Integration einer Lebensganzheit entweder nicht hinreichend zustande kommt oder, wenn sie ausgebildet war, nachträglich gelockert wird« (Binder 1960). Es sind nach Binder vorwiegend quantitative Störungen der psychischen Abläufe in den Bereichen der Gefühle und der Impulse der Persönlichkeit. In einem ähnlichen Sinn spricht die Psychoanalytikerin Schmideberg (1959) von einem »lack of integration« (Integrationsmangel), bei dem den ich-strukturellen Störungen besondere Bedeutung zukommt. Außerdem spielt dabei die narzißtische Vulnerabilität dieser Menschen eine zentrale Rolle und führt zu immer wieder neuen Gefährdungen der innerpsychischen Homöostase.

Chronifizierung der Störung

Ein weiteres für dissoziale Menschen charakteristisches, wiederholt beschriebenes Merkmal liegt in der Chronifizierung der Störung. Wie ein roter Faden zieht sich das Fehlverhalten dieser Menschen in repetitiver Form durch ihr ganzes Leben. Immer wieder kommt es – meist schon bei geringfügigen Anlässen – zu desintegrativen Prozessen, zu Impulshandlungen, Delikten oder anderen Formen dissozialen Verhaltens. Wir haben es hier nicht mit passageren Phänomenen zu tun, sondern mit schweren, chronischen

Formen psychischer Fehlentwicklungen. Diese verfestigen sich im Verlauf des Lebens zu relativ starren Reaktions*mustern*, so daß sie als umschreibbare Persönlichkeitstypen (etwa gemäß der ICD-10 oder des DSM-IV) imponieren.

Schlußbetrachtungen

Am Ende meiner Ausführungen möchte ich den Bogen zurück zu der am Anfang dieses Buches stehenden Lebensgeschichte schlagen. Nach dem Überblick über die bisher zum Thema der Dissozialität vorliegende Literatur und aufgrund meiner eigenen psychodynamischen Überlegungen bin ich der Ansicht, daß wir auch angesichts solcher schwerer dissozialer Fehlentwicklungen nicht zu resignieren brauchen. Wir müssen uns beim heutigen Stand unseres Wissens nicht mehr damit zufriedengeben, bei diesen Menschen lediglich eine von früh auf bestehende unveränderliche Persönlichkeitsvariante zu diagnostizieren. Ein wesentliches Ziel dieses Buches liegt darin, aufzuzeigen, daß wir bei den dissozialen Entwicklungen einer vielschichtigen Problematik gegenüberstehen. Als besonders charakteristisch und zugleich verhängnisvoll für die Entwicklung dieser Menschen erscheint mir das Ineinandergreifen *individueller psychopathogenetischer Elemente* und *sozialer Faktoren*, die wesentlich dazu beitragen, daß die dissoziale Störung eine oft verhängnisvolle Eigengesetzlichkeit entwickelt.

Aus Gründen der Darstellung war es zwar notwendig, triebdynamische, ich- und über-ich-strukturelle sowie narzißtische Aspekte gesondert zu behandeln. Doch ist eine derartige Aufteilung eine künstliche und wird der Persönlichkeit eines solchen Menschen nicht gerecht. Die Analyse der Biographie dissozialer Menschen zeigt die enge Beziehung zwischen ich-psychologischen, triebdynamischen und narzißtischen Anteilen. Jedem dieser Faktoren kommt eine doppelte Bedeutung zu, indem er Auslöser und zugleich auch Folgeerscheinung ist. So kann beispielsweise das (primär und/oder durch lebensgeschichtliche Umstände) bereits geschwächte Ich durch den Einsatz archaischer Abwehrmechanismen zwar vor der Dekompensation bewahrt werden, erfährt aber durch die mit diesen Abwehrmaßnahmen verbundenen Realitätsausblendungen eine weitere Schwächung. Dieses in seiner Neutralisierungsfähigkeit eingeschränkte Ich ist nun hinsichtlich des Umgangs mit aggressiven und libidinösen Impulsen mit Aufgaben konfrontiert, denen es nicht gewachsen ist. Hinzu kommt, daß es solchen Menschen nicht nur an Verarbeitungsfähigkeit mangelt, sondern daß primär autonome Ich-Funktionen im Sinne Hartmanns (1972) wie Sprache, Wahrnehmung, Steuerung der Motilität und so weiter sekundär aggressiviert und sexualisiert werden können. Solche aus frühen pathologischen Objektbeziehungen resultierende Fehlentwicklungen wirken sich nun ihrerseits auch auf die aktuellen sozialen Bezüge des dissozialen Menschen aus. Die im sozialen Kontext gemachten Erfahrungen (etwa häufiger Pflegeplatzwechsel, Heimunterbringungen, in Partnerschaften erfahrene Ablehnung u. ä.) werden wiederum zu Auslösern einer weiteren Deprivation (z. B. mangelnde narzißtische Zufuhr, die zu einer extremen Abhängigkeit von narzißtischer Gratifikation führt, oder mangelnde Ausbildung und Übung von Wahrnehmungs-, Denk- und Sprachfunktionen aufgrund sozialer Vernachlässigung). Diese wenigen Andeutungen mögen genügen, um aufzuzeigen, wie komplex die Verhältnisse gerade bei der Entwicklung der dissozialen Persönlichkeiten sind.

Noch komplizierter wird die Situation, wenn wir nicht nur die individuelle Biographie eines solchen Menschen betrachten, sondern, wie im Kapitel über die soziologischen Theorien ausgeführt, auch die sozialen und kulturellen Determinanten der Dissozialität berücksichtigen. So haben uns die Autoren des »labeling approach« in eindrücklicher Weise vor Augen geführt, daß es nicht nur der dissoziale Mensch ist, der Reaktionen der Gesellschaft auf seine Delikte provoziert. Vielmehr sind die gesellschaftlichen Instanzen selbst ursächlich mit an der »kriminellen Karriere« eines solchen Menschen beteiligt. Auch in diesem Bereich herrscht also keine einseitige Kausalbeziehung, sondern ein kompliziertes Netz sich gegenseitig beeinflussender Determinanten.

Am Ende meiner Ausführungen möchte ich einen Patienten schildern, dessen Lebensgeschichte vielleicht geeignet ist, die verwirrende Vielfalt der Faktoren aufzuzeigen, die maßgeblich an der dissozialen Entwicklung eines Menschen beteiligt sind. Es erscheint mir charakteristisch für die Entwicklung solcher Menschen, daß wir keiner der Determinanten eindeutige Priorität einräumen können. Erst die Einbeziehung aller Faktoren vermag Licht in das Dunkel zu bringen, das die Biographie eines solchen Menschen umgibt. Und doch bleibt, wie gerade das gewählte Beispiel zeigen wird, immer ein letzter Rest, der sich allen unseren Versuchen entzieht, den betreffenden Menschen in seinem So-geworden-Sein zu erklären und ganz zu verstehen. Auch wenn wir bei unseren prognostischen Erwägungen oftmals nur wenige positive Ansatzpunkte zu finden vermögen, muß dennoch über einem solchen Schicksal nicht die Feststellung stehen, es sei ein »Mensch ohne Zukunft«. Gerade die Entwicklung des zu schildernden Patienten, dessen Therapie vor mehr als zehn Jahren beendet worden ist, zeigt, daß eine intensive psychoanalytisch orientierte Psychotherapie, wie ich sie in diesem Buch geschildert habe, zu grundlegenden und anhaltenden Änderungen der Persönlichkeit führen kann.

Der 1955 geborene, zur Zeit des ersten Zusammentreffens mit uns 26jährige Patient ist als sechstes von neun Kindern eines Hilfsarbeiters in einer Kleinstadt aufgewachsen. Den Vater schildert er als sehr streng. Er habe oft auch zu körperlichen Züchtigungen gegriffen. Die Mutter, deren Bruder depressiv gewesen und sich im Alter von 48 Jahren umgebracht habe, sei zwar an und für sich fürsorglich gewesen, habe sich dem Patienten aber wegen der Arbeitsbelastung durch die große Familie kaum zuwenden können. Schon früh habe er, gerade auch in der Beziehung zur Mutter, unter dem Gefühl gelitten, zu kurz zu kommen. Im Gespräch, das wir anläßlich der forensischen Begutachtung des Patienten mit seiner Mutter führten, erschien sie zwar als durchaus warmherzige Frau. Neben echter Sorge um das weitere Schicksal ihres Sohnes erwies sich aber als charakteristisch für ihre Beziehung zum Patienten eine deutliche Tendenz, den Sohn möglichst fest an sich zu binden. So betonte sie wiederholt, daß der Patient sich unbedingt von seiner Ehefrau trennen und wieder zurück ins Elternhaus, zu ihr, kommen solle. An anderer Stelle des Gesprächs erwähnte sie mit fast unverhohlenem Triumph, daß sie genau wisse, warum der Sohn in der Untersuchungshaft einen Suizidversuch unternommen habe, der zu seiner Verlegung in eine psychiatrische Klinik geführt habe: Sie habe ihm gesagt, daß sie ihn nie wieder in einem Gefängnis besuchen werde. Der Sohn habe den Suizidversuch deshalb *ihretwegen* unternommen.

In seiner Familie fühlte der Patient sich von Kindheit an als »Sündenbock«. Er sei, was auch die Mutter bestätigte, ein ruhiges, braves und eher schwächliches Kind gewesen. Lediglich zum nächstälteren Bruder und zu einer älteren Schwester, die Muttersstelle an ihm vertreten habe, habe er eine enge, gute Beziehung gehabt. Für die übrigen Geschwister und die Kameraden hingegen sei er der Prügelknabe gewesen. Das Gefühl, zu kurz zu kommen und ausgenutzt zu werden, durchzieht wie ein roter Faden das Leben des Patienten. Er absolvierte die Schulen (Pflichtschule) zwar als mittelmäßiger Schüler, empfand aber auch hier schmerzlich die Ablehnung durch die Kameraden und die geringe Wertschätzung durch die Lehrer. Im Alter von elf Jahren zog sich der Patient an einer Maschine Frakturen am Unter- und Oberschenkel zu. Noch heute leidet er an den Folgen dieses Unfalls. Eine schlecht heilende Hautwunde machte im Verlauf von 13 Jahren fünf Operationen notwendig, verbunden mit oft monatelangen Spitalaufenthalten. Der Patient berichtet, daß er sich jeweils im Spital sehr wohl gefühlt und die Umsorgung dort sehr genossen habe.

Eines der einschneidendsten Ereignisse seiner Kindheit sei der Tod seines Lieblingsbruders im Jahre 1968 gewesen. Dieser Verlust traf den Patienten um so härter, als dieser Bruder außer der erwähnten Schwester offenbar der ihm am nächsten stehende Mensch war. In dieser Zeit verübte der Patient seine ersten Delikte: Entwendung eines Mofas, Diebstahl eines Portemonnaies und verschiedene Verkehrsdelikte. Eine Lehre als Mechaniker vermochte er zwar erfolgreich abzuschließen, verstrickte sich aber von 1968 an immer wieder in Delikte (wiederholte Diebstähle).

Im Jahr 1974 ging er die Ehe mit einer aus einer Zigeunersippe stammenden Frau ein. Sowohl seine Eltern als auch die Eltern der Frau waren entschieden gegen diese Ehe. Beide Ehepartner brachen aus diesem Grund für längere Zeit die Beziehung zu ihren Herkunftsfamilien ab. Der Patient suchte, nach seinen eigenen Worten, bei seiner Gattin ein »wirkliches Zuhause« und war sehr enttäuscht, als sich herausstellte, daß die Ehefrau ihm die erhoffte Umsorgung nicht zu geben vermochte, sondern ihrerseits von ihm Stützung erwartete. Es kam deshalb schon bald zu erheblichen Spannungen zwischen den Ehegatten. Wie schon in anderen Bereichen seines Lebens fühlte der Patient sich nun auch von der Ehefrau ausgenutzt und beklagte enttäuscht, daß er auch bei ihr zu kurz komme. In diese Zeit fallen weitere Diebstähle des Patienten.

Nachdem zunächst eine bedingte Verurteilung ausgesprochen worden war, mußte er 1975 eine mehrmonatige Haftstrafe verbüßen. 1976 wurde er beschuldigt, in einem Zug ein Mädchen vergewaltigt zu haben. Der Patient bestritt aber trotz erdrückender Beweise dieses Delikt. In der Zeit, während die Untersuchung gegen ihn lief, kam es zu weiteren Delikten: Zusammen mit zwei wesentlich jüngeren Männern brach er Automaten auf und beraubte sie. In dieser Zeit kam es zu einem Wiederaufflackern eines seit Jahren bestehenden Zwölffingerdarmgeschwürs, so daß eine Operation notwendig wurde. 1979 wurde der Patient zu einer bedingten Strafe verurteilt, und es wurde vom Gericht nach Art. 43 Schweizer StGB eine ambulante psychiatrische Behandlung angeordnet.

Die Therapeutin, die die Behandlung des Patienten übernahm, empfand seine geringe Äußerungsfähigkeit als große Schwierigkeit. Wie schon bei der Begutachtung erwies der Patient sich auch in der Behandlung im Grunde als unfähig, sich introspektiv mit sich auseinanderzusetzen. Er war weitgehend gefangen in seinen Stimmungen und in seinem Handeln abhängig von seinen eigenen Bedürfnissen, unfähig, die Befindlichkeit eines anderen Menschen in seine Überlegungen einzubeziehen.

Immerhin stabilisierte er sich beruflich einigermaßen. Parallel zur psychotherapeutischen Betreuung dieses Patienten fand noch eine Familientherapie statt, an der der Patient, seine Ehefrau und die beiden Töchter (damals drei und fünf Jahre alt) teilnahmen. Ferner bemühte sich eine Schutzaufseherin intensiv um den Patienten und seine Familie. Allerdings kam es zu keiner Koordination der verschiedenen therapeutischen und betreuerischen Aktivitäten.

Im Sommer 1979 starb der Vater des Patienten an Krebs. Der Patient litt sehr unter diesem Verlust und erwähnte immer wieder, daß er sich in den vergangenen Jahren, in denen es vor allem zwischen seiner Mutter und ihm zu Spannungen wegen seiner Eheschließung gekommen sei, dem Vater zunehmend verbunden gefühlt habe. Wenige Wochen nach dem Tod des Vaters verstarb auch die ältere Schwester, an der der Patient von Kindheit an sehr hing, während des Aufenthalts in einem Gartenbad an einem Herzversagen. Auf diesen neuerlichen Verlust einer nahen Bezugsperson reagierte der Patient mit schweren depressiven Verstimmungen.

Wenige Wochen nach diesen Ereignissen mußte die Therapeutin die Einzelbehandlung für einige Monate unterbrechen und die Betreuung des Patienten während dieser Zeit an einen Kollegen abgeben. Unglücklicherweise schied zur gleichen Zeit auch die Therapeutin aus, die zusammen mit einem männlichen Therapeuten die Familienbehandlung durchgeführt hatte. Der Patient reagierte in keiner sichtbaren Weise auf diese Trennungserlebnisse. Doch bereits kurz nach der Abreise der beiden Therapeutinnen verübte er ein schweres Notzuchtdelikt, indem er einer jungen Frau in einen Keller folgte, sie dort mit einem Messer bedrohte und sich an ihr verging.

Um die Dynamik dieser letzten Straftat zu verstehen, bedarf es einiger zusätzlicher Informationen. Innerhalb weniger Wochen war der Patient, durch dessen Leben sich wie ein roter Faden das Gefühl zog, stets zu kurz zu kommen, mit dem Verlust mehrerer ihm in verschiedener Hinsicht nahestehender Menschen konfrontiert: Der Vater und die Schwester waren gestorben, und die beiden Therapeutinnen hatten ihn verlassen. Der Patient selbst hatte wegen der sich immer mehr zuspitzenden ehelichen Situation den – allerdings sehr zwiespältigen – Plan gefaßt, sich von seiner Frau zu trennen. Seine Mutter hatte daraufhin die Erwartung geäußert, dann werde er doch sicher zurück ins Elternhaus kommen und gleichsam an Vaters Stelle mit ihr zusammen dort leben. Wir können vermuten, daß die beschriebenen Ereignisse zu einer tiefen Erschütterung des ohnehin labilen seelischen Gleichgewichts des Patienten führten: Auf der einen Seite bestand das Gefühl, nun aller Menschen beraubt zu sein, die seine Autonomie unterstützen könnten. Auf der anderen Seite eröffnete sich die – hoch ambivalent – erlebte Aussicht, sich wieder ganz in den Bereich der Mutter zu begeben. Oberflächlich betrachtet, könnte man in diesem Zusammenhang an ödipale Ängste denken. Tatsächlich jedoch bildet der ödipale Konflikt hier nur die oberste Schicht, unter der Ängste, Fusionswünsche und Aggressionen prägenitaler Art liegen.

In zeitlich engem Zusammenhang mit der Straftat standen zwei Kränkungen, die dem Patienten von Frauen seiner Umgebung am Tag des Delikts zugefügt worden waren: Er berichtete beim ersten Gespräch nach seiner Verhaftung, er sei am Morgen sehr enttäuscht gewesen, weil ihm die Ehefrau nicht, wie gewöhnlich, abends Kaffee in einer Thermoskanne bereitgestellt hätte. Er sei eigentlich nicht einmal böse gewesen, habe aber, aus ihm selbst unerklärlichen Gründen, eine tiefe Enttäuschung gespürt. Der Patient erwähnte diese Episode, ohne selbst diesem Vorfall irgend eine Bedeutung beizumessen. Der zweite ihn kränkende Vorfall habe sich an der Arbeitsstelle ereignet, wo er an diesem Tag zufällig erfahren habe, daß eine Kollegin, die eine weniger qualifizierte Ausbildung als er habe und als ledige Frau nicht noch, wie er, eine Familie ernähren müsse, 500 Franken mehr verdiene als er. Immer und immer wieder hätten daraufhin seine Gedanken darum gekreist, daß er überall benachteiligt werde.

Unter diesen Belastungen brach das bisher mühsam aufrechterhaltene seelische Gleichgewicht des Patienten offensichtlich zusammen, und es kam zum Delikt, das wir im Sinne Menningers (1960) als »spannungsminderndes Regulativ«, als Notfallfunktion zur Vermeidung einer tiefgreifenden Dekompensation, verstehen können. Diese vielleicht sehr spekulativ anmutende Interpretation erhält eine Bestätigung durch eine Reihe von zunächst merkwürdig erscheinenden Details im Ablauf der Straftat und in der Zeit bis zur Verhaftung des Patienten. Er suchte nach seinen Angaben am Nachmittag des Delikttages auf einem Abfallplatz nach Bastelmaterial, fand die gewünschten Dinge aber nicht. Ohne selbst recht zu wissen weshalb, habe er eine Damenbademütze mitgenommen, die er unter dem Abfall gefunden habe. Er habe sich dann auf den Heimweg gemacht. Plötzlich sei ihm der Gedanke gekommen, er könne noch beim Hausmeister eines Hauses, in dem seine Mutter und die vor kurzem verstorbene Schwester früher gearbeitet hatten, nach dem gewünschten Material fragen. Er kenne diesen Hausmeister gut, weil er häufig die Mutter und die Schwester jeweils am Freitag (auch der Delikttag war ein Freitag!) dort abgeholt habe. Als er den Hausmeister nicht angetroffen habe, habe er sich im Haus auf die Treppe gesetzt, um zu warten.

Plötzlich habe er das Gefühl gehabt, seine verstorbene Schwester sei anwesend. Er habe geradezu körperlich ihre Nähe gespürt. Zugleich habe er aber auch um so schmerzlicher die Tatsache empfunden, daß seine Lieblingsschwester nicht mehr lebe. Gerade in diesem Augenblick sei eine junge Frau, die nach seiner Beschreibung große Ähnlichkeit mit seiner Ehefrau gehabt habe, die Treppe heruntergekommen und habe ihn freundlich gegrüßt. Wie unter einem Zwang sei er dieser Frau daraufhin in den Keller gefolgt, habe sich die Damenbademütze über die Haare gestülpt, habe die Frau mit dem Messer bedroht und sie vergewaltigt. Nach der Tat habe er sich immer wieder bei der Frau entschuldigt und habe sie erst gehen lassen, als sie ihm versprochen habe, daß sie ihm verzeihe. In den folgenden Tagen nahm der Patient mehrmals telefonisch Kontakt mit dieser Frau auf und entschuldigte sich immer wieder. Schließlich bat er sie, daß sie ihm erlaube, sie noch ein Mal zu treffen. Er könne erst Ruhe finden, wenn sie ihm in einem Gespräch von Angesicht zu Angesicht verzeihe. Zur abgemachten Zeit fand sich der Patient dann mit einer Schachtel Pralinen bei der Frau ein und wurde von der Polizei festgenommen.

Abgesehen davon, daß der Patient durch dieses Verhalten seine Verhaftung selbst herbeigeführt hatte, fallen noch einige Details auf, die Licht auf die Psychodynamik dieses Delikts zu werfen vermögen. Nach all den vom Patienten in jüngster Zeit erfahrenen Verlusten, Kränkungen und Enttäuschungen sowie den in der Beziehung zur Mutter (re-)aktivierten Ängsten und Aggressionen könnte man das Gefühl, die verstorbene Lieblingsschwester sei anwesend, als einen der »halluzinatorischen Wunscherfüllung« (Freud 1900) ähnlichen Mechanismus verstehen. Die Belebung dieser Vorstellung sollte dem Patienten offenbar Schutz vor den ihm unerträglichen Gefühlen der Angst, der tiefen Verlassenheit und der narzißtischen Wut bieten. Doch dieser Mechanismus erwies sich nicht als tragfähig genug zur Abwehr der chaotischen Gefühle. Es drohte eine tiefgreifendere Dekompensation, wie wir aufgrund der Auflösung der Grenzen zwischen Selbst- und Objektrepräsentanzen vermuten können (der Patient stülpte sich die Damenbadekappe über, wurde also gleichsam selbst zur geliebten Schwester, die ja in einem Gartenbad gestorben war). In dieser Identitätskonfusion kann das Delikt einerseits als Versuch verstanden werden, sich im gewaltsam vollzogenen sexuellen Akt als Mann wiederzufinden. Andererseits liegt in der intimen Beziehung mit einer Frau, die Repräsentantin der Schwester ist, wohl auch der Wunsch nach einer – sexualisierten – Fusion mit einem idealen Objekt (die betroffene Frau sollte später ja auch, ungeachtet ihrer eigenen Gefühle, die alles Verzeihende sein). Schließlich manifestieren sich im Delikt aber auch sadistische Impulse, die sich gegen die ambivalent erlebte (einerseits in ihrer bedingungslosen Zuwendung ersehnte, andererseits in ihrer verschlingenden Macht aber gefürchtete) Frau richten. Aus dieser Ambivalenz heraus sind dann wohl auch die mehrfachen Versuche des Patienten zu verstehen, von der betroffenen Frau gleichsam »Absolution« zu erhalten.

Bei dem geschilderten Patienten lassen sich von den verschiedensten theoretischen Ansätzen her Hypothesen über die Ätiologie seiner dissozialen Entwicklung formulieren. Unter somatischem Aspekt könnte man beispielsweise an eine hereditäre Belastung (Depression und Suizid des Muttersbruders) denken. Von soziologischen Modellen ausgehend, wäre auf die Außenseiterposition hinzuweisen, die der Patient in der Familie und in der Peer-group eingenommen hat. Auch für die von Autoren des »labeling approach« beschriebenen Stigmatisierungen solcher Menschen durch die Gesellschaft finden sich bei diesem Patienten vielfältige Beispiele. Unter tiefenpsychologischem Gesichtspunkt ergeben sich aus der Biographie des Patienten und aus der beschriebenen Dynamik seines Delikts eindrückliche Hinweise auf ich- und über-ich-strukturelle Störungen, auf triebdynamische Besonderheiten und auf narzißtische Phänomene, wie ich sie in diesem Buch beschrieben habe. Es soll an dieser Stelle aber nicht darum gehen, dem einen oder anderen Erklärungsmodell den Vorzug zu geben. Ziel der Darstellung ist vielmehr, aufzuzeigen, daß sich bei einer sorgfältigen Exploration und bei Einbezug verschiedener theoretischer Konzepte ein differenziertes, in seiner Komplexität zum Teil verwirrendes Bild ergibt.

Eine solche Verunsicherung erscheint mir allerdings dringend notwendig, wenn es darum gehen soll, unsere bisherigen diagnostischen und prognostischen Konzepte kritisch zu hinterfragen. Erst wenn wir begriffen haben, daß wir nicht einfach einen »stimmungslabilen«, »triebhaften« oder »willensschwachen Psychopathen« vor uns haben, sondern daß der betreffende Mensch in seiner jetzigen Ausformung das Resultat komplizierter psychischer und sozialer Prozesse und Wechselwirkungen darstellt, ist der Weg frei für differenziertere therapeutische Überlegungen.

Sicher wird man trotz allem therapeutischen Optimismus bei einer nicht geringen Zahl erwachsener dissozialer Menschen anerkennen müssen, daß hier weitgehend irreversible Persönlichkeitsstörungen vorliegen, die einem Defekt gleichkommen. Dennoch bin ich der Ansicht, nicht zuletzt aufgrund meiner therapeutischen Erfahrungen mit dissozialen Patientinnen und Patienten, daß ein tieferes Verständnis dieser Menschen und ihrer Entwicklung uns in die Lage versetzt, auch das Spektrum unserer therapeutischen Interventionen zu erweitern und bei aller realistischen therapeutischen Beschränkung doch in wesentlichen Bereichen Hilfe zu leisten. Bei dem geschilderten Patienten gelang es immerhin im Rahmen einer etliche hundert Stunden umfassenden, sich über fünf Jahre erstreckenden intensiven psychoanalytischen Psychotherapie, eine so weitgehende Persönlichkeitsänderung herbeizuführen, daß er in den seit Beendigung der Therapie inzwischen vergangenen zehn Jahren nicht wieder straffällig geworden ist und heute in zweiter Ehe in einer emotional stabilen Partnerschaft lebt.

Auch wenn sich nicht in allen Behandlungen dissozialer Menschen solche eindeutig positiven Änderungen bewirken lassen, bleibt zu hoffen, daß unsere theoretischen Einsichten in die Dynamik der dissozialen Menschen auch einen Einfluß auf die Früherfassung und Behandlung gefährdeter Kinder haben mögen und für präventive Maßnahmen genutzt werden können. Wenn das vorliegende Buch in dieser Hinsicht Anregungen zu vermitteln vermag, ist sein Ziel erreicht.

Literatur

Abraham, K. (1925): Die Geschichte eines Hochstaplers im Lichte psychoanalytischer Erkenntnis. Imago 11, 355–370.
Abraham, K. (1969): Psychoanalytische Studien zur Charakterbildung. In: Cremerius, J. (Hg.): Psychoanalytische Studien zur Charakterbildung und andere Schriften. Frankfurt/M.
Abraham, K. (1971): Ansätze zur psychoanalytischen Erforschung und Behandlung des manisch-depressiven Irreseins und verwandter Zustände. 1912. In: Abraham, K.: Psychoanalytische Studien. Bd. II. Frankfurt/M., S. 146–162.
Adler, G. (1970): Valuing and devaluing in the psychotherapeutic process. Arch. Gen. Psychiat. 22, 454–461.
Adler, G.; Buie, D. H. (1979): Aloneness and borderline psychopathology: The possible relevance of child development issues. Int. J. Psycho-Anal. 60, 83–96.
Adler, Y.; Rauchfleisch, U.; Müllejans, R. (1996): Die Bedeutung der Konzepte zu Krankheitsursachen und Behandlungserwartungen in der ersten Behandlungsphase. Psychother. Psychosom. Med. Psychol. 46, 321–326.
Adorno, Th. W.; Frenkel-Brunswik, E.; Levinson, J.; Sanford, R. (1950): The authoritarian personality. Studies in prejudice. New York.
Aichhorn, A. (1925): Verwahrloste Jugend. 5. Aufl. Bern, 1965.
Alexander, F. (1928): Der neurotische Charakter. Seine Stellung in der Psychopathologie und in der Literatur. Int. Z. Psychoanal. 14, 26–44.
Alexander, F. (1930): The neurotic character. Int. J. Psycho-Anal. 11, 292–311.
Alexander, F.; Healy, W. (1969): Roots of Crime. 1935. New Jersey.
Arfsten, A.-J.; Hoffmann, S. O. (1978): Stationäre psychoanalytische Psychotherapie als eigenständige Behandlungsform. Prax. Psychother. 23, 233–245.
Argelander, H. (1971): Ein Versuch zur Neuformulierung des primären Narzißmus. Psyche 25, 358–373.
Arieti, S. (1963): Psychopathic personality: Some views on its psychopathology and psychodynamics. Comprehens. Psychiat. 4, 301–312.

Azima, H. (1959): Changes in organization of mood as a therapeutic and research problem in psychopharmacotherapy. Neuropsychopharm. 1, 488–491.

Baeyer, W. von (1935): Zur Genealogie psychopathischer Schwindler und Lügner. Leipzig.

Balint, M. (1966): Die Urformen der Liebe. Bern.

Balint, M. (1970): Therapeutische Aspekte der Regression, Stuttgart.

Barag, G. (1937): Zur Psychoanalyse der Prostitution. Imago 23, 330–362.

Battegay, R. (1991): Depression. Bern.

Becker, H. S. (1973): Außenseiter. Zur Soziologie abweichenden Verhaltens. Frankfurt/M.

Beese, F. (1975): Das Modell der therapeutischen Gemeinschaft und seine Anwendung auf psychotherapeutische Kliniken. In: Klinische Psychotherapie in ihren Grundzügen. Stuttgart/Göttingen.

Benedetti, G. (1975): Ausgewählte Aufsätze zur Schizophrenielehre. Göttingen.

Benedetti, G. (1987): Todeslandschaften der Seele. Göttingen.

Benedetti, G. (1979): Beziehungsstörungen in der Psychose und Beziehungsformen in deren Psychotherapie. Z. Psychosom. Med. Psychoanal. 25, 354–362.

Beres, D.; Arlow, J. A. (1974): Fantasy and identification in empathy. Psychoanal. Quart. 43, 26–50.

Berger, W. (1974): Die Einbeziehung der Eltern in die stationäre Psychotherapie von Kindern und Jugendlichen. Prax. Kinderpsychol. 23, 193–202.

Berger, W. (1976): Elternarbeit in Klinik und Heim. In: Zauner, J. (Hg.): Familiendynamik und analytische Kindertherapie. Methoden und Probleme. Göttingen, S. 90–105.

Binder, H. (1960): Psychopathien, Neurosen, abnorme Reaktionen. Die psychopathischen Dauerzustände und die abnormen seelischen Reaktionen und Entwicklungen. In: Gruhle, H. W.; Jung, R.; Mayer-Gross, W.; Müller, M. (Hg.): Psychiatrie der Gegenwart. Forschung und Praxis. Bd. II. Berlin/Göttingen/Heidelberg, S. 180–202.

Bion, W. R. (1962): Learning from experience. Wm. London.

Bion, W. R. (1970): Attention and Interpretation. London.

Birnbaum, C. (1909): Über psychopathische Persönlichkeiten. Eine psychopathologische Studie. Grenzfrag. Nerven- u. Seelenlebens 10.

Blackburn, R. (1975): An empirical classification of psychopathic personality. Brit. J. Psychiat. 127, 456–460.

Blanck, G.; Blanck, R. (1978): Angewandte Ich-Psychologie. Stuttgart.

Bleuler, M. (1980): Realistische und unrealistische Zielsetzungen in der Psychiatrie. Psychiat. Clin. 13, 131–138.

Boss, M. (1947): Sinn und Gehalt der sexuellen Perversion. Bern.

Bowlby, J. (1951): Maternal care and mental health. World Health Organization, Geneva. 1973. (Deutsch: Mütterliche Zuwendung und geistige Gesundheit. München).

Brodey, W. (1965): On the dynamics of narcissism: I. Externalization and early ego development. Psychoanal. Study Child 20, 165–193.

Burnham, D. L. (1969): Schizophrenia and the Need-Fear Dilemma. New York.

Caesar, B. (1972): Autorität in der Familie. Reinbek.

Cambor, C. G. (1970): Präödipale Faktoren der Überich-Entwicklung. Psyche 24, 116–128.

Cason, H. (1943): The psychopath and the psychopathic. J. crim. Psychopath. 4, 522–527.

Chessick, R. D. (1972): Externalization and existential anguish in the borderline patient. Arch. Gen. Psychiat. 27, 764–770.

Chodorow, N. (1985): Das Erbe der Mütter. Psychoanalyse und Soziologie der Geschlechter. München.

Cleckley, H. (1959): Psychopathic States. In: Arieti, S. (Hg.): American handbook of psychiatry. Vol. 1. New York, S. 567–588.

Cleckley, H. (1964): The mask of sanity. 1941. 4. Aufl. Saint Louis.

Cohen, A. K. (1961): Kriminelle Jugend. Reinbek.

Colby, A.; Kohlberg, L.; Fenton, C.; Speicher-Dubin, B. (1977): Secondary school moral discussion programs led by social studies teachers. J. Moral Educ. 6, 90–111.

Craft, M. (Hg.) (1966): Psychopathic disorders. London/New York.

Cremerius, J. (1977): Grenzen und Möglichkeiten der psychoanalytischen Behandlungstechnik bei Patienten mit Über-Ich-Störungen. Psyche 31, 593–636.

Danneberg, E. (1968): Dynamische und ökonomische Aspekte der Entwicklung des Über-Ichs. Psyche 22, 365–383.

Danzinger, R.; Jeschek, P.; Egger, J. (1979): Der Weg ins Gefängnis. Der Einfluß von familiärer Sozialisation und behördlicher Selektion auf die Entstehung von Straffälligkeit. Weinheim/Basel.

Delbrück, A. (1891): Die pathologische Lüge und die psychisch abnormen Schwindler. Stuttgart.

Deutsch, H. (1922): Über die pathologische Lüge. Int. Z. Psychoanal. 8, 153–167.

Deutsch, H. (1934): Über einen Typus der Pseudoaffektivität. Int. Z. Psychoanal. 20, 323–335.

Deutsch, H. (1965): Some forms of emotional disturbance and their relationship to schizophrenia. 1942. In: Neuroses and character types. New York.

Diagnostisches und Statistisches Manual Psychischer Störungen DSM-IV (1998). 2. Aufl. Göttingen.

Dornes, M. (1997): Die frühe Kindheit. Entwicklungspsychologie der ersten Lebensjahre. Frankfurt/M.

Dräger, K. (1961/62): Probleme der Verwahrlosung aus der Sicht des psychoanalytischen Erziehungsberaters. Jahrbuch der Psychoanalyse, Bd. II. Köln/Opladen, S. 124–142.

Dührssen, A. (1949): Psychopathie und Neurose. Psyche 2, 380–400.

Dulz, B.; Schneider, A. (1995): Borderline-Störungen. Theorie und Therapie. Stuttgart.

Durkheim, E. (1893): La division du travail. Paris, 1963.

Eicke-Spengler, M. (1977): Zur Entwicklung der psychoanalytischen Theorie der Depression. Psyche 31, 1079–1125.

Eissler, K. R. (Hg.) (1949): Searchlights on delinquency. London.

Eissler, K. R. (1953): The effect of structure of the ego on psychoanalytic technique. J. Amer. Psychoanal. Ass. 1, 104–143.

Enzensberger, H. M. (1964): Politik und Verbrechen. Frankfurt/M.

Erikson, E. H. (1966): Identität und Lebenszyklus. Frankfurt/M.

Farrington, D. P. (1978): The family background of aggressive youths. In: Hersov, L. A.; Berger, M.; Shaffer, D. (Hg.): Aggression and antisocial behavior in childhood and adolescence 1, 73–93. Oxford.

Federn, P. (1956): Ichpsychologie und die Psychosen. Bern/Stuttgart.

Fenichel, O. (1945): Psychoanalytische Neurosenlehre. Bd. I und II 1975, Bd. III 1977. Olten/Freiburg.

Ferenczi, S. (1913): Entwicklungsstufen des Wirklichkeitssinns. In: Bausteine zur Psychoanalyse. Bd. 1. Bern/Stuttgart, 1964.

Ferenczi, S. (1972): Sprachverwirrung zwischen dem Erwachsenen und dem Kind. 1933. In: Balint, M. (Hg.): Schriften zur Psychoanalyse. Bd. 2. Frankfurt/M., S. 303–313.

Fischer, R. (1976): Die klassische und die ichpsychologische Theorie der Depression. Psyche 30, 924–946.

Freeman, B.; Savastano, G. (1970): The affluent youthful offender. Crime Delinquency 16, 264–272.

Freud, A. (1936): Das Ich und die Abwehrmechanismen. München, 1964.

Freud, A. (1929): Einführung in die Technik der Kinderanalyse. 4. Aufl. München/Basel, 1966.

Freud, S. (1900): Die Traumdeutung. G.W. Bd. II.

Freud, S. (1913): Die Disposition zur Zwangsneurose. G.W. Bd. VIII.

Freud, S. (1915): Der Verbrecher aus Schuldbewußtsein. G.W. Bd. X.

Freud, S. (1917): Trauer und Melancholie. G.W. Bd. X.

Freud, S. (1926): Hemmung, Symptom und Angst. G.W. Bd. XIV.

Freud, S. (1937): Die endliche und die unendliche Psychoanalyse. G.W. Bd. XVI.

Friedlander, K. (1945): The formation of the antisocial character. The psychoanalytic study of the child. Vol. I.

Friedlander, K. (1947): The psycho-analytical approach to juvenile delinquency. Theory, case-studies, treatment. London.
Friedlander, K. (1949): Latent delinquency and ego development. In: Eissler, K. R. (Hg.): Searchlights on delinquency. London, S. 205–215.
Fromm, E. (1970): Zur Psychologie des Verbrechers und der strafenden Gesellschaft. 1931. In: Fromm, E.: Analytische Sozialpsychologie und Gesellschaftstheorie. Frankfurt/M., S. 115–144.
Frosch, J. (1964): The psychotic character: Clinical psychiatric consideration. Psychiatry 38, 81–96.
Giovacchini, P. (1967): Frustration and externalization. Psychoanal. Quart. 36, 571–583.
Gitelson, M. (1959): Analyse einer neurotischen Ich-Deformierung. Psyche 13, 85–107.
Gitelson, M. (1962): The first phase in psychoanalysis. Int. J. Psycho-Anal. 18, 194–205, 234.
Glover, E. (1956): On the early development of mind. New York.
Glover, E. (1960): The roots of crime. London.
Göltz, R. (1977): Eine Grundstörung in Gestalt einer narzißtisch-autistischen Abwehrformation. Psyche 31, 399–416.
Gottschalch, W. (1971): Sozialisationsforschung. Frankfurt/M.
Grawe, K.; Donati, R.; Bernauer, F. (1994): Psychotherapie im Wandel. Göttingen.
Green, A. (1975): The analyst, symbolization and absence in the analytic setting. Int. J. Psycho-Anal. 56, 1–22 (Deutsch: Analytiker, Symbolisierung und Abwesenheit im Rahmen der psychoanalytischen Situation. Über Veränderungen der analytischen Praxis und Erfahrung. Psyche 29, 503–541).
Greenacre, P. (1950): General problems of acting out. Psychoanal. Quart. 19, 455–467.
Greenson, R. R. (1958): On screen defense, screen hunger, and screen identity. J. Amer. Psychoanal. Ass. 6, 242–262.
Gruber, J. (1978): Zur Frage der Struktur und Psychotherapie von Neurosen und Psychosen aus Lacan'scher und Mannoni'scher Sicht. Z. Psychosom. Med. Psychoanal. 24, 187–190.
Gruhle, H. W. (1946): Verstehende Psychologie. 2. Aufl. Stuttgart.
Grunberger, B. (1976): Vom Narzißmus zum Objekt. Frankfurt/M.
Grunert, U. (1977): Narzißtische Restitutionsversuche im Traum. Psyche 31, 1057–1078.
Haas, L. (1965): Übertragung außerhalb der analytischen Situation. Psyche 19, 379–385.
Häfner, H. (1959): Das Gewissen in der Neurose. In: Frankl, E. V.; Gebsattel, V. E. v.; Schultz, J. H. (Hg.): Handbuch der Neurosenlehre und Psychotherapie. Bd. II. München/Berlin, S. 692–726.
Häfner, H. (1960): Grundlinien einer daseinsanalytischen Gewissenspsychopathologie. Psyche 13, 667–685.

Häfner, H. (1961): Psychopathen. Berlin/Göttingen/Heidelberg.
Hart de Ruyter, Th. (o. J.): Over onstaan en behandeling van de zgn. ontwikkelingpsychopatie. Capita Selekta uit de Kinder- en Jeugdpsychiatrie. Akad. Bibliothek, W. de Haan Standardboekh.
Hartmann, H. (1964/65): Ein Beitrag zur Metapsychologie der Schizophrenie. Psyche 18, 376–396.
Hartmann, H. (1972): Ich-Psychologie. Studien zur psychoanalytischen Theorie. Stuttgart.
Hartmann, K. (1970): Theoretische und empirische Beiträge zur Verwahrlosungsforschung. Berlin/Heidelberg/New York.
Hartmann, K. (1996): Lebenswege nach Heimerziehung. Freiburg/Br.
Hasler, H. (1970): Die statusabhängige soziale Kontrolle in der Familie und die Jugenddelinquenz. Familie und Jugendkriminalität. Bd. IV. Stuttgart.
Healy, W.; Bronner, A. (1936): New light on delinquency and its treatment. New Haven.
Heigl, F. (1962): Ein prognostisch entscheidender Charakterzug bei verwahrlosten Jugendlichen. Prax. Kinderpsychol. 11, 197–201.
Heigl, F. (1963): Die analytische Gruppenpsychotherapie im Heim. Prax. Kinderpsychol. 12, 115–122.
Heigl, F. (1965): Zur Toleranzgrenze. Z. psychosom. Med. 11, 64–66.
Heigl, F. (1978): Indikation und Prognose in Psychoanalyse und Psychotherapie. 2. Aufl. Göttingen.
Heigl-Evers, A. (1965): Aggressivität als Abwehrmechanismus: Die Identifizierung mit dem Angreifer. Z. psychosom. Med. 11, 91–104.
Heising, G.; Möhlen, K. (1980): Die »Spaltungsübertragung« in der klinischen Psychotherapie. Psychother. Med. Psychol. 30, 70–76.
Henseler, H. (1968): Zur Psychodynamik der Pseudologie. Nervenarzt 39, 106–114.
Herren, R. (1973): Freud und die Kriminologie. Einführung in die psychoanalytische Kriminologie. Stuttgart.
Herriger, N. (1979): Verwahrlosung. Eine Einführung in Theorien sozialer Auffälligkeit. München.
Hill, D. (1968): Depression: Disease, reaction or posture? Amer. J. Psychiat. 125, 445–457.
Hindelang, M. J. (1973): Causes of delinquency. A partial replication and extension. Soc. Probl. 20, 471–487.
Hirschi, T. (1969): Causes of delinquency. Berkeley.
Hoffmann, S. O. (1979): Charakter und Neurose. Frankfurt/M.
Howell, R. J.; Payne, I.; Reed, R. (1971): Differences among behavioral variables, personal characteristics and personality scores of tattooed and non-tattooed prison inmates. J. Res. Crim. Delinqu. 8.
Internationale Klassifikation psychischer Störungen, ICD-10 (1991). Bern.

Jacobson, E. (1967): Psychotischer Konflikt und Realität. Frankfurt/M.
Jacobson, E. (1977): Depression. Frankfurt/M.
Johnson, A.M. (1949): Sanctions for superego lacunae of adolescents. In: Eissler, K. R. (Hg.): Searchlights on delinquency. London, S. 225–245.
Johnson, R. E. (1979): Juvenile delinquency and its origins. An integrated theoretical approach. Cambridge/New York/Melbourne.
Jones, E. (1937): Objektbeziehungen aus Schuldgefühl. Eine Studie über Charaktertypen. Imago 23, 129–133.
Joseph, B. (1961): Über einige Persönlichkeitsmerkmale des Psychopathen. Psyche 15, 132–141.
Karpman, B. (1935/1944): Case studies in the psychopathology of crime. Bd. 1 und 2. Washington.
Karpman, B. (1941): On the need of separating psychopathy into two distinct clinical types: The symptomatic and the idiopathic. J. Crim. Psychopath. 3, 112–137.
Karpman, B. (1961): The structure of neuroses: With special differentials between neurosis, psychosis, homosexuality, alcoholism, psychopathy and criminality. Arch. Crim. Psychodyn. 4, 599–646.
Kernberg, O. F. (1967): Borderline personality organization. J. Amer. Psychoanal. Ass. 15, 641–685.
Kernberg, O. F. (1979): Borderline-Störungen und pathologischer Narzißmus. Frankfurt/M.
Kernberg, O. F. (1989): Schwere Persönlichkeitsstörungen. Theorie, Diagnose, Behandlungsstrategien. Stuttgart.
Klein, M. (1960/61): Zur Psychogenese der manisch-depressiven Zustände. Psyche 14, 256–283.
Klein, M. (1972): Das Seelenleben des Kleinkindes und andere Beiträge zur Psychoanalyse (Erstausgabe 1962). Reinbek.
Koch, J. L. A. (1891–1893): Die psychopathischen Minderwertigkeiten. In drei Abhandlungen. Ravensburg.
Kohlberg, L. (1964): Development of Moral Character and Ideology. In: Hoffman, M. L. (Hg.): Review of child development research, I. New York.
Kohut, H. (1973): Narzißmus. Frankfurt/M.
Kotin, J. (1986): The patient ideal. J. Amer. Acad. Psychoanal. 14, 57–68.
Kraepelin, E. (1909): Psychiatrie. Ein Lehrbuch für Studierende und Ärzte. 8. Aufl. Leipzig.
Kranz, H. (1936): Lebensschicksale krimineller Zwillinge. Berlin.
Krausslach, J.; Düwer, F. W.; Fellberg, G. (1978): Aggressive Jugendliche. Jugendarbeit zwischen Kneipe und Knast. 3. Aufl. München.
Kretschmer, E. (1961): Körperbau und Charakter. 23./24. Aufl. Berlin/Heidelberg.
Kuiper, P. C. (1968): Die seelischen Krankheiten des Menschen. Psychoanalytische Neurosenlehre. Bern/Stuttgart.

Lampl-de Groot, J. (1949): Neurotics, delinquents and ideal-formation. In: Eissler, K. R. (Hg.): Searchlights on delinquency. London, S. 246–255.

Lampl-de Groot, J. (1963/64): Ich-Ideal und Überich. Psyche 17, 321–332.

Lampl-de Groot, J. (1965): Ideal-Bildung bei Neurotikern und Delinquenten. Psyche 19, 454–464.

Lange, J. (1930): Crime and destiny. New York.

Le Coultre, R. (1970): Die Ich-Spaltung als zentrale Neuroseerscheinung. Psyche 24, 405–422.

Leber, A. (1988): Zur Begründung des fördernden Dialogs in der psychoanalytischen Heilpädagogik. In: Iben, G. (Hg.): Das Dialogische in der Heilpädagogik. Mainz, S. 41–61.

Leuner, H. (1978): Regression. Die Entwicklung des Begriffes und ihre Bedeutung für therapeutische Konzepte. Z. Psychosom. Med. Psychoanal. 24, 301–318.

Lewis, N. D.; Yarnell, H. (1951): Pathological Firesetting (Pyromania). Nerv. Ment. Dis. Monogr., New York.

Lichtenberg, J. (1983): Psychoanalyse und Säuglingsforschung. Berlin.

Lichtenberg, J. (1988): Motivational-funktionale Systeme als psychische Strukturen. Forum Psychoanal. 7, 85–97.

Lincke, H. (1970): Das Überich – eine gefährliche Krankheit? Psyche 24, 375–402.

Lindner, R. M. (1944): The rebel without a cause. The hypnoanalysis of a criminal psychopath. New York.

Loch, W. (1965): Voraussetzungen, Mechanismen und Grenzen des psychoanalytischen Prozesses. Bern/Stuttgart.

Loewald, H. W. (1960): On the therapeutic action of psychoanalysis. Int. J. Psychoanal. 41, 15–25.

Lohmer, M. (1988): Stationäre Psychotherapie bei Borderline-Patienten. Berlin.

Lorenzer, A. (1973): Sprachzerstörung und Rekonstruktion. Frankfurt/M.

Lorenzer, A. (1983): Sprache, Lebenspraxis und szenisches Verstehen in der psychoanalytischen Therapie. Psyche 37, 97–115.

Lösel, F.; Köferl, P.; Weber, F. (1987): Meta-Evaluation der Sozialtherapie. Stuttgart.

Mahler, M. S. (1966): Notes on the development of basic moods: The depressive affect. In: Loewenstein, R. M. (Hg.): Psychoanalysis, a general psychology. New York.

Mahler, M. S. (1972): Symbiose und Individuation. Bd. 1. Psychosen im frühen Kindesalter. Stuttgart.

Mahler, M. S. (1975): Symbiose und Individuation. Psyche 29, 609–625.

Mahler, M. S.; Pine, F.; Bergman, A. (1978): Die psychische Geburt des Menschen – Symbiose und Individuation. Frankfurt/M.

McCord, W.; McCord, J. (1964): The psychopath: An essay on the criminal mind. London/New York.
Menninger K. (1960): Ich-Veränderungen. Mittel und Wege des Ichs unter schwerem Druck. Jahrbuch der Psychoanalyse, Bd. I. Köln/Opladen, S. 105–123.
Mertens, W. (1990): Psychoanalyse. 3. Aufl. Stuttgart.
Merton, R. K. (1949): Social theory and social structure. Glencoe, 1968.
Miller, W. B. (1968): Die Kultur der Unterschicht als ein Entstehungsmilieu für Bandendelinquenz. In: Sack, F.; König, R. (Hg.): Kriminalsoziologie. 339–359. Frankfurt/M.
Mitscherlich, A. (1963): Auf dem Weg zur vaterlosen Gesellschaft. Ideen zur Sozialpsychologie. München.
Moffitt, T. E. (1993): Adolescence-limited and life-course-persistent antisocial behavior: A developmental taxonomy. Psychol. Rev. 100, 674–701.
Morgenthaler, F. (1987): Homosexualität. Heterosexualität. Perversion. Frankfurt/M.
Moser, T. (1970): Jugendkriminalität und Gesellschaftsstruktur. Zum Verhältnis von soziologischen, psychologischen und psychoanalytischen Theorien des Verbrechens. Frankfurt/M.
Muss, B. (1973): Gestörte Sozialisation. Psychoanalytische Grundlagen therapeutischer Heimerziehung. München.
Nacht, S.; Racamier, P. C. (1960/61): Die depressiven Zustände. Psyche 14, 651–677.
Nunberg, H. (1971): Allgemeine Neurosenlehre. 3. Aufl. Bern/Stuttgart/Wien.
Parin, P. (1961): Die Abwehrmechanismen der Psychopathen. Psyche 15, 322–329.
Patridge, G. E. (1927/28): A study of 50 cases of psychopathic personality. Amer. J. Psychiat. 84, 952–953.
Patridge, G. E. (1930/31): Current conceptions of psychopathic personality. Amer. J. Psychiat. 87, 53–99.
Pecher, W. (1998): Tiefenpsychologisch orientierte Psychotherapie im Strafvollzug. Diss. Univ. Basel.
Perrez, Th.; Rauchfleisch, U. (1985): Katamnestische Untersuchung über ambulante psychiatrische Behandlungen nach Art. 43 des Schweizer Strafgesetzbuches. Mschr. Krim. 68, 19–28.
Peters, D. (1973): Richter im Dienst der Macht. Stuttgart.
Piaget, J. (1973): Das moralische Urteil beim Kinde. Frankfurt/M.
Preu, P. W. (1944): The concept of psychopathic personality. In: Hunt, J. McV. (Hg.): Personality and the behavior disorders. Vol. II, 922–937. New York.
Quensel, S. (1970): Wie wird man kriminell? Verlaufsformen fehlgeschlagener Interaktion. Krit. Justiz 4, 375–382.

Racker, H. (1997): Übertragung und Gegenübertragung. Studien zur psychoanalytischen Technik. München/Basel.
Rado, S. (1928): The problem of melancholia. Int. J. Psycho-Anal. 9, 420–438.
Rado, S. (1956): Adaptational development of psychoanalytic therapy in psychoanalysis of behavior. New York.
Rank, O. (1951): Genetische Psychologie I und II. Wien 1927/1928.
Rauchfleisch, U. (1989): Der Thematische Apperzeptionstest (TAT) in Diagnostik und Therapie. Stuttgart.
Rauchfleisch, U. (1996a): Menschen in psychosozialer Not. Beratung, Betreuung, Psychotherapie. Göttingen.
Rauchfleisch, U. (1996b): Allgegenwart von Gewalt. 2. Aufl. Göttingen.
Rauchfleisch, U. (1997): Die antisoziale Persönlichkeitsstörung – diagnostische Überlegungen bei Verwendung psychoanalytischer Modellvorstellungen. Persönlichkeitsstörungen. Theorie und Therapie 2, 85–92.
Redl, F.; Wineman, D. (1965): Children who hate. The disorganization and breakdown of behavior controls. New York/London.
Reich, A. (1954): Early identifications and archaic elements in the superego. J. Amer. Psychoanal. Ass. 2, 218–238.
Reich, A. (1960): Eine besondere Variation der Behandlungstechnik. Psyche 13, 625–634.
Reich, W. (1933): Charakteranalyse. 2. Aufl. Köln, 1970.
Reich, W. (1977): Der triebhafte Charakter. 1923. In: Frühe Schriften. Köln.
Reicher, J. W. (1976): Die Entwicklungspsychopathie und die analytische Psychotherapie von Delinquenten. Psyche 30, 604–612.
Reik, T. (1925): Geständniszwang und Strafbedürfnis. Leipzig/Wien.
Reiwald, P. (1948): Verbrechensverhütung als Teil der Gesellschaftspsychohygiene. In: Meng, H. (Hg.): Die Prophylaxe des Verbrechens. Basel, S. 105–263.
Repond, A. (1948): »Gentlemen Cambrioleurs«. Zur Psychopathologie, Psychotherapie und Psychohygiene an jugendlichen Dieben und Betrügern. In: Meng, H. (Hg.): Die Prophylaxe des Verbrechens. Basel, S. 1–66.
Riemann, F. (1968): Psychoanalyse der Perversionen. Z. psycho-som. Med. 14, 3–15.
Rivière, J. (1936): A contribution to the analysis of the negative therapeutic reaction. Int. J. Psycho-Anal. 17, 304–320.
Robins, L. N. (1966): Deviant children grown up. Baltimore.
Rohde-Dachser, C. (1989): Abschied von der Schuld der Mütter. Prax. Psychother. Psychosom. 34, 250–260.
Rohde-Dachser, C. (1995): Das Borderline-Syndrom. 5. Aufl. Bern/Stuttgart/Wien.
Rosenfed, H. A. (1971): Beitrag zur psychoanalytischen Theorie des Le-

bens- und Todestriebes aus klinischer Sicht: Eine Untersuchung der aggressiven Aspekte des Narzißmus. Psyche 25, 476–493.

Rosenfeld, H. A. (1964): An investigation into the need of neurotic and psychotic patients to act out during analysis. In: Psychotic states. London.

Rotmann, M. (1978): Über die Bedeutung des Vaters in der »Wiederannäherungs-Phase«. Psyche 32, 1105–1147.

Sack, F.; König, R. (Hg.) (1968): Kriminalsoziologie. Frankfurt/M.

Sandler, J.; Dare, C.; Holder, A. (1973): Die Grundbegriffe der psychoanalytischen Therapie. Stuttgart.

Schafer, R. (1968): Aspects of internalization. New York.

Schmideberg, M. (1947): The treatment of psychopaths and borderline patients. Amer. J. Psychother. 1, 45–70.

Schmideberg, M. (1949): The analytic treatment of major criminals: Therapeutic results and technical problems. In: Eissler, K. R. (Hg.): Searchlights on delinquency. London, S. 174–189.

Schmideberg, M. (1959): The borderline patient. In: Arieti, S. (Hg.): American handbook of psychiatry. Vol. I. New York, S. 398–416.

Schneider, K. (1923): Die psychopathischen Persönlichkeiten. 6. Aufl. Wien, 1943.

Schorsch, E.; Becker, N. (1977): Angst, Lust, Zerstörung. Sadismus als soziales und kriminelles Handeln. Zur Psychodynamik sexueller Tötungen. Reinbek.

Schulte, W.; Tölle, R. (1971): Psychiatrie. Berlin/Heidelberg/New York.

Schultz-Hencke, H. (1950): Bemerkungen zum Problem der Psychopathie. Psychol. Rdsch. 1/2, 148–155.

Schwarzmann, J. (1966): Die seelische Heimatlosigkeit im Kindesalter und ihre Auswirkungen. 2. Aufl. Schwarzenburg.

Scott, P. (1960): The treatment of psychopaths. Brit. Med. J. 1, 1641–1646.

Searles, H. F. (1974): Der psychoanalytische Beitrag zur Schizophrenieforschung. München.

Shapiro, D. (1991): Neurotische Stile. Göttingen.

Singer, M. (1979): Some metapsychological and clinical distinctions between borderline and neurotic conditions with special considerations to the self experience. Int. J. Psycho-Anal. 60, 489–499.

Solomon, G. F. (1970): Case studies of violence. In: Daniels, D. N. (Hg.): Violence and the struggle for existence. Boston, S. 367–391.

Spitz, R. A. (1945): Hospitalism. Psychoanal. Stud. Child 1, 53–74.

Spitz, R. A. (1946): Anaclitic depression. Psychoanal. Stud. Child 2, 313–342.

Spitz, R. A. (1960/61): Zur Entstehung der Überich-Komponenten. Psyche 14, 400–426.

Spitz, R. A. (1961): Die Entstehung der ersten Objektbeziehungen. 2. Aufl. Stuttgart.

Spitz, R. A. (1974): Der Dialog entgleist. Reizüberlastung, Aktionszyklen und Ganzheitseffekt. Psyche 28, 135–156.

Steiner, M.; Elizur, A.; Davidson, S. (1979): Behavioral toxicity. Neuroleptic-induced paradoxical behavioral toxicity in young borderline schizophrenics. Confin. Psychiat. 22, 226–233.

Steinert, H. (1973): Statusmanagement und Kriminalisierung. In: Steinert, H. (Hg.): Der Prozeß der Kriminalisierung. Untersuchungen zur Kriminalsoziologie. München, S. 9–23.

Sterba, R. (1934): Das Schicksal des Ichs im therapeutischen Verfahren. Int. Z. Psychoanal. 20, 66–73.

Stern, D. (1985): Die Lebenserfahrung des Säuglings. Stuttgart.

Stott, D. H. (1950): Delinquency and Human Nature. Dunfermline.

Stumpfl, F. (1936): Die Ursprünge des Verbrechens, dargestellt am Lebenslauf von Zwillingen. Leipzig.

Thomas, G. J. (1986): Unterschicht, Psychosomatik und Psychotherapie. Paderborn.

Weiss, J. (1966): Clinical and theoretical aspects of »as if« characters. J. Amer. Psychoanal. Ass. 14, 569–590.

Winkler, W. Th. (1971): Übertragung und Psychose. Bern/Stuttgart/Wien.

Winnicott, D. W. (1965): Ego distortion in terms of true and false self. In: The maturational process and the facilitating environment. London (Deutsch: Reifungsprozesse und fördernde Umwelt. München, 1974).

Winnicott, D. W. (1969): Übergangsobjekte und Übergangsphänomene. Psyche 23, 666–682.

Winnicott, D. W. (1973): Vom Spiel zur Kreativität. Stuttgart.

Winnicott, D. W. (1974): Feare of breakdown. Int. J. Psycho-Anal. 55, 103–107.

Wittels, F. (1937): The criminal psychopath in the psychoanalytic system. Psychoanal. Rev. 24, 276–291.

Wolberg, A. (1973): The borderline patient. Intercont. New York.

Zetzel, E. R. (1961): Zum Krankheitsbild der Depression. Psyche 14, 641–650.

Zulliger, H. (1962): Helfen statt Strafen auch bei jugendlichen Dieben. 2. Aufl. Stuttgart.

Zulliger, H. (1966): Über jugendliche Diebe und die Psychologie ihres delinquenten Verhaltens. Psyche 20, 362–376.

Register

Abstinenzregel 119
Abwehr 47, 60, 77, 83, 102, 118 f., 130, 141 f., 162
Abwehrmechanismen 33, 46, 70–76, 83, 87, 117, 167 f., 173
Aggression 19, 22 f., 28 f., 32, 34, 37 f., 44–46, 51–55, 61, 63 f., 67 f., 71, 73–75, 78 f., 81, 87 f., 95, 99, 101 f., 107 f., 115, 117 f., 125, 127, 134, 141, 143 f., 148 f., 152–154, 166–169, 172 f., 177, 179
Aggressionskontrolle 112
Agieren 19, 28, 36, 59–69, 80, 93, 111–116, 131, 137, 139, 156, 169
Alkoholabhängigkeit 12–14, 26, 161, 163
Allmacht 69, 85 f., 95
Alloplastisches Verhalten 19, 32
Als-ob-Persönlichkeit 47, 76
Alter-ego-Übertragung 104
Ambivalenz 45–47, 49, 71, 75, 96, 101 f., 107, 141, 147, 151, 164 f., 167, 169, 177, 179
Anal-sadistische Phase 31 f., 85
Angst 27, 32, 37, 39, 42, 47, 49, 55, 57 f., 62 f., 70 f., 73, 75, 80, 91 f., 98, 100 f., 107, 126, 130, 134 f., 137, 141, 143, 155 f., 162, 165, 177, 179
Angstkontrolle 112
Angsttoleranz 111, 114 f.

Anomie 18–20, 52
Antisoziale Norm 20
Antisoziale Persönlichkeitsstörung 18, 24, 38 f., 89, 104, 162
Antizipation 50
Antizipierende Funktion 69, 128, 135
Arbeitsbündnis 111, 115, 139, 153
Autonomie 42, 44, 81, 114, 119 f., 127, 131, 177

Bande, delinquente 20 f.
Bifokales Behandlungskonzept 52, 117–129, 150, 153, 157
Bitriangulation 53
Borderline-Syndrom 16, 44, 48, 52, 76, 85 f., 104, 107 f., 112 f., 131, 161

Charakterbildung 30
Charakterneurose 30 f., 36 f.

Daseinsanalyse 26
Deckabwehr 63, 75 f., 78
Deck-Identität 76
Denken 59, 69, 76, 128, 173
Depersonalisation 56
Depressivität 12 f., 25, 32, 37, 39, 44, 48 f., 71, 78, 83 f., 92, 166–169, 175 f., 179
Depressive Position 33, 48
Derealisation 56
Desintegration 26, 62 f., 170

Deutung 64, 120, 130–132, 153 f.
Diebstahl 11, 14, 17, 90, 93 f., 175
Dissoziale Persönlichkeitsstörung 18, 38 f., 65 f., 89, 162
Drogen 13 f.
Drogenabhängigkeit 26
DSM-IV 18, 46, 50, 77, 89–91, 163, 167, 169, 171

Entidealisierung 147
Entwertung 33, 70, 73–75, 83, 119, 125–127
Entwicklungspsychopathie 33 f.
Entwicklungstheorie 18, 23, 30, 33, 40–54, 77–105, 107, 111, 168
Erhaltungsmechanismen 47, 112
Erleben, punktiformes 69, 130 f., 136
Exhibitionismus 164
Externalisierung 50, 56, 59–69, 77, 80, 90, 111–116, 121, 136, 168 f.

Fördernder Dialog 60, 110, 112
Frustrationstoleranz 20, 28 f., 87, 89, 92, 99, 101, 133, 135, 145, 161 f.

Gegenübertragung 68, 103, 105, 112, 114, 118, 125, 150, 154–157
Gegenübertragung, negative 105
Gegenübertragungs-Agieren 129
Gewalt 37, 41 f.
Gewissen 28 f., 169
Gewissen, autoritäres 142
Gewissen, personales 85, 142
Grandiosität 79, 88, 90–92, 94–97, 99, 105, 109, 137, 142 f., 145
Grenzsetzung 68, 114–116
Größenphantasie 78, 82, 93 f., 104, 150

Größenselbst 73 f., 89, 91 f., 98, 103–105, 109, 156, 163

Hilfs-Ich-Funktion 61, 99, 124, 130
Hilfs-Über-Ich 144

ICD-10 18, 37 f., 46, 50, 77, 89–91, 163, 167, 169, 171, 180
Ich 33–36, 40, 43, 45 f., 54–76, 80, 82–84, 116, 130
Ich-Funktionen 34, 45, 54–76, 113, 119 f., 128, 139, 147, 162, 173
Ich-Ideal 82–86, 88, 92, 95, 143, 145, 151, 170
Ich-Kerne 84, 87, 170
Ich-Regression 53
Ich-Spaltung 36
Ich-Spaltung, therapeutische 139, 153 f.
Idealisierung 33, 45, 47, 51 f., 70–73, 85, 89, 101 f., 118 f., 125–127, 141, 148–153, 165 f., 168
Ideal-Objektbilder 89
Ideal-Selbst 89
Identifikation, introjektive 102
Identifizierung 74, 77–79, 86 f., 168
Identifizierung mit dem Aggressor 74, 77
Identität 21–23, 46, 50, 52, 69, 79 f., 82 f., 87 f., 114, 130, 179
Impulsivität 28, 32, 37 f., 91 f., 111, 161 f.
Impulskontrolle 29, 112
Impulskontrollverlust 39, 161
Impulsneurose 36 f.
Insuffizienzgefühl 92, 94, 97, 99, 109, 137, 143
Interaktionistisches Erklärungsmodell 21 f.
Internalisierung 87, 107

Interpretation 129
Intervention 58, 64, 117 f., 120, 125, 129–152
Introjektion 80, 82, 87, 167 f.
Introspektionsfähigkeit 153 f., 176

Klärung 129
Konfrontation 129
Kontaktstörung 163–167
Kränkbarkeit, narzißtische 45, 89, 91–96, 99, 102, 109–111, 145–148, 150–152, 166, 168, 177, 179
Kriminelle Karriere 21, 173
Krisenintervention 140 f.

Labeling approach 21, 52, 173, 179 f.

Manipulation 68, 80 f., 89–91, 96, 104 f., 109, 119, 125, 156
Maßregelvollzug 140, 155
Metapsychologie 16
Mitagieren 119, 125
Moral insanity 25
Moral, autonome 142
Moral, heteronome 142
Motivation 106–111

Narzißmus 31, 37, 40, 44, 48 f., 51–53, 66, 68 f., 71, 73–75, 79, 82, 84, 88–105, 109, 114, 117, 134 f., 138, 145–154, 162, 166–168, 170, 172 f., 180
Narzißtische Persönlichkeitsstörung 16, 30, 32, 82, 86, 109, 148, 156
Neid 33, 102
Neurose 12 f., 16, 24 f., 27–37, 77, 86, 108, 130, 150, 153, 165

Objektbeziehungen 33, 35, 43, 54, 65, 77, 88, 102, 117, 131, 168, 173

Ödipale Konflikte 31 f., 35, 52 f., 84, 98 f., 177
Omnipotenzvorstellungen 33, 66, 68, 74, 78, 82, 94 f., 142, 145, 150–152
Oral-aggressiver Konflikt 33 f., 101
Oralität 31 f., 37, 48, 52–54, 69, 71, 84 f., 94, 100 f., 147, 166

Panik 42, 56, 91
Paranoid-schizoide Position 33
Partialobjektbeziehung 118, 152 f.
Partialobjektübertragung 114, 117, 153 f.
Patient, idealer 158
Persönlichkeitsstörung 24, 109, 113, 170
Persönlichkeitsstruktur 16, 18, 23, 33, 54–105
Phallisch-narzißtische Störung 32
Prägenitalität 36, 52 f., 84–86, 95, 177
Projektion 33, 50–52, 56, 61 f., 70, 73 f., 77–83, 87 f., 102, 105, 119, 129, 152, 155, 167 f.
Projektive Identifizierung 33, 51, 56, 70, 73, 169
Provokation 90
Pseudologia phantastica 24, 96–98
Pseudopsychopathie 26
Psychodynamik 16–18, 30, 38 f., 91, 97, 103, 107, 110, 116, 118, 155 f., 162, 172, 179, 181
Psychopathie 11–13, 17 f., 24–35, 38 f., 48, 50, 74, 77, 91, 162, 167, 180
Psychopharmaka 112 f.
Psychose 27 f., 31, 35, 76, 86, 112 f., 121, 150
Psychosomatik 30
Psychotherapie 16, 18, 31, 34, 39, 42, 51, 55, 57, 60, 62 f., 65–67, 72, 76, 78 f., 81 f.,

90 f., 99, 102–104, 106–161, 167, 175–179

Reaktionsbildung 36
Realitätsbezug 35, 45, 89, 147, 154, 156, 162 f.
Realitätsprinzip 37
Realitätsprüfung 56–59, 71
Realitätsverleugnung 125
Real-Selbst 89
Reizschutzschranke 55

Sadismus 84, 87 f., 114, 144, 156, 179
Säuglingsforschung 40, 46
Schizophrenie 16, 18
Schuldgefühle 27 f., 31, 38, 46, 71, 78, 87, 101, 142, 143, 147, 153
Selbst 40
Selbst, falsches 47
Selbstentwertung 50, 77–79, 87 f., 99, 142, 147
Selbst-Objekt 73, 102 f., 149
Selbstwertgefühl 45, 74, 88, 167
Signalangst 71
Soziale Realität 116–129
Sozialisationstheorie 19
Sozialpsychologie 22
Sozialstrukturelle Kriminalitätstheorie 19 f.
Sozialtherapie 140
Soziologische Theorien 19–23, 179
Soziopathie 24, 29, 38 f.
Spaltung 33, 45–48, 50–52, 55 f., 63 f., 70–73, 75, 77, 79, 82–84, 88, 118 f., 121, 125, 130, 138, 140 f., 143, 147, 149, 151–154, 165–168
Spaltungsübertragung 119, 121
Spannungstoleranz 111, 114 f., 130, 133–135

Stationäre Behandlung 110, 139–141
Stigmatisierung 22 f., 116, 180
Sucht 49, 113, 165
Suizidalität 12, 67 f., 78, 98, 101, 140, 175, 179
Supervision 152, 156
Symbol 65–67, 113, 137
Synthetische Funktion 45, 69
Szenisches Verstehen 60, 90, 112 f.

Tagtraum 55 f.
Tätowierung 21
Technische Neutralität 157
Thematischer Apperzeptionstest (TAT) 93 f.
Therapieziele 157–160
Toleranzgrenze 133–135
Traum 42 f., 53, 57 f., 76, 98 f., 131 f., 154
Triangulierung 53

Übergangsobjekt 48, 113
Über-Ich 33, 35, 43, 54, 61 f., 67 f., 70, 75, 77–88, 105, 142–145, 158, 169 f., 172, 180
Über-Ich-Träger 62, 70, 77 f., 169
Übertragung 42, 63 f., 80, 101, 103, 113 f., 117–119, 121, 126 f., 131 f., 138, 140 f., 152–154, 156 f., 164
Übertragung, extratherapeutische 164
Übertragung, idealisierende 103–105, 149–151, 153
Übertragung, kryptische 80
Übertragung, negative 115, 117 f., 120, 129–131, 135, 147, 149, 152–154
Übertragung, positive 153
Übertragung, psychotische 58, 154
Urvertrauen 40

Verdrängung 72
Verkehrung ins Gegenteil 42, 63–66, 70
Verleugnung 56, 70, 72, 80, 96, 119, 165
Vernichtungsangst 71
Verwahrlosung 21, 33, 35, 134

Wahrnehmungsfunktion 163, 173
Wendung gegen die eigene Person 142

Wirklichkeitssinn 56–58
Wut, narzißtische 51, 63, 78, 81, 99, 101 f., 143, 145, 147–149, 151, 179

Zeitwahrnehmung 69
Zusammenarbeit mit Dritten 122–128
Zwillingsübertragung 104

Udo Rauchfleisch bei V&R

Menschen in psychosozialer Not
Beratung, Betreuung, Psychotherapie
Sammlung Vandenhoeck.
1996. 204 Seiten, Paperback
ISBN 3-525-01431-7

„Wie Udo Rauchfleisch seine profunden fachlichen Kenntnisse über schwere psychische Störungen, die konkrete Darstellung seiner Arbeitsweise und vielfältige kluge Erfahrungen und Hinweise gekonnt in diesem leicht lesbaren und nachhaltig wirkenden Buch verarbeitet, ist überzeugend … Ich habe selten ein populäres Fachbuch mit so viel Begeisterung und notabene Nutzen gelesen." *WoZ*

Alternative Familienformen
Eineltern, gleichgeschlechtliche Paare, Hausmänner
Sammlung Vandenhoeck.
1997. 134 Seiten, Paperback
ISBN 3-525-01434-1

„Die Untersuchung stützt sich auf eine Fülle familiensoziologischer und psychologischer Literatur; in der Fülle der Beiträge zur modernen Familie setzt es einen nachdenkenswerten und uneingeschränkt zu begrüßenden Kontrapunkt."
Annotierte Bibliographie für die pol. Bildung

Allgegenwart von Gewalt
Sammlung Vandenhoeck. 2. Auflage
1997. 258 Seiten, Paperback
ISBN 3-525-01419-8

„Das Verdienst des Buches ist es, grundlegende Wechselwirkungen und Zusammenhänge aufzudecken, auch solche, die uns als Täter und Opfer zugleich ausweisen, aber auch Orientierung zu geben, wie wir der Gewaltanwendung entgegentreten können. Anspruchsvoll, jedoch gut lesbar und gerade aufgrund der breiten, viele Lebens- und Erfahrungsbereiche einbeziehenden Darstellung interessant."
Das neue Buch / Buchprofile

Musik schöpfen, Musik hören
Ein psychologischer Zugang
Transparent, Band 33.
1996. 125 Seiten, kartoniert
ISBN 3-525-01723-5

V&R
Vandenhoeck & Ruprecht

Udo Rauchfleisch bei V&R

Nach bestem Wissen und Gewissen
Die ethische Verantworung in Psychologie und Psychotherapie
1982. 114 Seiten, kartoniert
ISBN 3-525-45456-2

„Eine Fülle von wertvollen ethischen Gesichtspunkten, die in der gebotenen Eile des Alltags der psychologischen Praxis oft vergessen bleiben, werden in diesem Buch diskutiert und systematisch aufgeführt. Die hervorragende Schrift sollte zur Pflichtlektüre eines jeden Psychologen und Psychiaters gehören, wird aber sicher auch Juristen, Theologen und gebildete Laien interessieren." *Schweizer Archiv für Neurologie, Neurochirurgie und Psychiatrie*

Testpsychologie
Eine Einführung in die Psychodiagnostik
UTB 1063. 3., völlig neubearbeitete Auflage 1994. 250 Seiten, kartoniert
ISBN 3-8252-1063-4

„Knappe, aber gründlich-kritische Darstellung, sehr übersichtlich im Aufbau und eingängig in der Diktion.
Es werden die im deutschen Sprachbereich gebräuchlichsten Persönlichkeits- und Fähigkeitstests dargestellt." *Buch und Bibliothek*

Schwule · Lesben Bisexuelle
Lebensweisen, Vorurteile, Einsichten
Sammlung Vandenhoeck. 2., überarbeitete Auflage 1996. 268 Seiten, Paperback. ISBN 3-525-01425-2

„Ausgrenzung, Diskriminierung, Gewalt und Vorurteil sind die Hintergrundthemen dieses Buches. ... Eine interessante Arbeit, voll von Überraschungen, die nicht nur für Experten und Therapeuten geschrieben worden ist, sondern für jeden Leser, der sich mit einem wichtigen Thema konfrontieren möchte." *Zentralblatt Neurologie-Psychiatrie*

Raymond Battegay / Udo Rauchfleisch (Hg.)
Das Kind in seiner Welt
Sammlung Vandenhoeck. 1991. 285 Seiten mit 11 Abbildungen, Paperback. ISBN 3-525-01416-3

Raymond Battegay / Udo Rauchfleisch (Hg.)
Menschliche Autonomie
Sammlung Vandenhoeck. 1990. 259 Seiten mit 4 Abbildungen, Paperback. ISBN 3-525-01412-0

V&R
Vandenhoeck & Ruprecht